— Happy Singlehood —

單身年代

一個人……簡單，卻不會孤單

現在是「一個人也可以快樂過活」的時代！
學會如何照顧自己、探索人生，活得更自在！

在成雙成對的世界裡，
單身者同樣有著擁抱生活的權利。

伊利亞金・奇斯列夫（Elyakim Kislev）——著
林怡婷、陳依萍、羅椀齡 —— 譯

第2章 老年也能快樂單身 067

第3章 抵抗社會壓力 111

CONTENTS 目錄

CONTENTS 目錄

致謝辭

這本書能夠問世，我要感謝一路上陪伴我的人，不管是提供支持、共同研討細節、閱讀稿件、撰寫內容、給予意見回饋，或是願意讓我引述言論，還是協助編輯、校對和設計的所有人員。

謹此向眾人致謝。謝謝我親愛的家人，你們的愛與肯定無以取代；謝謝希伯來大學（Hebrew University）費德曼公共政策與政府學院（Federmann School of Public Policy and Government）的同仁，你們的專業智識令人獲益良多；以及還要謝謝我的好朋友，你們的支持和鼓勵貫徹了這整本書。

此作品能完成，絕非出自我一人之力。能和最認真優秀的團隊共同合作，我對此感激不盡。尤其，我要向研究助理奧里爾・戴蒙德（Aurel Diamond）表示謝意，你提供了無比可貴的幫助。也要感謝每一位幫助我蒐集本書質化資料的採訪人員。我要特別向馬克・摩爾（Mark Moore）還有綺瑞拉・舒勒（Kiera Schuller）道謝，要是沒有你們的協助，就不可能及時完成各項訪談、資料蒐集和分析。我也竭誠感謝艾比耶塔・史洛尼克（Eviatar Zlotnick），本書一大部分的單身現象相關部落格文章內容，都是得力於你一絲不苟的蒐集和分析。

最後，這份謝辭中絕不能遺漏本書主編奈歐彌・薛奈德（Naomi Schneider），以及背後整個加州大學出版社團隊，你們對這部作品賦予厚望，並敦促我精益求精，萬分感激你們所有人。

前言

在我還小的時候，某個週五晚上，氣氛仍居保守的耶路撒冷城裡響起了公共警示聲（通報襲擊事件也是用這個鈴聲），持續兩分鐘的響聲告知整座城市安息日來臨了。我們全家預備好，餐桌也已精巧布置，媽媽也準備了週五晚上的美味大餐，整座屋內瀰漫著濃郁香氣，我們也換上了乾淨的白領衫。媽媽點燃五支蠟燭，她和爸爸自己各一支，其他三支是點給我外加兩兄弟共三個小孩。我踮起腳尖，望向窗外，看見社區燈火點點。家家戶戶似乎都住著美滿的一家人，在乾淨的居所中享用美食。男男女女、大人小孩都準備好共度夜晚和隔日的時光，沒有人在用手機、看電視，而是純粹的家庭時間。

我和爸爸徒步走到猶太會堂，裏頭每戶人家都有自己的預定位置。我身旁人人看起來都很滿足，甚至有種莊嚴聖潔的氣息。不過，我總會看見角落有一名男子，和身旁的獨子站在一起。這個人是單身的三十多歲男士，妻子已經過世多年。大家都認識他們的兒子，每個人也都知道這位男士單身。我每次都會看見他們，很想知道他們心中有什麼感受，以及如何度過夜晚。他們看起來從沒快樂過，至少看在我眼裡是這樣。

至今二十年過去了，我去拜訪爸媽並和爸爸回到小時候頌禱位置時，還是會看見這對父子。那位父親現在背駝了，還是和兒子同住，他們父子倆都單身且怕生，總是不主動與他人親近。

我長大後遷居到紐約攻讀博士班，發現了全然不同的新世界。這裡有許多單身人士，宛如電視劇《大膽而美麗》（The Bold and the Beautiful）的劇中人物代表。紐約市確實像大家耳聞中的步調迅速而競爭激烈，但真實狀況更是快到難以想像；每個人都忙完一件事緊接著做下一件事，一場豔遇完又飛奔到下一個人的懷抱，努力過著所謂的「大都會生活」，他們可不需要為了融入社會而結婚。其實，在曼哈頓遇到有家室的人還比較稀罕呢。聽到有人說：「嘿，大家，我要結婚了（當然會搬到皇后區去囉！）」大家都心知肚明他的意思就是：「我玩夠了，再會。」

現在回想起來，我才發現自己過去對結婚和單身世界的二分法太過天真。小時候，鄉里鄰居的感情都很深厚，但並不是人人最後都過著幸福快樂的日子，有些人經歷婚變，像我自己有兩個兄弟都離了婚，也有些人在不幸的痛苦婚姻中繼續度日。仔細想想，我認為後者或許比任何人都還要難受。事實上，我常想到那位年邁的男子以及未婚兒子在自己的世界生活。我應該要同情他們，還是我只是受到自己根深蒂固的婚姻家庭本位偏見給蒙蔽？

我也常想起紐約客，約會一場接著一場，迅速開始一段感情，又馬上想要從中脫身。因為覺得就快要窒息了，必須趕緊呼吸自由的空氣。我自己現在還是單身，我現在才知道自己當時那樣根本既不大膽也不美麗。我們來回兜圈子，雖然努力奔走，卻沒有明確目的，可以說我們根本就像是地鐵隧道中的老鼠，天天飽受飢餓和心驚膽戰的心情所苦。

明顯可見，婚姻狀態是我們最難坦然接受的事。我們對多元性別認同的態度開放、歡迎不同族裔，我們也包容多樣的政治立場，但在社會裏頭，單身人士，尤其是高年級單身人士，還是有要盡快找對象否則就會遭人指指點點的觀念。譬如，一項研究找來一千名大學生，讓他們列出對已婚和單身人士相關聯的特徵，結果顯示，大家認為已婚的人成熟、幸福快樂、和善、誠實且慈愛溫暖；相反地，單身人士給人的感覺是不成熟、缺乏安全感、以自我為中心、不快樂、孤單，甚至醜陋。

這些刻板印象不僅傷害單身人士，也對已婚夫婦有所危害。單身人士，不論是離婚、鰥寡或是從未嫁娶，明顯會受到嚴重的打擊，但這不表示已婚人口就快活許多。同樣一套刻板印象，常逼迫人盡快結婚，但其實他們不一定已準備好接受這麼大的承諾，或是對於對方是不是對的人仍心存懷疑。已婚人士可能結了婚才發現當時的決定錯誤或太過倉促。當然，這些情況下等著他們的就是離婚一途。接著，離婚的人當中七到八成再婚，然後再度離婚的可能性又比前一次高。

本書研究了現代單身現象的多個面向，分析接受或甚至享受單身的案例。確實，社會上對單身人士的負面觀感已深植人心，單身人士往往怪罪自己沒有結婚。我在為本書進行訪談的過程中時不時聽見有人說：「我不知道自己到底有什麼毛病。」如我之後會詳細解釋的，選擇把負面刻板印象內化，或是不要在意這些看法，是決定單身人士快不快樂的重要關鍵。

也有些情況中，婚姻草率而不美滿，不是因為社會上對單身人士的刻板印象，而是孤獨感所致。因搞錯根本問題而下的決策通常難有好結局。其實，研究表示已婚人士就算有了伴，還是和單身的人一樣孤單。許多人沒有正視孤獨感的根本原因，而是選擇成家後才發現這和孤單與否是兩碼子事。孤單是個人自身要解決的問題，其實很多研究學者都已多次如此主張。

雖然社會和心理因素在在對人催婚，但現狀也確實迅速改變當中。今日，許多國家的未婚人口都呈快速成長的趨勢。根據預測，美國四分之一的新生兒未來將終身不結婚。中國的官方統計數字顯示，單人家戶的比例在一九九〇年僅占四．九％，但二〇一〇年時已攀升至十四．五％。歐洲數大城市的單人家戶比例已經超過半數，而瑞典、挪威、丹麥和德國等國的家戶型態中，約莫四成是單身人士。成年人晚婚，離婚更為盛行，而在大眾眼裡，婚姻反映出的社會地位也不如從前。即使受盡偏見和反對聲浪，但全球各地的單身現象蔚為成長趨勢。

我們明明有所感觸、有所期盼，也已實際行動，但卻尚未能認可這些事實。世界正趨往單身的潮流，但文化上仍存在批評的眼光，結果導致許多人在獨居現象成為浪潮的同時，仍不堪壓力而結婚。這個壓力讓他們感到不快樂，更甚於不結婚的不快樂程度，但要分辨兩者是難上加難或根本無法做到。

這種情勢使得未婚族群邏輯上充滿矛盾。許多單身人士在訪談中表示想找結婚對象，但根據他們所說的，他們的行為根本背道而馳。現存的社會與文化價值觀迫使大家嘴上說自己很樂意結婚，但他們的日常戀愛和感情決策根本是另一回事。他們把理想對象的門檻調升到難如登天的程度，簡直是要有說服力十足的理由才願意脫離單身。看來，社會大眾仍不願承認時代正在轉變，且長久以來的婚姻體制已經受到撼動。

說到這方面的問題，有婚姻的人也不好過。當然，固然有些人和另一半過著幸福快樂的日子，但其他人則是羨慕起日益增多的單身人士，想要逃離愛情的墳墓。我的研究結果顯示，不快樂的單身人士和不快樂的已婚人士之間，差別僅在於後者屈服於被逼婚的社會及心理壓力。這兩個族群都不快樂且深陷悲慘情境，一邊是沒結婚而蒙羞，一邊是眼看單身風潮興起卻只能乾羨慕。

世界各地已有越來越多人開始捨棄婚姻那一套，造成單身勢力崛起的現實，但迫使人結婚的社會及心理壓力仍未休止，這兩者之間明顯有個矛盾，也就是本書要談的重點。我們常出現一些自己也沒完全察覺到的行為，心裡想的和實際行動有所差距。我們明明心想成雙成對才好，卻是以單身方式過活。我們還沒能夠辨清自身真正的感受和社會規範使然心態之間的差異。

我認為之所以會有這個矛盾，是因為還是有不少人不敢接受單身。他們對單身的觀感不佳，或說是他們忽視了這種生活型態本身能帶來的好處。正因如此，本書旨在**凸顯接受和享受一人生活這種趨勢背後的機轉**。

用更客觀而不帶偏見的方式來看待單身現象，可讓大家能更自由選擇適合自己的生活方式。當然，還是有些人會選擇步入婚姻。要讓這些人也能更從容地在適當的時機和狀況下結婚。如此周全考慮的決策勢必能讓選擇婚姻的人有更佳的婚姻生活，而選擇一個人過的人也更自在。更瞭解單身人士也能幸福安適的多種可能性，應能讓一直到現在都因不從眾而情境窘迫的人，終於放下心中的大石頭。

確實，單身勢力崛起並非新有的現象。許多研究學者的記錄顯示結婚率下滑，且立法者也仔細追蹤現代家庭的變革。舉例來說，丹麥政府甚至發起宣傳廣告，鼓勵民眾多多結婚、多多行房。在美國，媒體也呈現了這些改變，例如：電視劇有一九八九年到一九九八年的《歡樂單身派對》（Seinfeld）、一九九八年到二〇〇四年的《慾望城市》（Sex and the City）、二〇一二年到二〇一七年的《女孩我最大》（Girls），還有二〇一六年上映的電影《單身啪啪啪》（How to Be Single）。

對話已經開啟，而本書又更向前推進一步。重點不在只是越來越多人單身的社會現象本身，實際在社會發生的轉變範疇遠超乎針對此現象的討論，本書要談的是下一步，也就是體制上要如何讓做此選擇的人能過上更佳的生活。

《單身年代：一個人的生活可以簡單，卻不會孤單》一書討論的問題包含：單身人士如何順利應對孤老所致的恐懼？單身人士要如何面對歧視？相較於有伴的人，社交活動對單身人士的幸福感有何影響？深植於個人主義和後物質時代的價值觀，如何幫助單身人士擁抱生活？在提升生活滿意度方面，自願單身人士、因故單身人士、離婚男女、鰥夫寡婦、同居人以及夫妻等族群之間有何不同？最後，面對單身人士數量增長，立法者要如何應變以利他們的福祉？

這項提問對單身相關的學術研究而言相當新穎，因為先前學界往往避而不談這些問題，而主要只是單純估算和觀察單身現象，並一併討論婚姻及出生率下滑、離婚率增加。另一方面，大眾媒體和自我心靈照護產業主要只討論了如何排解孤獨感，但未以完整的研究為佐證。因此，本書將現有的文獻推展到提出敘述性的問題之外，而是探討單身人士在面臨社會上的不利情勢時，如何於日常生活中獲得幸福。如此一來，此調查針對大眾媒體及自我心靈照護業對單身人士的常見主流論述，找出支持或反駁的相關證據。

本書另一項更為宏大的目標，在於**促進各產業思考新的現狀**，意即世界各處的人如何以不斷演進的方式安排社交及家庭生活。針對日益增加的單身人口，我分析了他們的特定需求，並列出幾項開創性的提議，包含創新的起居安排、社群和社會互動，以為幸福單身世代鋪設道路。因此，歡迎讀者從最感興趣的章節開始讀。

或許不久之後，單身人士將從沉默的少數擴展為有重要發聲權的多數。全球幾大都會中心出現了社會抗爭運動，以檢討獨身住房租金上漲、同居人法規模糊、單親家長貧窮及離婚人士稅務權利相關議題。舉例來說，東京有個團體叫作「住宅政策民主促進會」（Call for Democracy／住宅政策にデモクラシーを），發起示威活動，要求政府減少租金。主辦人員向《日本時報》（Japan Times）表示：「東京現在能住進公共住宅的機會，對有家庭的人來說是二十分之一，單身人士則是五十七分之一，而且所謂單身人士，政府指的是退休人士。如果是年輕未婚者，不管多窮都沒機會入住。」從這些抗議聲浪可見，討論影響單身人士幸福與安適感的因素越顯重要急迫。立法者應該正視這點，並開始著手尋求因應這個族群需求的方法。

因此，本書目的之一也在於呼籲行動。研究學者和立法者一般不認為單身人士是弱勢的少數族群，我呼籲他們多關注單身人士的數量成長，以及他們所遭遇到的阻礙。對於向來受到忽視的單身人士而言，要挺身站出來的時刻已經來臨。他們獨特的需求、生活型態和起居安排都應得到更多注意，我會一一在本書中詳細說明。我希望這本書能盡到棉薄之力，來幫助意識剛抬頭的龐大單身勢力。

本書採用的研究方法

本書所述的發現結果及想法，是根據現存文獻的仔細評估，以及新的量化及質化調查結果。在量化方面，我使用了先進的統計模型，來分析來自三十多國、具有代表性的大型資料庫，讓我能夠以確切的實證資料來回應「促進單身人士群幸福的因素」（「幸福」一詞的討論請見後述）。我使用整合式資料庫的多重模型，這些資料庫取自於多個調查數十萬名對象的管道，包含歐洲社會調查（European Social Survey, ESS）、美國社區調查（American Community Survey, ACS）、美國人口普查局、世界銀行、聯合國，以及經濟合作暨發展組織（OECD）。這項統計調查如實呈現單身人士的當前趨勢，並以分佈圖、統計圖表和示例的形式，深入淺出地供學術及一般讀者觀看。

在質化資料方面，我在美國及數個歐洲國家訪談了一百四十二名單身人士。為此，我請來優秀的研究團隊協助。我們一起訪問不同地區的人，包含男性和女性、年輕和年長者、同性和異性戀、城市和小鎮居民，他們社經地位各異，族裔背景也很多元。受訪者的平均年齡是四十三．九歲，其中年紀最大的是七十八歲，年紀最輕的是三十歲（以三十歲為下限的原因請見後述）。此外，其中女性受訪者占總數五十六％，而受訪對象自行回報的收入水準為四．七分（滿分為十，最低分為一）。當然，訪談者的稱呼都經過匿名處理。訪談口述內容有逐字稿紀錄，研究問題的核心主題以系統化的方式標示和分類。設計訪談時盡可能公正，經過謹慎處理以確保提問用語傳達出的情緒中立，且在涉及單身動機及／或對單身狀態的觀感好壞時，避免問題中隱含既定立場。

在訪談之餘，另外也以系統化方式分析了涉及單身議題的資料，涵蓋四百多則部落格文章、三百多份報章雜誌文章，以及數千條評論和 Facebook 貼文。研究使用立意——滾雪球抽樣（purposive-snowball）方法來辨別單身人士的部落格網誌及發文。之所以此情境適用這種取樣策略，是因為未知母群體數而無法使用真實隨機取樣法，而是要蒐集有特定特徵的樣本（如：單身人士相關部落格）。

研究中，盡可能檢視作者的個人檔案來判斷他們自稱的年齡、性別和地區。多數發文者的特徵容易辨別，但也有些資訊必須要細究多個部落格或多篇文章內容才可取得。接著分析主題內容以辨別單身人士所談論的議題。我請兩位經過訓練而熟悉編碼簿的助手將內容獨立編碼，讓我能審視其可靠度。在後續階段，除此分析和學術文獻分析外，我另以有關單身人士的報章雜誌內容作補充參照，讓本書獲得當代和最新資訊的佐證。所有質化資料的編碼系統是類似紮根理論（grounded theory）的由下至上歸納方法。

本書採用的定義

為便於此研究討論，我對單身人士的定義是身分為離婚、喪偶或從未結過婚的人，並通篇將此三類別分開討論。以人口特徵而言，只從資料庫中選取三十歲以上的人，訪談、部落格和其他發表文章的分析也是如此。選定三十歲是要代表超過平均初婚年齡的對象，這些單身人士已經歷過一般人所認定的社會壓力，因此沒結婚的話會遇到苦果。相較之下，年紀較輕者可能還在適應狀態，而完全不用考慮婚姻問題。

此外，我將正與情人同居中的人獨立成一個類別，這類別估計約占總人口的十分之一。所以，本書將同居視為居中的類別，而不算在單身人士之內。從一方面來看，現在同居在社會和法律身分上都較接近婚姻，在許多地區以普通法婚姻之法規提供類似正式婚姻法的權利保障，像是在美國、澳洲、加拿大和多個歐洲國家。從另一方面來看，同居也和單身很相像，因為多多少少也反映了大眾對婚姻體制感到無奈和幻滅。恐懼婚姻承諾和規避離婚風險也增長了伴侶選擇長期共同居住而沒有結婚。再者，某些地區同居會直接影響到單身人口的占比。同居關係較婚姻不穩定而短暫，更可能最後會分開，且這點無關伴侶的年齡、收入或子女數目。因此，算上他們開始同居前，以及結束同居生活後，會有較多人長時間處於單身狀態。讀者應瞭解此複雜狀況，而我在分析時也盡可能將同居人和單身人士分開來談。

其他要特別提到的是，雖然各單身人士面臨許多共同的困境，但他們在更細微的社會和家庭情境差異下，受到的影響也有所不同。譬如有無子女就是一大關注要點，像是，單身但有能就近提供協助的子女或孫子女，所處的現況就不同於無子嗣的單身人士。因此，在所有的統計分析中，我施加一個特殊變數來代表有子女的單身人士。而且，我也把曾經同居過和從未與他人共住的單身人士區別開來。比起分析統計數據，訪談方式要分辨這些差別容易許多，因為受訪者通常願意詳細描述婚姻狀態，需要時我會註明這項資訊。

當然，一定還有其他要謹慎處理的子群體，像是有正式交往對象但獨自居住的單身人士。本書在某些統計分析的估算中，要辨別這些群體和非單一對象的單身人士，實非易事。有鑑於此，此處所用的質化資料相當重要，因為可以分辨這些子群體，而得以補足我們對單身人士的認識。

還有要注意的是，單身、未婚和獨居者之間雖然有許多重疊處，但仍有些許差別。單身研究的不同分支，會視研究需求和可取得資料的性質來決定如何下定義。舉例來說，許多大型人口特徵資料群裏頭，所看重的是單人家戶。單人家戶的成員通常是單身，但並非全部皆然。尤其，印度等快速發展的國家國內遷居比例很高，家中的一個成員（通常是丈夫）會因工作緣故而永久或半永久居住在另一處，而盡量找時間寄錢回家裡。因此，使用一人家戶資料時，我會盡可能明確說明。

接著，所謂「快樂／幸福感」（happiness），是對個人安適（well-being）與否的主觀感受，也是貫徹本書的核心概念，所以要在此簡明討論並加以定義。我將此詞視為個人認定自身生活順心如意的程度。各種文化和哲學家對「快樂」一詞賦予了倫理美德、社會貢獻，甚至是超脫塵世的涅槃等意義，相較之下，這裡的定義算是頗為單薄，但我選擇使用這個簡化的講法，是如同眾多研究所認定，這是個取得廣泛共識且統整各種文化解讀的定義。譬如，有項研究比較了三十個國家，取一百五十年的跨幅，調查各辭典如何定義「快樂」，可說是兼顧了文化差異和時間沿革。結果發現，定義中最廣獲認同的層面是「感到幸運且外在情勢順從人意」。

不過，確實無可否認，對快樂的理解見仁見智，沒人說得準受調查者回答「你感到多快樂？」的量表問題時，他的答案背後代表什麼。來自不同文化或年齡層的受試對象對「快樂」所認定的意義也可能有所不同。譬如，研究顯示年輕人將其連結到「欣喜」，而年紀較大的人將其連結到「祥和」。

為了因應這些難處，本書納入大型樣本，橫跨各年齡和地區，考量社會、文化和個人差異，以及各國的平均快樂程度。大型資料庫的好處，在於特異值通常會自己打平，如此一來，大致而言分析受調查者的回覆仍可行。因此，雖然仍有不盡處，但本研究判定，概略而言ＥＳＳ的提問能派上用場，因為這項研究不僅在統計上堅實有力，且同時使用多重分析來顧及各文化的差異，因而可根據各文化提出整體結論。在我對單身主題的多份研究文章裏頭，以細部且嚴謹的方式深入探討這些考量，有興趣的人可以找到更多與本書呈現之研究結果相關的資訊。

無可否認，如果不討論什麼因素致使個人感到快樂，立法者和研究學者就錯失了能夠提升大眾福祉的一大機會，尤其是有鑑於近年來正向心理學（positive psychology）興起，此學科意圖一改傳統方法，關注如何增進個人與整體人口的幸福感，並避免負面作用。因此，我力薦讀者把本書提出的定義作為實際可用且有益的分析工具，好好判斷這些研究發現是否能獲得你的認同。

第1章
單身年代

在一年當中這特別的一天，你會看到一群單身男子穿著內衣（甚至一絲不掛）跳進河裡，而大城市的單身女性穿著婚紗跑上街。光棍節（又稱為單身節）是大受歡迎的中國新節日，人們在這一天以購物、慶祝活動、與朋友相聚來歡慶單身。這個節日源自一九九三年，中國大城南京各大學的單身人士會在這一天和單身朋友狂歡，後來逐漸演變為世界最大的線上購物活動，也成為現代中國社會的文化標記。這個節日是每年的十一月十一日，之所以選在這一天，是因為數字「一」代表著單身。這個單身節慶在中國被叫做「光棍節」，因為其日期彷彿孤伶伶的樹枝或棍子，「光棍」在中文裡是單身人士的代稱。這些年來，光棍節已演變成反情人節，而這個節日的單身慶典包裝也確實大獲成功。二〇一七年光棍節當日，線上零售巨頭阿里巴巴的收益達到兩百五十億元，是當年美國最大線上購物節網路星期一的四倍之多。

有鑑於美國的單身比例更高，單身節的活動居然起始於中國，有點令人意外。不過美國也很快就加入這股潮流。美國版本的全國單身節首次出現於二〇一三年一月十一日，數字「一」再次成為單身的有力的象徵。俄亥俄州的七葉樹單身協會（Buckeye Singles' Council）自一九八〇年代起便開始慶祝全國單身週，二〇一七年時，全國單身節為配合這個活動，改期至九月。全國單身節發起人凱倫・里德（Karen Reed）接受《單身雜誌》（Singular Magazine）訪問時表示：

「其實在美國發起單身節最初的靈感是來自中國的光棍節……我也覺得有必要建立一個新鮮、新穎的單身節慶，因為近年來的變化很大。二十一世紀的單身人士是一個全新的物種。現在的單身人士充滿活力，包括各形各色的族群，應該受到重視……。

單身的定義很複雜，包括自願單身或情況使然不得已單身；法律上單身或彷彿單身；永遠單身或暫時單身。要打進單身人士群並不容易，有時候，要處理龐大、難以解決的問題時，最好的辦法就是先略過枝微末節，登高一呼：『我們在這！一再呼喚，不要氣餒。』」

才不過幾十年前，慶祝單身的節日簡直難以想像，今昔的差異令人驚訝。然而婚姻制度歷經深遠的改變，現代社會也連帶改頭換面。中國的單身節也不是憑空出現的，中國的家戶平均人口數歷經陡降，自一九四七年每家戶的五・四人降至二〇〇五年的三・一人，社會型態也從農業社會轉變成現代都市社會。你很難想像，一個在鄉村地區長大的中國青年，小時候叔叔阿姨都在同一塊田裡耕種稻米，長大後的生活環境卻迥然不同：也許住在煙霧瀰漫的巨型城市中，高樓大廈的一間狹小公寓裡，在大型工廠中工作，很晚才下班。事實上，二〇一四年時中國有超過六千萬家戶登記為獨居戶，一九八二年時則只有一千七百萬單人家戶，而同時期中國人口成長只有四十%。

在慕尼黑、法蘭克福、巴黎等歐洲大城市中，五十%以上的家戶為單人戶。一九五〇年的美國成人有二十二%單身，今日的單身比例已躍升至超過五十%，且據預測，每四個美國新生兒中就有一個終身未婚。在此同時，已開發國家中先結婚再生小孩的比例逐漸降低，美國兒童有兩位已婚家長的比例從一九六〇年代初期的八十七%降至二〇一五年的六十九%。

在單身人口的成長方面，日本大概在世界各國中名列前茅。日本國立社會保障暨人口問題研究所最新的一份調查顯示，二〇一五年時，三十歲以下的日本成人約有三分之一從未約會過，超過四十%從未有性經驗。此外，在日本十八歲至二十四歲的未婚人口中，將近六十%的女性及七十%的男性於調查當時並無交往關係，比起二〇一〇年的調查提升了十%，而與二〇〇五年相比更是躍升了二十%。事實上，甚至有三十%的男性及二十六%的女性表示自己無意尋找對象。

二〇〇六年，日本的熱門作家深澤真紀在一篇文章中提到，有越來越多男性對親密關係不感興趣，她稱他們為「**草食男**」。由於在日文中，對親密及肉體關係的渴望稱為「肉慾」，因此草食男的標籤代表他們自親密關係中撤退。此外，這個名詞還意味著日本男子氣概的根本解構，戰後日本奇蹟時代曾經充滿精力、繁殖力旺盛的男性變得了無生氣，甚至消失無蹤。值得一提的是，草食男登上二〇〇九年全國「年度熱門字」的決選名單，至二〇一〇年時已普遍獲得認可，成為一般名詞。熱門字通常曇花一現，不過這個字變得普及後，有一項調查顯示，二十至三十九歲的日本單身男子中有七十五%認為自己是草食男。

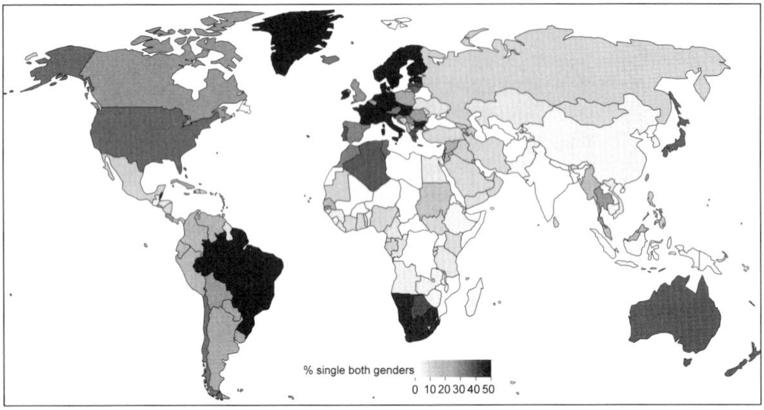

圖一：二〇一〇至二〇一四年間三十至三十四歲的單身比例

資料來源：聯合國經濟和社會事務部人口司《二〇一五年世界婚姻資料》（POP/DB/Marr/Rev2015）

這種趨勢快速擴散，在已開發國家尤其如此，本章稍後將討論單身比例提高的主要原因，而這些因素在已開發世界出現的時間點比其他地區早得多。十九世紀晚期至二十世紀初，個人主義、大規模都市化、壽命延長、通訊革命、女權運動等過程皆在已開發國家奠定基礎。這種趨勢曾在美國出現短暫例外，也就是一九五〇年代的「黃金年代」，當時二戰及郊區的發展使得人們結婚年齡降低，出生率提高。不過單身的生活型態於一九七〇年代又開始興盛，當時強調個人主義、消費主義及資本主義的社會風氣在美國、歐洲等已開發國家擴散開來，因此又使人們遠離婚姻，朝後家庭文化邁進。圖一的地圖顯示世界各國的單身比例，資料來源為聯合國的最新數據。

雖然地圖顯示單身趨勢在已開發國家較為明顯，不過這種現象正逐漸蔓延至全球。過去數十年來，南美洲、中東，甚至非洲國家的單身人數都有所成長。許多亞洲國家，包括印度、南韓、越南、巴基斯坦、孟加拉、馬來西亞的數據皆顯示人民的結婚年齡提高，離婚比例提升，更重要的是，有越來越多人選擇獨自生活。事實上，在許多國家，單身都是現今成長最快速的關係型態。也難怪有一份報告預測至二〇三〇年，世界單身人口比例的躍升幅度將是驚人的二十％。

更有力的例子是，遙遠如中東等保守及超保守的社會也顯現了類似的趨勢。例如伊朗的單身模式就正歷經前所未見的改變。傳統上，伊朗的關係型態受到宗教及文化期許的強烈影響，法律及社會觀念鼓吹早婚及從一而終的婚姻型態，不鼓勵離婚。不過觀察人口數據可知，過去三十年來，伊朗在總體及個體的層次上都歷經了巨大的社會變革。生育率經歷了史無前例的降幅，一九八六年平均每位女性生育七個子女，二〇〇〇年時降至二·一個。雖然部分原因是政府倡導避孕措施，不過數據分析顯示，只有六·一％的降幅來自避孕觀念及避孕方式的普及，其餘的三十一％是婚姻型態改變所造成。伊朗的年輕人口（尤其是女性）晚婚、離婚比例上升、生育年齡提高，甚至選擇不婚。

另一個保守社會單身比例反常提升的例子來自阿拉伯聯合大公國。二〇一四年，三十歲以上的大公國女性有六十％單身，離婚率為四十％，不過二十年前，離婚率只有二十％。晚婚或不婚的趨勢從一九八〇年代就開始顯露跡象，大公國的男性為了逃避當地婚約常見的高額聘金，開始到國外尋找結婚對象，或選擇根本不結婚。晚婚或與外國人士結婚的現象驅使政府設立資金來鼓勵國民結婚。現今，阿拉伯聯合大公國的男性若與本國女子結婚，可獲得補助金，每生育一個小孩更可獲得額外福利，政府也出資補助婚友社及婚禮。以下段落擷取至該國政府的官方網站：

「阿拉伯聯合大公國政府為建立並維護穩定堅固的本國家庭，為強化本國社會及人口結構，故鼓勵本國男女締結婚姻。在此方面，本國根據一九九二年通過之第四十七條聯邦法律成立婚姻基金，貫徹本國國父暨先總統扎耶德・本・蘇爾坦・阿勒納哈揚（Sheikh Zayed Bin Sultan Al Nahyan）所提出之社會政策……除婚姻基金外，各酋長國皆設有相關機構，提供的服務包括：婚友媒合、提供社區中心及伊斯蘭議會做為婚禮場地，以及婚前與婚後之婚姻諮商。」

實施政策的頭十年有三萬兩千個家庭獲得補助金，不過該國的婚姻數據顯示，在延緩單身人數成長的方面，這項法律效果不彰。確實，中東及北非各阿拉伯及穆斯林國家皆呈現同樣的趨勢，與阿拉伯聯合大公國的婚姻基金類似的計畫及舉措也都未能阻擋單身的浪潮，巴林、沙烏地阿拉伯、卡達等國皆一再印證這個現象。

似乎各地晚婚、獨居或選擇單身的人數都逐漸提升。要解開快樂單身的秘訣，關鍵在於瞭解婚姻型態改變背後的機制及特定情況中的因素，本章後續段落將詳加說明。不過讀者也可以略過這個偏向說明背景的章節，直接跳到第二章討論快樂單身的部分。

為什麼我們不再憧憬婚姻？

單身比例提高只是冰山一角。綜觀歷史，人類的生活和生計通常涉及三個基本架構，依次向外推展分別是：**核心家庭**、**擴展家庭**，**以及由家庭組成的地方社群**。家庭身為社會的基本單位，其地位不容挑戰，因此新家庭的起始點——婚姻，更是焦點所在。現今由地方政府及機關提供的服務，過去是家庭肩負的責任：家庭照料個人的溫飽、健康、教育及住屋。個人的職業也離不開家庭，通常牽涉到家族歷史及家族在地方社群所扮演的角色，假如偏離的這樣的角色，很可能會影響或打亂社群的平衡。

不過這種現象在工業革命及現代福利國家出現後有了急遽的改變。傳統家庭在照顧個人方面曾扮演不可或缺的角色，不過逐漸被蓬勃發展的國家及市場力量所取代。由於家庭不再是個人生存所必需，一連串影響家庭及婚姻的變化開始出現。

在接下來的段落中，我將討論促成婚姻地位改變的八大原因：一、人口變化，二、女性角色改變，三、在離婚興盛的年代迴避風險，四、經濟因素，包括消費主義及資本主義，五、宗教變遷，六、大眾文化及媒體，七、都市化，八、移民。這八項因素當然不是全部的原因，也不是互相獨立，很可能彼此牽涉、相互影響。不過我的主要論點是，這些因素同時發揮影響力，使單身比例上升變成確確實實、持續發生，甚至難以阻擋的趨勢。這些因素加總的影響力極為強大，所以我們應該面對現實、擁抱趨勢，為單身快樂的年代做好準備。

一、人口變化

近來各地人口組成的變化大幅推動單身比例的提升，世界各國出生率急遽下降就是一大因素。以下是幾個生育率降低的明顯例子：根據經濟合作暨發展組織（Organization for Economic Cooperation and Development）的資料庫，一九七〇年墨西哥平均每位女性生育六・六個子女，二〇一六年降至二・二個；印尼同時期從五・四降至二・四；土耳其則自五降至二・一。

在西方國家中，這樣的變化出現得更早。大多數西歐國家的生育率約於一九七〇至一九八〇年代開始大幅降低，甚至跌至人口替代率以下。今日的數據更是創下史無前例的新低，舉例而言，西班牙的生育率為一・三，義大利、德國、奧地利為一・四，加拿大一・六，荷蘭、丹麥一・七，美國、英國、澳大利亞則為一・八。

低生育率會引發一系列影響，導致單身人數上升。首先，**如果生育的子女較少，夫妻就可以較晚結婚**，也就是說，整個生育年齡只須生一、兩個小孩，而不是六、七個，那首次生產的年齡就可以延後。其次，**孩子較少的話，離婚時照顧孩童的負擔也比較輕**，甚至可能沒有子女需要照顧。第三、**低生育率代表有些人根本不**

必結婚或締結伴侶關係：單親照顧一兩個小孩要比撫養半打子女輕鬆得多。第四、這樣的情形會延續到下一代，**在小家庭中成長和未來建立小家庭具有相關性**，因此這樣的現象會持續下去。

另一個影響到單身人數的人口變化是**預期壽命提高，導致許多老年人獨自生活的時間延長**。現代醫學的奇蹟大幅延長平均壽命，在已開發國家尤為明顯。一九四〇年時，美國社會約有十一%為六十五歲以上人口。至一九七〇年代，老年人口比率提高到十七%，二〇一〇年的估計比率則為二十一%。經濟合作暨發展組織最新的數據指出，成員國國民的出生時預期壽命將近八十歲。隨著壽命延長，個人離婚或喪偶後獨自生活的年數很可能會隨之增加。舉例來說，歐洲健康、老化及退休狀況調查（Survey of Health, Ageing and Retirement in Europe）的數據指出，二〇一五年歐洲七十五歲以上的民眾有五十七%為鰥寡人士。此外，二〇一〇年離婚的美國人中，五十歲以上的人數是一九九〇年的兩倍之多。

在開發中國家，預期壽命快速延長，預計將擴大老年人口，因此使單身人數急遽成長。以中國為例，該國的平均壽命由一九九〇年的六十八・五歲延長至二〇一

○年的七十四．八歲，因此老年獨居戶也有相當大的增幅。此外，這個現象引發一連串連鎖反應，獨居老人所面臨的身體、經濟及社會問題為年輕一代帶來不小的社會及財務負擔。這樣的負擔很可能使年輕人延後結婚，逃避成家的責任。這在中國社會中尤為明顯，由於一胎化政策，造成老年及青年人口的比例失衡，令人擔憂。

部分地區的**性別比**也對單身人數有大幅影響。性別比失衡會使當地潛在伴侶的人數減少，使許多人找不到對象。舉例來說，印度部分地區的性別比嚴重失調，每一百位男性相對只有六十二位女性。即便是印度北方最富裕、開發程度最高的哈里亞納邦，當地的性別比也高度失衡：各年齡層每一百位男性相對只有八十八位女性。在這種性別比失衡的環境中，年輕男性可能無法找到另一半。事實上，由於失衡過於嚴重，二○一五年某地方議會決定放寬跨種性婚姻的禁令，以便村民就近與鄰居結婚，這在傳統印度是前所未見的舉措。

現今的性別失衡問題主要發生於三個情境。首先，**偏好男孩**導致中國、韓國、印度部分地區及世界各地某些較小型的社群出現性別比失衡的現象。其次，**國內的人口遷移或國際移民也有性別不均的情形**。比方說，二○一六年歐洲統計局（歐盟的統計機關）的報告顯示，十四至三十四歲尋求歐洲庇護者有七十五%為男性，三十五至六十四歲的年齡區間則有六十%為男性。除非能克服語言及文化障礙，否則這種性別不均的現象會限制他們的擇偶範圍。第三，**流向城市的國內人口**也會造成性別失衡。舉例來說，威廉斯研究所（Williams Institute）的報告顯示，受過大學教育的女性及同志男性較集中於美國城市。以曼哈頓為例，當地的大學畢業單身女性比男性多了三十二%。此外，曼哈頓有九%至十二%的男性為同志，而同地區女同志只有一%至二%，這自然限縮了女性的潛在對象人數。

這幾項近年來的人口發展改變了婚姻制度的基礎。有些變動是不可逆的，比方說，許多研究者都預測出生率會持續下降，預期壽命也將繼續增加。而性別失衡等現象可能只是暫時性的，也許會隨著移民融入社會或中國一胎化政策等政府措施的取消而緩解。不過這些因素共同作用，拆解了過去建立家庭的基礎條件。

二、女性的社會角色改變

二十世紀女性社會角色的變遷是另一個促使單身比例提高的重大原因。尤其是在西方性別較為平等的社會中，女性婚育的壓力較低，同時擁有更多機會追求職業與學術成就。過去女性對於結婚與否沒有太多選擇，因為她們在財務方面必須依賴男性。過去女性若無法自給自足或獨自撫養小孩，就必須留在家庭中，藉此確保經濟來源。不過今日性別越趨平等，尤其是在西方的勞動市場中，有越來越多女性能在傳統婚姻關係之外蓬勃發展，因此邁入交往或婚姻關係的人數下降，有時甚至將事業置於家庭之前。

降低結婚率的另一個類似原因是**女性的高教育成就**。研究發現，女性教育程度越高，第一次結婚的年紀就越大。研究也顯示，職缺增加與女性延後或避免生育具有相關性。這些趨勢背後所顯現的觀念是，就讀大學或處於職業生涯初期的女性還沒準備好面對婚育。

此外，**社會對於單身女性的看法變得不那麼嚴苛**。聲援單身女性的社會團體及活動紛紛成立，對抗「老處女」的汙名，讓單身女子不必感覺自己像局外人。因此，雖然單身女性仍會受到負面的社會批判，但這種新論述鼓舞更多女性選擇單身，同時這個選擇也有了賦權的意味。

有些社會較為傳統，當地法律嚴重歧視女性並禁止她們與丈夫離婚，但即便在這些社會中，女性主義發展也影響了家庭結構及交往或婚姻關係。舉例來說，阿拉伯女子賦權的程度越來越高，尤其是在二〇一〇年至二〇一二年的阿拉伯之春期間及之後，參加這場社會運動的女性人數達到前所未有的高峰。雖然部分阿拉伯世界現正經歷反動過程，年輕一代變得更為保守，不過女性地位仍漸進提高，對於結婚的時機及對象擁有更多自主選擇的權力，這導致生育率陡降，平均初婚年齡穩定上升。即便是有意結婚的女性也不一定能找到合適的伴侶，女性地位及獨立程度的提升對某些男性來說並不討喜，這些男性可能偏好抱持傳統價值觀的女子。確實這些觀念正在逐漸改變，不過在許多社會仍然是普遍現象，且對婚姻模式有負面的影響。

此外，**醫學及科技的進展**也會影響女性交往、結婚、建立家庭的決定。隨著當今不孕療法的進展及普及，女性漸漸不覺有必要為了把握生育年齡而早早進入婚姻、生兒育女。部分國家的政府甚至補助單身女性接受不孕治療，為生育下一代提供更多選擇。因此，女性即便有意生小孩，也能推遲進入婚姻的時間。確實，觀察輔助生殖科技的保險承保發現，不孕療法的普及與初婚年齡上升之間具有相關性。此現象在保險承保範圍較為全面的富裕人口中更為明顯。

同樣的，有意懷孕但偏好獨自撫養的女性也能利用精子銀行。精子銀行產業不只允許單身女性懷孕，在某些情況下更將精子「去商品化」。透過擬人化捐贈精子，並浪漫化捐精者與受孕者之間的關係，精子銀行常為捐精的行為加入大量的情感元素，提供了第二位家長的概念，而且其形象通常被理想化，這樣的轉變能讓單身女性組織家庭的決定變得較為容易。

三、在離婚興盛的年代迴避風險

這個因素較少被考慮到，不過同樣重要，那就是迴避離婚的風險，**離婚的經歷可能帶來嚴重的情緒、社會、財務創傷**。離婚率陡升的同時，也越來越多人乾脆不結婚。在個人主義的社會中，個人的幸福安康是最重要的事，人們可能在不知不覺中計算各種人生大事的益處與害處。計算之後就會發現，離婚會危及個人的幸福，而婚姻帶來的好處不足以彌補。

理查．盧卡斯（Richard Lucas）及其團隊的研究前後長達十五年，這份獲得獎項肯定且具開創性的縱向研究發現，**婚姻能暫時提升快樂感，不過結婚兩年之後，快樂感通常又會降回婚前的基準**。驚人的是，這樣的發現也有生物學的依據，與幸福感相關的腦部化學物質苯乙胺也出現相應的波動。研究人員主張，快樂感的降低（以及性生活頻率的下降）可能有兩個原因：神經元開始適應苯乙胺的作用，或是苯乙胺的濃度隨時間逐漸下降。就算某些研究顯示婚姻會使快樂感長期小幅提升，研究者也承認，這可能是選擇效應所造成。也就是說，這是因為比較快樂的人結婚機率較高，而不是因為婚姻能讓長期壞脾氣的人變得開心。

另一方面，離婚所帶來的負面影響則較為深遠。盧卡斯的研究團隊並未發現結婚能對幸福感造成長期的影響，不過在離婚方面，在法律程序開始之前，快樂感就開始下降，離婚期間快樂感探底，雖然之後會逐漸回升，但不會回復到基準。後來的研究一再證明這樣的結果。即便是顯示結婚能使快樂感長期小幅上升的研究，卻也指出**離婚會大幅降低快樂感，超過結婚所提升的幅度**。

這些研究結果令人印象深刻，啟發不只限於學術層面，還反映了現實情況：婚姻對於快樂感的正面影響比一般認知還小。首先，結婚兩年後，滿足感就下滑到基準點；其次，離婚的人會比原本更不快樂，快樂感降到基準以下，而且也不會再回升。

年輕男女計算之後決定審慎看待婚姻。在這個較不受傳統束縛的年代，人們更重視自己的幸福，於是男男女女剝去婚姻假想優點的外衣，審視婚姻有何確實的益處，然後發現也許這不值得冒險。而且風險其實不低：近來的資料顯示，約有四十%到六十%的西方伴侶步上離婚一途，而開發中國家的離婚數字也緊追在後。

迴避離婚風險對於社會中的單身人口有直接與間接的長期影響。直接影響是，由於避免離婚的思維變得普及，結婚率因此下降。間接的影響是，有更多小孩是在婚姻關係之外出生，或是在離婚後的單親家庭中成長。因此，單親的小孩也可能對於婚姻興趣缺缺，對於婚姻以外的選項感到更自在。在此情況下，避免離婚的策略間接卻必然地將單身狀態延續到下一代並改變社會觀念，使單身生活開始受到歡迎。

此外，為了避免風險，與其乾脆不結婚，也有許多人選擇**延後結婚**。不過諷刺的是，**晚婚的人更容易離婚**。證據顯示，結婚年齡在三十二歲以上的伴侶，每晚一年結婚，離婚率約增加五%。因此，如果有位年輕人為了避免離婚而逃避婚姻，於是延後到三十幾歲才結婚，那他／她離婚的機率就更高了。而後，隨著離婚越來越普遍，又對其他人進入婚姻產生遏阻的效果。有鑑於多數工業化國家的初婚年齡正逐漸接近（或已超過）三十歲，可以預期的是，上述現象會進一步推升離婚率。

把逃避結婚當做迴避風險的手段，這在不同類型的社會中可能會有不一樣的表現方式。保守國家的工業化程度通常較低，社會較注重群體，離婚這個禁忌以及隨之而來的汙名有遏阻婚姻的效果。這種現象可能在無意間鼓勵延長青春期或延緩結婚，個人藉此管控風險，避免離婚帶來的嚴重社會後果。再加上保守社會通常不允許婚前同居，也就是說，人們可能（至少在表面上）推遲任何交往關係，藉此趨避風險。

在較注重個人、工業化程度較高的社會中，人們以同居取代婚姻，藉此避免離婚的風險。由於解除同居關係比起離婚容易又常見得多，這能緩和關係結束的痛苦與風險。同居提供在交往關係中搬進搬出的自由，離開之後就與交往對象無牽無掛。開放的國家對於同居的接受度高，因此同居及單身人數都不低。

一九九八年，荷蘭透過下議院立法正式承認登記同居，是少數的先行國家之一，那在當時被視為政策方面的突破。不過有些研究者提出疑問，認為這項立法引發了交往及婚姻關係的根本變革。有一份評鑑研究試圖釐清這項立法行動的影響。這份研究進行了七次焦點團體訪談，訪談對象共四十人，研究發現受訪者大致贊同透過同居降低風險的策略，因為比起婚姻，同居的拘束力較低，變動性較大，提供更多彈性與獨立空間。換言之，同居做為一種降低風險的策略，某種程度上已取代婚姻，在荷蘭的高離婚率社會中更是如此。

擔憂離婚與傾向單身之間的關聯在不同族群中也存在差異。研究顯示美國民眾的少數族群身分、教育程度、性別、社會經濟地位等因素會影響他們對婚姻制度的信任程度與對離婚的擔憂感。比方說，有一份研究檢視性別及社會階級的差異對離婚的觀念有何影響。雖然整體有超過三分之二的受試者擔心離婚，不過勞工階級的女性對於婚姻最為不信任，因為離婚會為她們帶來嚴重的社會及財務負擔。因此也難怪在某些社會中，低收入族群的風險趨避比例與單身人口上升幅度最大。已有研究注意到並證實社會經濟因素對於單身的影響出現在各種脈絡中，儘管各自稍有差異，但都顯示單身與經濟的交互效應。

四、經濟因素

山田昌弘在其一九九九年出版的著作《單身寄生時代》（The Age of Parasite Singles）中打破禁忌，使日本大眾注意到有越來越多三十幾歲的單身人士仍與父母同住。山田先生發明了「**單身寄生族**」這個詞彙，用來形容這些三十幾歲仍與父母同住的年輕日本人，他們不僅藉此省下房租，還逃避分擔家務的責任。確實，就一九九五年的估計，約有一千萬年輕日本男女符合單身寄生族的定義。而雖然日本人口逐漸萎縮，但這個數據至今已成長三成，來到一千三百萬人，約佔總人口的十％。根據最近一份調查，在日本的單身人士中，男性約有六十％，女性約有八十％屬於單身寄生族。

日本年輕單身人士絕對不是唯一維持這種生活型態的族群。在英語國家中，「**地下室寄居者**」（basement dweller）這個詞也有同樣的涵義；義大利稱這種族群為「**成年巨嬰**」（bamboccioni）。雖然這些稱呼帶有不以為然的貶低意味，輕視年輕單身人士及其家人有意識的選擇，但的確透露出單身與經濟之間的關係。這個現象越來越普遍，這些單身人士中有不少人的收入是可自由支配的，因此他們才能維持這種愜意、經濟穩定的生活型態。假如搬出父母家或結婚就得放棄這種隨興的富裕生活。

經濟因素對於單身有各種不同的影響，但似乎全都造就了今日世界單身興盛的現象。不論經濟狀況是艱困、穩定或成長，這三種情況都提供了人們維持單身的充分理由。

經濟艱困與近來的經濟危機改變了單身人士交往或結婚的方式。許多單身人士推遲婚姻，擔心收入不足以養家。經濟弱勢者即便肯定婚姻價值，也不太相信自己有能力維持財務穩定，進而維續婚姻、避免走上離婚一途。許多社會視財務穩定為結婚的先決條件，因此假如社會出現經濟危機或缺乏就業機會，年輕人保持單身的時間會延長。如果同樣的時間與資源拿來追求財務穩定，就較難用以維持穩定的交往關係。

二〇〇八年經濟危機後，西班牙及義大利等部分歐洲國家的年輕人受到經濟衰頹及房價上漲兩方面的衝擊。在歐洲，住屋成本會佔掉一大半的可支配收入，所以許多年輕人乾脆延後結婚，把交往約會的時光用來追求收入。事實上，在今天的巴塞隆納或米蘭，不難見到成年單身人士派對狂歡過後在車上做愛。之所以選擇車中單純是因為他們沒別的地方好去。一夜結束後，他們各自返家，也就是爸媽的家。

即便政府試圖減輕年輕人的經濟不安感，他們也不急著進入婚姻。不過這裡的原因不太一樣：年輕單身人士選擇不結婚是因為**與另一半共同生活的財務誘因下**

降。舉例來說，福利國瑞典提供在高中畢業後搬進自己公寓、獨立生活的經濟條件。瑞典年輕人把握了這項福利，把它當成維持單身的誘因，也難怪斯德哥爾摩獨居戶比例達六十%，高居世界之冠。

而**經濟成長**也有促進單身的效果，印度就是一個很好的例子。雖然印度普遍仍十分傳統，該國的經濟成長使許多年輕人獲得經濟獨立，也因此新的家庭形態越來越普遍。印度年輕人購買力提高，也因此擁有獨自生活的條件，這在過去是很罕見的情況。許多印度單身人士離家，搬到就業機會多的大城市生活。

此外，**獨自生活不僅成為可能的選項，社會的接受度也越來越高**。由於電信及影視傳播，現代印度對於西方價值的接受度越來越高。經濟發展、獨自生活的普遍與個人主義的出現同時發生，這都與延後交往及婚姻關係有所關聯，下一個段落將進一步討論。

十分弔詭的是，各種經濟狀況都導致婚姻的消解，似乎世界各地的單身人士都在尋找摒棄婚姻的藉口。不論是要節流、開源，或提高消費，年輕單身人士把婚姻看成「不划算」的奢侈品。然而經濟因素不只限於表面的收入/支出計算，下一段將檢視更深層的價值、文化根基，以及對單身興起的影響。

資本主義與消費主義

我前面提到一本暢銷書，書中描述日本年輕人藉由與父母同住、維持單身狀態來最大化可支配收入。不過單身寄生族這個詞具有貶意，並未充分呈現年輕人的偏好選擇。當今日本的年輕單身人士喜好改變，也重新排列了優先次序。他們喜愛與朋友外出、追求事業、培養時尚鑑賞力，然後才考慮進入關係。

調查顯示這樣的選擇不光是經濟考量造成的，**價值觀的改變**也是一大因素。事實上，十六至二十四歲的年齡層中，有四十五%的女性及二十五%的男性表示自己對於性關係沒有興趣，甚至帶有鄙視或不置可否。此外，近半數受訪者表示調查的前一個月未曾有性行為。傳統文化及家庭價值觀已大幅被消費主義取代。因此今日的日本是價值觀變遷的顯著例子：漸離傳統與宗教，步向市場導向、追求事業、消費主義的文化。

日本是一極端例子，但世界各地的資本及消費主義趨勢都助長了單身人口。這其中牽涉到數個因素。首先，**消費主義的興起讚揚在自由市場中從事買賣的個體，這些人對更廣闊的社會、文化、家庭承擔較少義務。**消費主義進而解放人們，允許他們追求自己而非他人的利益，導致偏離傳統價值。隨著個人主義及自我實現的理想擴散，大家開始重新思考婚姻是否有利於己。事業的重要性提升，與女性的獨立與自我實現息息相關。雖然有些研究指出已婚人士的財務狀況較佳，但許多人偏好成為擁有個人品味的獨立消費者，交往或婚姻關係所提供的財務誘因已漸失吸引力。

其次，**資本主義促使人們思考並比較不同生活型態的價值**。隱私變成一項受歡迎的商品，而隨著收入提高，人們有能力獨自生活。在這脈絡中，資本主義雙管齊下。一方面，人們將傳統觀念放在一旁，依照理性思考來為自己的偏好排列優先次序，並為之排定重要性。其次，資本主義體系所帶來的財富讓人們有能力依循自己的價值觀生活，而現代人選擇的通常是獨立而非婚姻，偏好隱私而非家庭生活。

最後，**分工及勞動市場的變化創造出新的彈性與機會**。人們開始從事家族事業以外的工作，同事不再是親戚。此外，生育下一代來延續家族事業（例如提供在家族農場上工作的人力）及供養父母的需求越來越少見。此外，在今日的全球化社會中，有些職業需要機動性及地域彈性，因此對許多年輕專業人員來說，結婚會是追求事業發展的一項阻礙。

甚至可以說，市場偏好單身的生活型態，因為比起家庭單位中的個人，單身人士消費更多資源。單身人士獨自居住，提高公寓住所的需求，促進不動產市場成長。一份美國報告指出，比起四口之家中的個人，單身人士消費的農產品多出三十八％，包裝材料多四十二％，電力多五十五％，汽油多六十一％。而離婚人士更被視為具有成長潛力的族群，因為離婚的雙方各自變成單身，需要以較高價格購買產品並重新安排居住事宜，而且通常不會找尋室友。雖然這個觀點可能稍嫌偏激，不過純粹以經濟觀點來看，單身人士的物質消費龐大，導致市場進行調整以迎合他們的需求，甚至鼓勵單身，形成一個循環。

從各媒體中明顯可見這種情況所造成的反應。雖然社會整體仍持續歧視單身人士，但媒體正調整手段，單身人士逐漸成為廣告的目標對象，在住屋、約會、旅遊方面尤其明顯。因此單身人士的消費文化逐漸發展成形，提供維持單身的條件、正當性與能見度。

五、教育因素

教育程度越高者，越常放棄建立關係，轉而追求個人及事業目標。某項研究發現，擁有至少一個學士學位的族群，獨居的比例最高（十五％），且多數多少受過一些大學教育。我自己對歐洲社會調查（European Social Survey）的分析也證實未婚族群的教育程度最高。在三十歲以上的族群中，已婚人士平均受過十二·二年的教育，離婚人士平均擁有十二·五年的教育，從未結婚的族群為時三年，而同居者的教育程度最高，平均為十三·八年（喪偶人士的平均教育程度最低，不過他們年紀也較高，因此排除在討論之外）。

這些數據背後的原因十分複雜。較高的教育程度對於結婚率有幾個直接及間接的影響：在直接影響方面，仍在求學的族群結婚的機率較低（因此教育程度越高，進入婚姻市場的時間越短）；間接影響例如，教育程度較高的族群可能更重視職業生涯。因此有一份研究顯示高等教育的高註冊率會顯著降低結婚與出生率，就算在鼓勵求學同時建立家庭的國家也有這種現象。

另一個可能原因是，**教育程度較高的個人較常擁有獨立與個人主義等價值觀，進而降低個人結婚成家的壓力**。比方說，有一份研究發現教育及成熟認知有助培養包容的觀點，也能提高社會擴展公民權利的意願，保障不循常規的族群。另一份跨國研究主張，教育在各國家及文化中皆對推廣開明態度有所助益。歐美國家個人主義高漲，不過其他地區也呈現類似的趨勢，顯示即便其他社會重視隱私及獨立的程度不如西方，教育仍能影響人們對於交往及婚姻關係的看法。

而**教育程度提升，事業與婚姻衝突的可能性也會提高**；這在雙薪家庭中尤其明顯。之所以產生衝突，是因為個人得兼顧各方需求，一面在勞動市場中尋求進展，同時建立長期關係，維持事業及私人生活的平衡。有數份研究以事業與婚姻衝突的起因及後果為主題，發現在正規教育的最後幾年，維持關係與事業平衡所帶來的負擔過重。這個情況導致許多曾專注於尋找伴侶的年輕人轉而將事業置於婚姻之前，或是選擇先求得學位再來投入關係。

此外，**高等教育程度與高收入具有關聯性**，社會經濟地位較高者能夠負擔獨自生活，進而影響了他們的關係模式。之前提過，隱私是一項公共利益，高收入者較容易負擔，而高教育程度者通常擁有社會經濟優勢，也因此研究發現，東亞及北美獨居的比例較高。

六、宗教變遷

許多虔誠的社會十分重視**謙遜及傳統價值**，而這正是家庭主義的基礎。他們寧願較晚結婚，也不願單親或未婚扶養子女，且對**婚外性行為**有負面觀感。**集體主義**通常是虔誠社會的特徵，也是維繫關係及家庭價值的重要元素。另一方面，沒有宗教信仰的個人對於單身抱持較開放的態度，認同個人主義的比例較高，這也說明了不婚或未婚人數攀升的原因。研究顯示，美國及西歐選擇不婚的人數比以往更高，同時生育率降低，這和宗教力量式微有關。我個人對歐洲社會調查的分析顯示，已婚人士有十二％無宗教信仰（依虔誠程度由零至十分給分，零分代表無信仰者），同居者有二十三％為無信仰，不婚及離婚人士分別為十八％及十七％。

而即便是反對單身的宗教制度也無法阻止單身的浪潮。比方說，有證據顯示在普遍信仰天主教的墨西哥，雖然宗教反對同居，但當地結婚率仍大幅下降，同時同居比例提升。研究也顯示雖然義大利社會有深厚的天主教歷史，不過在關係的選擇方面，宗教的影響力有限：當地單身極為普遍，且義大利的生育率為世界倒數。

其中一種解釋是，雖然宗教一般來說與婚姻有正相關，**但宗教對成家、生子及離婚設有嚴格的限制，可能迫使個人因此放棄婚姻**。研究顯示有越來越多墨西哥人不再交換天主教婚誓，以避免未來離婚所要面臨的麻煩。他們偏好同居，以搬家來開始或結束關係，之間可能有單身的空檔。由於教會法的規定，在教堂結婚但後來離婚的人只能保持單身，或雖然與下一任伴侶共同生活，但卻不能正式再婚。墨西哥並不是唯一的例子，西班牙、魁北克及數個拉丁美洲國家也出現類似的模式。

即便是信仰虔誠的人，近來**社會自由化**及**世代變遷**也影響了他們的婚姻決定。比方說，今天美國的年輕基督教福音派信徒對於婚前性行為及單身生活抱持開明的態度。研究發現信徒心裡的道德權威有所改變，年輕的福音派信徒相信自己的良知，不再總是把上帝當成對錯的唯一決斷者。同樣的，虔誠的穆斯林及猶太教徒要求女性地位應有所改變，允許女性延後結婚，也准許對伴侶感到不滿的女性選擇離婚。在極度保守的印度教或極端正統的猶太教社群中，傳統上婚姻是由家長安排且結婚年齡偏早，不過近來宗教的支配權也受到挑戰，年輕男女得以在婚前以較自由的方式互相認識。

更有意思的大概是，宗教對於婚姻的態度漸轉開放，不只顯現在社會及個人層面，**宗教領導階層**也呈現類似的現象。梵蒂岡是一個明顯的例子，部分原因是有越來越多年輕人不再信奉天主教，因此他們近年來對於交往或婚姻關係的相關議題採取較為寬容的態度。比方說，從梵蒂岡第二屆大公會議（Second Vatican Council）開始，羅馬天主教會在措辭方面對於同性戀的態度有大幅轉變，將行為（同性行為）及行為者（同志）區分開來，雖然仍將前者視為罪惡，不過對後者展現接納的態度。宗教自由化整體上削弱了傳統家庭價值，因此各個宗教社群也越來越接受獨居、晚婚及離婚者，促使虔誠社會也跟上單身興起的普遍趨勢。

七、大眾文化、媒體及社群網絡

一九九五年九月二十一日，美國熱門電視節目《歡樂單身派對》（Seinfeld）第七季第一集「訂婚」中的台詞就充分傳達了這部影集對於婚姻的態度：

克拉瑪：「你不禁開始想，人生就只是這樣嗎？」

傑瑞：「當然不是！」

克拉瑪：「我來告訴你：就只有這樣！」

傑瑞：「只有這樣？」

克拉瑪：「沒錯。傑瑞，你到底在想什麼？結婚？家庭？」

傑瑞：「這個嘛……」

克拉瑪：「婚姻就是監獄！人造牢籠！結婚就跟服刑一樣！你早上起床，她在旁邊；晚上去睡覺，她還在旁邊，連上個廁所都要先問她！」

早在**一九八〇年代**，媒體上就開始出現二十至三十多歲不需要另一半也過得很快樂的單身人士，影響大眾對於交往及婚姻的看法。前一代的成長過程是由描繪無瑕浪漫關係的電影、書籍、故事陪伴，其中角色最後總是過著幸福快樂的日子，至一九九〇年代及二十一世紀的頭十年，美國電視產業開始播出《歡樂單身派對》、《慾望城市》（Sex and the City）、《威爾與格蕾絲》（Will and Grace）等劇集，讓全國人口看到這些邁入三十大關卻仍保持單身的人們。大眾媒體開始讚揚單身女子，其形象從「老處女」變成中性的「單身人士」。舉例來說，電視評論家認為《慾望城市》在電視上為女性塑造了全新形象，肯定單身女性的友誼與文化。這部影集宣傳、甚至鼓勵女性追求歡愉的性愛，而不須附加任何條件。《威爾與格蕾絲》、《艾莉的異想世界》（Ally McBeal）、《女孩我最大》（Girls）等電視劇都把單身女子描繪成時尚、品味細膩的模樣。《歡樂單身派對》、《六人行》（Friends）、《宅男行不行》（The Big Bang Theory）等影集裡的單身人士也都社交活躍、生活充滿歡笑、身旁有朋友陪伴，形成一個緊密的社群。

正是因為單身人士及單身生活經歷了許多困難，他們現在可以在電影、電視及平面媒體中見到自己的身影。從這個角度來說，大眾媒體反映、甚至讚揚單身人士爬升至社會文化的顯赫地位，而年輕的閱聽者對於選擇單身的生活方式更感自在後，又再為這個過程注入動力。

這些節目大受歡迎，其影響力擴展到西方世界以外。不過非西方的攝影棚同樣出現類似的單身角色。印度的娛樂產業規模在全世界中數一數二，就是一個明顯的例子。有一份三年期的研究調查了印度有線電視對於印度女性的影響。研究發現，越常接觸印度媒體及外國娛樂文化，與高自主性及低生育率相關。另一份巴西的研究發現，環球電視網（Globo，獨佔的肥皂劇電視聯播網）成立之後，女性分居或離婚的比例上升。在原本較少接觸到自由價值的小型市鎮中，這種現象更為明顯。世界越趨全球化，很少有國家能逃過個人主義的浪潮，許多社會逐漸接觸到與根深蒂固的傳統家庭價值相衝突的生活型態。

現今**網路**也是另一個接觸不同家庭型態及關係類型的管道。有一份針對Facebook使用者的研究發現，Facebook的使用與負面的關係結果如衝突、離婚及分居具有相關性。另一份研究發現，頻繁使用推特（Twitter）導致情侶間衝突增加，進而可能導致不忠、分手或離婚。

這些現代的通訊方式讓使用者接觸到不一樣的生活型態，挑戰了傳統主義及婚姻制度。個人一旦看見其他種類的互動方式並滿足自己的情緒需求，他們會重新思考親密關係及家庭狀態。劇烈改變的不一定是人類本性，科技發展只是讓原本就存在的人類需求顯露出來。科技提供人類更多（甚至是更好）表達自我及追尋基本欲望的方式，因此導致單身的興起。

八、都市化

都市的成長也和單身型態的興起緊密相關。這種趨勢在北美及許多歐洲國家尤其明顯，在這些地方，城市家戶數量成長的速度超越城市人口。有越來越多單身人士居住在都會區，和其他地區不成比例。我分析美國普查及美國社區調查（American Community Survey）後發現，單身人士高度集中於人口密集區。圖二的圖表顯示美國單身人口（包括從未結婚、離婚及喪偶者）傾向住在大城市中。

單身比例上升，帶動都會區成長，這種現象不只出現在西方：有充足的證據顯示南亞、東亞、南美等地的單身人士正群聚至城市，投身於後家庭的環境中。尤

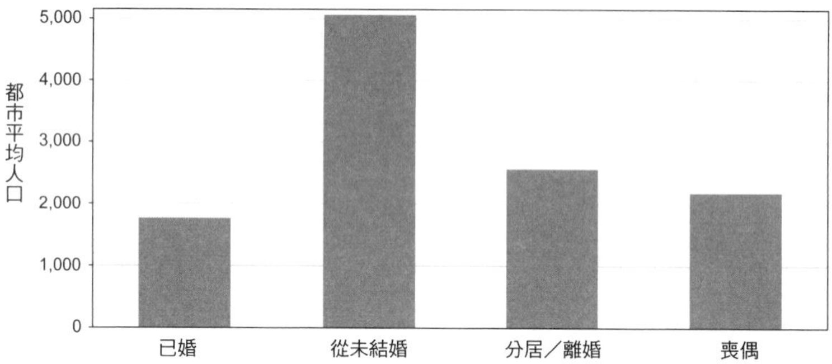

圖二：美國都市平均人口（以婚姻狀態區分）

資料來源：二〇〇〇年美國普查及二〇〇一至二〇一三年美國社區調查。

其令人驚訝的是阿拉伯及穆斯林世界的變化，即便是極度保守的伊朗，當地的都市化也和家庭自由化有關。

都市化對於家庭結構及後家庭文化有顯著的影響，原因包括以下數項。首先，近幾十年經濟發展，都市地區隨之擴展，世界各地的都市人口比例都有所上升。因此，都市的房屋價格飆高，而家庭通常需要較大的空間，因此**都市環境變得不利家庭生活**。另一方面，都市提供**大量小型公寓**，可以容納越來越多的獨居人士，而這樣的過程循環不斷。

此外，居住於城市及都會區的人口越來越多，這種環境孕育出的**多樣性**揚棄了循規蹈矩的傳統價值觀。都市認同的異質性高，無法維護單一的集體形式，因各種社會信念紛陳、個人主義興起，越來越多人拋棄家庭價值。都市化提高了居住模式的多樣性，逐漸偏離傳統家庭單位，邁向更現代的家庭形式，獨居戶的數量大幅增加。

自鄉下地區移出的**國內遷徙浪潮**同樣促成大城市單身型態的興起。在世界各地，經濟發展及前所未見的地域流動性促使大規模人口湧入都會地區。比起居住在原鄉的人，這批新的國內遷移人口對移居地的潛在伴侶社群並不熟悉，且遠離家族強加的婚姻義務，因此有更高的機率獨自生活，而且對大城市所提供的社交、性生活、休閒機會感到眼花撩亂。這對年輕人來說尤其具吸引力，他們傾向追求經濟機會、事業發展及個人探索，穩定的家庭生活並非他們的目標。

的確，早在一九八〇年代就有一份研究發現，美國各州的國內遷徙率與單身、未婚、喪偶人口比例呈正面關聯。中國也有一份研究發現，北京有四十一％的移入人口為獨居者，且過去二十年來這個比例仍持續快速上升。觀察撒哈拉沙漠以南的非洲地區，我們可以觀察到這個過程的初期階段。此處鄉下及村莊中的居民一直到最近仍從事農業工作，倚賴家庭提供支持，不過他們也逐漸開始在成長中的城市找到新機會，移入城市、尋找二級產業的工作。雖然開發中國家的都會區所提供的工作多數屬於低技術的職業，這些新移入城市的未婚人口擁有獨自生活的經濟能力，所以越來越多人過起單身生活。

同樣的，鄉下家庭的成員如果搬到都會地區工作並寄錢回家，就與大家庭分居，有時甚至與自己的小家庭分隔兩地。對這些通常已婚的人來說，搬到城市使維持關係變得更困難，不過也給了他們探索其他關係可能性的機會，因此也提升了單身的機率。

最後，都市化及國內遷徙能擴大教育機會並提升財富，這兩者如先前所說明的，都對單身生活有促成的作用。這種效應在城市等性別高度不平等的地區尤其明顯，因為女性在此能有更多發展機會，也對於獨自生活更感自在。觀察葉門即可看到這種過程，當地的發展及都市化與女孩的教育程度快速上升有關，這進而降低包辦婚姻的數量、提高離婚率及初婚年齡。

九、國際移民

國際移民也促成單身人口的上升，原因如下。首先，**移民（尤其是難民及經濟移民）通常獨自前來尋找工作機會並匯錢給原鄉的親人。**這可能會推遲婚姻，因為他們必須適應陌生環境、克服同化的困難，並在尋找伴侶的同時摸索新文化。

其次，因為都市提供更多經濟機會，**國際移民較常移入都市而非鄉村地區**。如同之前所提到的，城市提供新移民更開放、就業導向的社會，較不關心傳統價值及成家與否。因此，移民社群在許多大城市中快速擴張，事實上，有一些歐洲大城市的第一、二代移民人口已超過五十％。這些社群提供新移民許多社交及娛樂機會，因此他們自覺擁有家庭生活以外的可能選項。

第三，**難民的國際移民浪潮通常性別失衡**。比方說，許多移入國需要大量建築工人，而這些工人通常是男性，而護理工作者則通常是女性。問題就在於，這些職業通常以某一國籍的移民為大宗。例如中國就出口大量建築工人，而菲律賓等國則提供眾多護理人力。之前在人口組成的段落已提過，性別失衡對於想要尋找同族裔對象的異性戀者來說是一大障礙。他們只能克服社會及文化障礙，在地主國中跨越族裔的界線尋找伴侶，或是跨越國界與同族裔的對象結婚。

第四，我訪問單身移民時發現，有些國際移民表示自己完全不在意獨自生活。國際移民原本的目的是追求經濟發展，不過後來融入了社會因素，**移民讓他們可以在移入國選擇自己喜好的生活方式**。這些移民遠離家族及家鄉社群後，不必再應付傳統主義的限制，可以更自在地選擇單身，捨棄婚姻。

邁向快樂單身年代

林登．詹森（Lyndon Johnson）總統在其一九六四年的國情咨文中向貧窮宣戰。隨著美國的貧窮率逼近二十％，政府展開一系列法律措施，目標為消滅貧窮，並透過擴大聯邦政府在醫療保健、教育及福利方面的角色來創造經濟機會。計畫開展之後的幾年，政府實行相關政策，發放食物券、改善社會安全、補助小學及中學教育、提供美國人工作機會。不過許多政策專家及研究者認為，至少在成本效益方面，這些措施未達預期效果，美國的貧窮率一直維持在高檔，僅偶爾小幅下滑。

有人認為政策之所以成效不彰，單身人士是部分原因。在抗貧計畫展開後的辯論中，有人指出比起單身人士，已婚人士的財務狀況較佳，更有能力撫養小孩，貧窮的機率較低，至今這種想法依然存在。因此有些人做出結論，要對抗上升的貧窮率，其中一個方法就是鼓勵交往及結婚。關於詹森總統政策的分析，二〇一三年布魯金斯學會（Brookings Institution）發表的一篇專欄文章就指出：「除非年輕人……減少婚外生育，否則政府開支將對於對抗貧窮效果低弱。另一方面……重新規畫國家的福利計畫，鼓勵結婚將大有可為，至少能達到詹森總統提出的降低貧窮目標。」

專欄作者朗恩・哈斯金斯（Ron Haskins）的主張簡單明瞭：假如我們回歸到過去，以家庭單位來建構社會，此舉的經濟效益頗高，貧窮能因此降低。確實，在詹森總統向貧窮宣戰的五十年後，仍有人責怪單身人口並企圖抑制單身的成長。

不過這種想法的問題在於，單身本身已成為一項公共利益。尋找伴侶可能在經濟上是明智的選擇，不過國家在道德上沒有充分的理由催促國民結婚。前文已經說明，人們選擇單身的原因眾多，他們也願意付出相應的代價。事實上，之前也已經說明過，許多人不論經濟是否穩定，都選擇單身、捨棄伴侶。**獨立自主及個人主義，再加上教育及自由化，都促使個人選擇單身的生活方式。**

與其打擊單身，政策制定者及整體社會不如接受現實情況並充分利用之。單身年代的來臨不是單一推動力所促成，今日社會中有許多單身誘因同時存在。因此儘管社會歧視，且政府政策試圖說服人們離開單身生活、建立核心家庭，這股趨勢仍興盛不衰。

單身趨勢逐漸增強，促成原因包括人口變化、女性社會角色的變遷、離婚率提高、經濟發展及變化、消費主義興起、宗教變遷、文化變革、都市化及移民遷徙。這些力量共同作用勢不可擋，逐漸建立起以單身人口為主的社會，因此終結世界各地的婚姻制度。分別來看，這些原因可能微不足道，而由於我們的公共機關多數仍推廣著根深蒂固的家庭觀念，因此忽視了這些因素，顯示這些力量對於政策制定者及不感興趣的社會大眾來說太過陌生或太過新奇。洞悉這些原因能幫助我們瞭解這種新的社會情況，有助於解開快樂單身的秘訣。

看過上述機制後，我們瞭解，單身趨勢似乎已沒有回頭路。我們必須進一步學習如何透過單身生活獲得喜悅與快樂、如何讓單身成為優勢，而非煎熬。**本書的任務是剖析快樂單身人士的生活與數據，幫助選擇單身或情況使然而不得不如此的人做好準備。**這本書無意反對婚姻或伴侶制度，只要這些人是在自主、有意識的情況下做出選擇。本書認識到，單身年代的大勢已定，因此我希望找出下列問題的答案：**單身人士的快樂原因何在？**

第2章 老年也能快樂單身

因紐特族裡有一則傳奇故事，主角是一位被家人留在村裡的老太太。她的家人留給她幾隻昆蟲，用來在寒冷的冬天果腹，不過老太太同情昆蟲：「牠們是活生生的生物，我不該傷害牠們。我寧願自己先死。」

老太太溫柔地看著這些昆蟲時，一隻狐狸走進她的小屋，轉眼間就把老太太咬得皮開肉綻。不過令人驚訝的是，狐狸的攻擊對她毫無殺傷力。她的老舊皮膚脫離身體，然後長出全新的年輕肌膚。顯然是昆蟲把狐狸召喚過來。夏天來到，當老太太的家人回到村莊時，老太太已經不見了，她已經和昆蟲一起在別處展開新生活。

這個故事看似是關於給予的力量及同情的美德。不過，假如這是這則因紐特民間故事的啟發，那為什麼主角是一位老太太？而她又為什麼被家人留下？我的意思是，故事主角也可以是一位飢腸轆轆的小男孩，看到可以食用的昆蟲，但決定不要殺生充飢，展現出同情心，並因此獲得獎賞。的確，這個故事的意義不僅於此，聽到故事是關於一位老太太時，我們感受到一種深沉的恐懼：孤單一人，獨自老去。這位老太太雖然年邁，表面上弱不禁風，但她不僅發現度過寒冬的求生之道，還結交了同盟好友。獨自一人讓她開始與家人以外的周遭環境交流，當她的家人回來時，她已經不需要他們了。她搬到別處，在老年發現新生活，身旁有新朋友陪伴，內心也保有憐憫之心。難怪這個故事在因紐特文化中一代代流傳下來。

討論單身的快樂時，我將這一章挪到前頭，因為人們結婚最常見也最深植人心的理由並不是婚姻的正面吸引力。**研究顯示，其實人們是因為擔心獨自老去，害怕臨死時沒有人守著我們，所以才踏入婚姻。**這種老去的景象，在街道上拖著步伐漫步，孤苦無依，甚至病痛纏身，沒有人可以談天；坐在公園長椅上撕麵包屑餵鴿子，消磨一天又一天；夜晚回到老舊、狹窄的公寓，塞滿了連慈善義賣商店都不感興趣的舊物；在單人床上獨自入睡，想著如果生病或死去了都沒有人注意到怎麼辦？這些景象令許多人心驚不已，因此千方百計要逃避這樣的命運。找個人結婚成家看似是完美的解決方法：隨時都有人陪伴在身旁，尤其是在人生最後的階段，想來就令人安慰、放心。

利用別人來緩和自己的恐懼，這聽起來稍嫌自私，不過這的確是許多人結婚的一大原因。多倫多大學的研究團隊進行了七項全面而相互補充的研究，檢視寂寞如何影響結婚動機。其結果顯示有四十％的受試者害怕沒有長期伴侶，另有十一％擔心獨自老去。研究顯示，這樣的恐懼心理驅使受試者結婚，勉強接受在某一或數個面向（如情緒支持、智力可比性或外表）較差的另一半。

那麼關鍵的問題是，婚姻是否真的是排解孤單與尋求陪伴的良方？如果那位年長的因紐特女士有結婚，或與家人待在一起，那會發生什麼事？她會比較快樂嗎？要回答這個問題，本章會先說明老年人所面對的孤單挑戰，然後討論較好的應對方法。之後讀者會發現，**孤獨感及相關負面影響其實與婚姻無關**。事實上，婚姻可能並不是逃避老年孤單的好方法。已婚人士中感到孤單者之多令人驚訝，此外，**長期單身人士通常較能適應老年獨自生活**。整理這些研究結果及我的訪談後，我將探討年長單身人士如何能對生活較感開心、滿足。

老年孤單

現今老年人孤單的問題越來越嚴重。二〇一八年初，英國首相決定指派一位大臣掌管孤單的問題，其關懷對象以老年人為主。如第一章所述，世界各國的預期壽命逐漸增加，使獨居人口的比例提升。隨著預期壽命增加，人們獨自生活的時間也延長，不論原因是喪偶、離婚或從未結婚，皆導致有更多成年人士更長時間處於單身狀態。

蘇菲亞（Sofia）在部落格中描述了自己離婚後學習與孤單共處的漫長過程。剛開始撰寫部落格時，她覺得非常孤單，毫無希望。不過隨著時間過去，這些感覺轉化為力量及勇氣，而本章將密切觀察她的轉變過程。

蘇菲亞六十六歲時開始經營部落格，距離她離婚已有九年。她寫道：「有好幾個晚上，我躺在床上，用手臂環抱自己，只為了感受被觸碰的感覺……即便只是撫摸自己的手臂、腿、身體。雖然這看似奇怪，但我受不了了——我渴望觸摸。唯一一個碰觸我的人就是我兒子，運氣好的話，我每個月可以見到他一次，他會擁抱我一分鐘，不過老實說這整個過程感覺很怪。到現在，我無法想像被親吻、愛撫、和男人做愛是什麼感覺，那種感覺對我來說好陌生。」

蘇菲亞渴望愛人的觸摸。情緒方面，她感到極為孤立。確實，年長者身上常見這些感覺，孤單也是將年長人士轉介至社會服務的主要原因。孤單問題和尋求住宿式照顧顯著相關，如果另有嚴重的心理健康問題或行動不便就更需要這類照顧。

不過**不論有無婚姻關係，老年都可能出現孤單感**，孤單和自我知覺最為相關。孤單的定義是「個人的社會關係在期望與實際之間的落差」，而這種落差可能在於關係的數量或是關係親密的程度。不論如何，寂寞感是一種知覺，而非現實。這樣一來，我們也必須區分孤單感與社會孤立。社會孤立指的是與他人互動貧乏的客觀狀態，而孤單是一種與孤立相關的主觀感受，後者這種受到忽視的自我知覺才是老年孤單的主要原因。

由於孤單是主觀的感覺，因此解決方法有賴**自我知覺的扭轉**，而非已婚或未婚等客觀情況。每個人的孤單知覺可能差異極大，和婚姻狀態無關。已婚人士也可能社會孤立，缺乏與朋友或親戚的互動，甚至與配偶情感疏離；而未婚的個人可能與眾多朋友及家人廣泛互動，從中獲得支持與關愛。即便是身體狀況不佳的人也可以選擇出門與社會互動，或是因為在他人面前會感到困窘而孤立在家。

本章後續還會再談到蘇菲亞，觀察她的經歷，瞭解她是如何搖身一變成為一位充滿自信的單身女性。她瞭解到，孤單是主觀感受，並透過交往或婚姻關係以外的方式來滿足自己的人際互動需求。不過要瞭解蘇菲亞的歷程，我們必須先深入探討這個問題：婚姻能不能減輕老年的孤單感？如果可以，又是怎麼減輕的？正是因為孤單是主觀感受，所以我們有必要討論婚姻對孤單感的影響。這樣的討論能引導我們思考，有哪些婚姻以外的選項能達到相似甚至更好的效果。

老年的婚姻與孤獨

婚姻制度的支持者主張，與伴侶或家人共同生活能避免感到孤單。不過如果考慮到所有可能情況，婚姻實際上能不能降低孤獨感，其實是個有待驗證的問題。當然，婚姻快樂、家庭幸福，成員彼此相愛的益處我們都料想得到。問題是，將各式各樣的人們、各個年齡層及不同情境（包括離婚、分居或喪偶的結局）都納入考量的話，婚姻平均來說到底是不是明智的選擇。

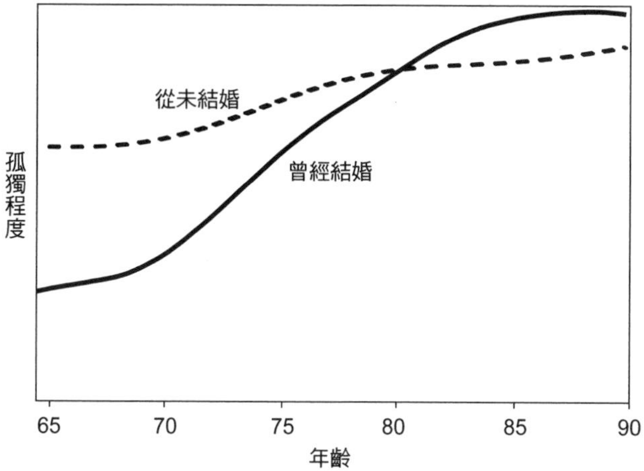

圖三：年齡與婚姻狀態的孤獨感關聯曲線

資料來源：歐洲社會調查。

婚姻是不是驅散孤寂的良方？將上述情況納入考量，並以一張簡單的圖來總結（之後會再討論到比較複雜的情況）。這張圖呈現了歐洲社會調查的孤獨指標，研究對象遍及三十個國家，跨越多個年齡層。分析結果頗令人驚訝，請參見圖三。

這張圖表將人口分為兩個族群：「曾經結婚」與「從未結婚」，前者在人生中的某個時刻選擇了「婚姻解決方案」，當然其中也包括仍然維持婚姻關係者；後者則是從未結婚的人。Y軸數值代表受試者在調查前一週孤單感的估計值。圖表顯示，婚姻降低孤單感的效果隨著時間遞減，到了七十八歲時，根據數據，從未結婚者的孤單感甚至還比較低。平均來說，過了這個年齡，選擇結婚是弊大於利。

此外，提醒大家這個圖表並沒有考量到第一章說明過的選擇效應，也就是比較快樂的人也較容易進入婚姻。因此現實上，交叉年齡應該更低，從未結婚的效益會在更年輕的時候顯現出來。換句話說，考慮到這些人婚前較為快樂，所以拿他們與快樂程度相當但從未結婚的人相比，可以預期婚姻的效益會更加疲弱（快樂感與孤獨感有強烈的負相關，而快樂與不孤單在這個情境下是可互相替換的概念。）

這樣的結果令人驚訝，而背後的原因十分明顯：離婚或喪偶的人孤單感居高不下。比起從未結婚或保持已婚狀態的人，離婚及喪偶者比較孤單，也較不快樂，這點之後會再詳細討論。這對年長者來說尤其是重要的因素，因為離婚及喪偶的機率會隨著年齡提升。

當然，可能有人會認為把離婚及喪偶的人納入討論並不公平，因此主張圖三的結果具誤導之嫌。不過事實上，這樣的比較是真正合理的做法。原因雖然很沉重，但十分簡單明瞭，個人不論再怎麼努力，婚姻到頭來就只有這三種令人傷心的結果：喪偶、離婚、（自己的）死亡。瞭解這一點是分析婚姻效益的關鍵，尤其是對於老年人的影響。畢竟沒有人知道自己的婚姻會如何收場，我們傾向相信自己會過得比別人更好，認為我們能夠決定自己的命運，不過並沒有任何證據顯示期望與婚姻真正的結果之間有任何關聯。大家都希望能維持婚姻關係，並且永遠過著幸福快樂的生活，不過就定義上來說，結婚就代表踏入離婚或喪偶的「風險族群」，而這一點是一定要納入考量的。

不過我還是不希望有人覺得這張圖表「掩飾」了部份情況。我們都真心想要知道這種奇特結果到底是什麼原因造成的，所以之後的篇幅我將分別討論不同的婚姻狀態，瞭解各類別中的實際情況至關重要。

老年的四種婚姻狀態

為了以更新的數據來更精確地檢驗前述結果，我分別檢視四種婚姻狀態的孤獨及快樂感，這四種婚姻狀態包括已婚、從未結婚、喪偶、離婚／分居。我將各種干擾變因納入分析，例如教育程度、收入、健康、宗教、社交活躍度、居住國家。我檢視了六十五歲以上的結果，然後再針對七十五歲以上的年齡層進行敏感度分析。

分析這些資料時，我發現與已婚或從未結婚的族群相比，喪偶或離婚／分居者最不快樂，孤單程度也最高。排除掉與人同居的單身人士後，結果仍是如此。假如依孤單程度由〇至十分給分，比起已婚男性，喪偶及離婚男性的寂寞程度分別高了〇・八及〇・五分，而從未結婚者高〇・四五分。女性方面，喪偶、離婚、從未結婚者的寂寞程度分別比已婚人士高〇・六、〇・四、〇・三五分。快樂程度的差距也很類似：喪偶或離婚的族群最不快樂，比起已婚人士差了〇・六到〇・八分（離婚女性最不快樂），而從未結婚者差了〇・四至〇・五分。

毫無疑問，已婚人士是最快樂、最不孤單的族群，至少在主觀方面是如此。不過我們要對這樣的結果持保留態度，原因有二：首先，就像之前解釋過的，已婚人士之所以較為快樂、生活滿意度較高、較不寂寞，是因為他們在婚前就是如此。縱向研究顯示，後來結婚的受試者一開始的快樂程度就比其他人高了約〇・三分（最低為〇，滿分為十）。假如考量到這點，那麼**婚姻對於提升年長者的快樂程度或降低寂寞感**（這兩者高度相關）**的幫助其實微乎其微**。

其次，這項研究調查的是二次世界大戰期間及不久之後出生的世代，而這項因素可能頗為重要。我們可以料想得到，現今婚姻價值及延續時間下降，因此婚姻對於老年寂寞感的幫助會比前幾代更小。年輕世代婚姻結束得更快，人們分手的頻率更高。此外，年輕世代之所以更常分手，是因為他們分開後感到更自在，擁有許多支持團體，也有越來越多同輩人擁有同樣的經驗。根據皮尤研究中心（Pew Research Center）最近做的一項調查，所謂**熟年離婚**的人數正驚人竄升。舉例來說，比起一九九〇年代，現今美國五十歲以上的離婚率約是當時的兩倍。這些最近離婚的人即將進入「曾經結婚」的類別，代表擁有「快樂結局」的人數又變少了，使得婚姻選項的吸引力進一步降低。

不論讀者是否認同這些原因，必須承認的是，已婚及未婚者快樂程度的差距確實很小。你也許會問，已婚人士怎麼會孤獨呢？不過已婚人士的確會感到孤單，年紀較大的人更是如此，此外，我的調查發現，感到孤單的頻率隨著年齡只升不降。在另一項研究中，我發現六十歲已婚人士感到孤單的比例比三十歲高出五成，到九十歲時更會翻倍。四十九歲的丹（Dan）在一篇網路文章中充分表現出這個現象：「我結婚了，不過我的婚姻缺乏熱情，徒有表象，我覺得自己只是勉強和對方在一起。但我害怕獨自老去，我覺得進退兩難，我該怎麼辦？」

除了困在負面或無趣的關係之中，已婚人士感到孤獨的原因還有很多，包括長年為家庭奉獻自己，忽略了其他社交聯繫，因而陷入社會孤立的局面，或是因為照顧生病的伴侶且沒有人可以伸出援手，因而感到無助。事實上，研究者常會將孤獨感區分為社會及情緒面向。**社會寂寞**（social loneliness）指的是交友圈狹窄，缺乏社群的歸屬感及陪伴。年長者社會寂寞的相關因素包括社交活動稀少、與周遭鄰里缺乏互動。另一方面，**情緒寂寞**（emotional loneliness）指的是感覺自己沒有親近、可以傾訴依靠的對象。這樣的區分對於研究老年單身人士十分有幫助，因為這突顯出人們感到孤獨的原因各異，而擁有伴侶並不是唯一的解答。有時候社會寂寞才是關鍵原因，而之所以走到這個局面，可能正是因為擁有伴侶，而非缺乏另一半。確實，研究顯示將社交圈轉而朝內，多年來照顧家庭可能導致老年時感到社會寂寞。另一方面，就像我在本章之前提到的，**許多單身人士透過其他形式的關係來排解孤單，擁有朋友、陪伴及歸屬感才是最重要的**。

有些人主張，婚姻至少值得一試，上述結果正好可以反駁這一點。他們說，你又能損失什麼呢？假如婚姻失敗了，離婚走人就好。不過顯然實際情況是損失的可大了。近來數份研究及我自己的分析都指出，婚姻不僅使個人陷入離婚或喪偶的風險中，更重要的可能是會害他們對於回到單身毫無防備。從未結婚的老年單身人士似乎本能上比年老喪偶的單身人士更擅長老年獨自生活，畢竟後者較少有機會練習。從未結婚者對於老年單身生活的準備較充足，畢竟他們已經熟悉這種生活方式，已建立起支持體系，無論好壞皆不必倚靠他人。長期單身人士也不像年老喪偶或離婚的人，後者可能背負突然孑然一身的汙名。

這很有意思，已婚人士在婚禮前後感到更快樂，部分正是因為婚姻就像某種「神奇的解方」，確保自己老年不會孤苦無依。以因紐特的話來說，已婚人士覺得自己取得了秘方，不會像那位老太太一樣被留在村裡靠昆蟲果腹。根據統計，人們通常在三十歲前後結婚，他們希望老年能擁有婚姻的保障，不過婚禮當時的快樂感絲毫不能保證四十年後不會感到孤寂。矛盾的是，正當婚姻該發揮陪伴的效益時，喪偶或離婚的機率節節升高，今日的人口組成及婚姻數據一再證明這一點。

我們可能還要問：那為什麼人們結婚時沒有考慮到長期的風險？可能答案有兩個。首先，**大家的確發現了風險並且開始做出回應，導致結婚率下降**。當今的個人主義社會尤其如此，人們會注重個人需求，也擁有選擇的自由。

第二個答案是，**有些人衡量了風險與利益，不過長期的風險對他們來說太難以感覺並估量**。目前的證據也顯示這的確很不容易。這在退休金制度中稱為「近視問題」，因此許多政府以法律強制國民為退休提撥存款。婚姻也是一樣的道理，短期的益處讓許多人無視長期風險。如同第一章提到的，縱向研究顯示在提升快樂感方面，婚姻的效益主要是短期的，大約只維持到婚禮前後，兩年後就會回到原點，不過風險卻會延伸到遙遠的未來。這對老年人來說尤其關鍵，因為婚禮的短暫效果對他們大部分來說都已是遙遠的歷史。

以上討論在在指出，婚姻不該是排解老年孤單的唯一解決方法。如何在沒有另一半的情況下快樂步入老年，這值得我們學習。從未結婚的人在人生前半就已習慣這樣的生活，不過這只是離婚或喪偶的人可以仿效的其中一種模式。這三個族群都可以採取特定策略，在沒有伴侶的情況下過著幸福快樂的生活。

年長單身人士的快樂秘方

如何為老年的獨自生活做好準備？目前的研究只觸及表面。這不令人感到意外，畢竟截至目前為止，主流觀點仍是透過婚姻來尋求安穩的老年生活。不過就像之前所提到的，隨著預期壽命提高、人口組成改變、婚姻模式變動，現在婚姻不一定能達成這個期望。因此我進行了幾次訪談，我將在接下來的段落中剖析年長離婚、喪偶及從未結婚的族群是如何適應這全新的現實情況，如何在單身生活中累積快樂、克服孤寂。這些建議不只對年長者有幫助，也許更重要的是向誤以為不結婚老年生活就會孤單悲慘的年輕人喊話。

進行訪談後我發現，現實情況與我們所以為的截然不同，可能使我們對婚姻完全改觀。有意思的是，我原本就知道我會聽到許多年長單身人士的快樂故事，不過快樂生活的規模和普遍程度仍令我感到訝異。我不是唯一感到驚訝的人。研究者兼作家艾瑞克・克林恩伯格（Eric Klinenberg）在鑽研「災難」這個看似天差地遠的主題之後，也開始關注單身人士。克林恩伯格研究災難的社會學脈絡時，接觸到遭遇天然災害的年長單身人士，因此認識到他們所面對的難處。之後他開始研究單身人士所面臨的危難與挑戰，不過發現許多年長單身人士其實過得不錯。

許多年長單身人士過著幸福快樂的生活，不只有研究者感到驚訝，有些我訪問的受訪者年輕時也沒有料想到自己會對單身生活那麼滿意，連他們自己都感到訝異。他們展開單身生活後，發現自己對於這樣的情況感到滿意，因此也無意改變這種情況。

總而言之，我們似乎該收起驚訝之情，開始傾聽這些心滿意足的年長單身人士所傳授的道理。訪問年長單身人士及分析相關部落格文章時，我嘗試看透他們及我自己的驚訝感，這個族群比起我們的預想還要快樂，那麼在這個顯而易見的現象背後還有什麼更細微的解答呢？我進一步探詢快樂與不快樂的年長單身人士之間有何區別。如果我們認為年長單身人士握有關鍵解答，可以提升整體單身人口、甚至是已婚人士的快樂程度，那我們必須先說明單身人士是怎麼看待自己的老化過程，此外，身為年長者的他們，對自己的單身狀態又有什麼看法。

顯然，詢問長期單身人士及建立傳統家庭、人生中後段才轉為單身的人會得到很不一樣的答案，而這一點值得銘記在心。對前者來說，老年獨自生活的可能性並不會帶來急遽的變化，只是延續過去及現在的生活樣貌。而對後者及非自願單身的人來說，回到單身的過程迫使他們適應變動的環境，培養新的習慣及生活方式，以便能順遂邁入老年黃金歲月。因此我們有必要聽取兩個族群的見解，才能瞭解老年快樂單身背後的機制。這兩個族群為了適應單身生活，都各自運用了不同的策略。

一、為老年單身生活負責

我在快樂的年長單身人士身上發現的第一個特徵是，**他們能夠回頭審視導致他們單身的原因並取得掌控權**。以心理分析的術語來說，生命回顧指的是人生的最後階段所經歷的一種漸進過程。在此過程中，年長者通常會重新審視、評估並尋求接納自我，自覺地處理過去未解的衝突。對於年長單身人士來說，其中一個明顯的未解問題就是未能維持婚姻的原因，為什麼未能以一般認為的慣常方式度過老年生命階段。快樂的年長單身人士能夠逐漸接受自己未遵循傳統家庭路線的事實，在他們所選擇的生命中找到意義，而以喪偶者來說，就是在失去的經驗中發現正面價值。

在一份研究中，研究人員欲探詢六十歲以上從未結婚者的老年經驗。他們發現，快樂及不快樂的受訪者描述自己單身原因的方式大相逕庭。簡言之，**快樂的年長單身人士表示自己從來就不想要結婚，他們為自己的人生負責，並對生命中其他取代婚姻的社交聯繫感到滿意**。

這在從未結婚的族群身上尤其明顯，朋友、家族、社群的往來使他們能夠克服偏見，自信自己沒有「錯失」人生。另一方面，不快樂的年長單身人士對於自己未能遵循典型的人生軌跡總有各種不同的理由，雖然情況不一定是明確二分，不過不快樂的年長單身人士似乎會將自己的關係狀態歸咎於外在環境，例如從未找到「對的人」、健康因素、阻礙自己約會交往的責任等。

這份研究更有意思的是，有些人是情況使然而不得已單身，不過他們之所以能保持快樂，是因為他們逐漸學會接受現實，甚至開始享受到自願單身人士所追尋的掌控權。這表示長期單身人士越快接受自己單身的原因，就似乎能越早看開自己「失去」建立傳統家庭機會的事實，進而打破汙名、享受獨立。

也有其他學者指出，選擇單身的人對於自己的人生及命運享有單身專屬的掌控權，這進而能轉化為正面的生命回顧以及更高的自尊。此外，部分研究發現，不因沒有結婚而感到缺憾與寂寞程度低具有相關。

這份單身研究和我的訪談及部落格文章分析做出了同樣的結論，辨識出快樂與不快樂年長單身人士的差別。比方說，有一位年齡不明的匿名部落客寫道：「你年歲漸長，望進鏡子時看到自己皺紋遍佈，你仍然單身，沒結過婚，那又怎樣？？？如果你有充足的理由不結婚；不管是不希望自己進入上帝不會贊同的關係中、過去曾經犯錯而不想重蹈覆轍、不想要只是因為不願獨處而勉強和某人在一起，還是不願意屈就，你的選擇是對的！」

這位部落客對於單身感到快樂，也點明這樣的生命歷程是她有意的選擇。事實上，正是因為這是她自己的選擇，她感到開心，覺得受到鼓舞。另一方面，布魯克林五十七歲的麗莎（Lisa）表示自己感到苦澀與「厭煩」。在訪談中，她說她不想要和任何人結婚，而且從不相信婚姻。不過她現在之所以感到苦澀，並不是因為自己單身，而是因為當她回顧過去時，因遭到背叛而感覺無助挫敗。

她說：「我上一段關係維持很久，但那個狗娘養的混蛋為了一個比我年輕三十歲的人拋棄我。他們結婚了，搬到瑞典去住。我感到被背叛。我原本很快樂，一個人也很快樂。我受夠了。我心裡不再有生氣——他扼殺了我的靈魂。這裡曾是我的公寓，現在我坐在家門外。我五十七歲了，有三個室友——我從來沒想到我會有室友。我真的覺得很不甘。我供養他十年，結果他惡搞我，某天晚上回家跟我說他要離婚。」

麗莎回顧人生時看見不忠與背叛。在訪談的前段，她表示自己這一生一直都對婚姻抱持懷疑的態度。她說：「我沒有一段感情超過兩年，我從來不相信長久的愛情。」但她以為和上一個男人的長期關係會有不一樣的結局。回顧時，她不僅對

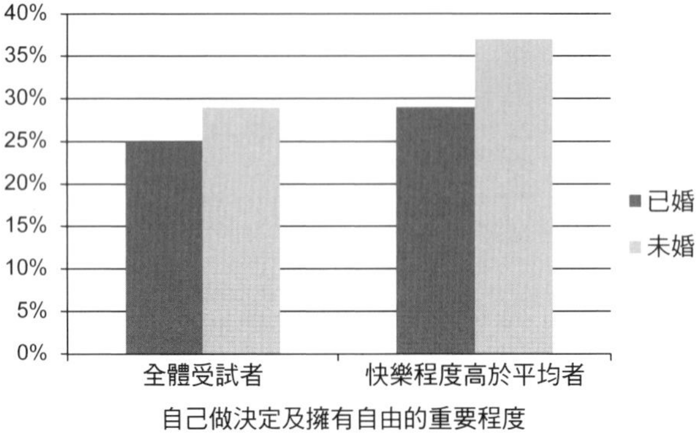

圖四：已婚及未婚者對獨立決策重要性之認定

資料來源：歐洲社會調查。

失敗的關係感到失望，也責怪自己即便覺得不妥，仍輕信旁人。有人說服她踏入長期關係，而正是這個人硬生生地結束這段感情。這樣的故事讓她覺得自己遭到背叛，感到無助，無法真正掌控自己的人生。她把感情失敗和社會經濟情況連結在一起時，這種失控感又再度浮現。雖然她沒有提到前任偷竊或導致她損失財物，我們也沒有理由這樣認為，不過對她來說，她之所以現在需要室友就是因為有人毀掉了她的人生。

麗莎與那位匿名的部落客對於自己單身的原因有截然不同的看法。她們的處事方法決定了她們的觀點。麗莎覺得厄運纏身、遭到背叛、厭倦一切；匿名的部落客則認為單身是自己有意識的決定，是所有可能選項中最佳的選擇，而她對此負起全責。這兩種不同的態度使她們對於單身有不同的感受：麗莎感到苦澀，而匿名部落客則對自己的婚姻狀態毫不懊悔、非常滿意。

圖四呈現我對於歐洲社會調查的分析，**顯然快樂的年長單身人士高度重視獨立做決定的能力**。

在所有六十五歲以上的單身受試者中（從未結婚、離婚、喪偶），不論快樂與否，有二十九％認為問卷中「自己做決定及擁有自由很重要」的敘述「十分符合自己」，而已婚人士中只有二十五％如此認為。此外，在快樂程度高於平均的未婚族群中，這個數據躍升至三十七％，而已婚族群中只有二十九％。這種大幅差距突顯出，快樂的年長單身人士特別重視婚姻決定的自主性。

二、「孤單老人」與「享受獨處」的界線

當我比較年輕與年長單身人士的回答時，我觀察到第二個特徵。訪問部分年輕單身人士時，我一再聽聞「擔心老年感到孤獨」的回答。部分我訪問的年輕人似乎很難想像快樂的單身生活，改變觀念需要一點時間。不過和較年長的單身人士交談

時，我發現快樂的人十分享受獨處，而不會感到孤單或覺得與親友失去聯繫。他們駁斥獨居老人就一定很孤單的成見，明確區分**獨處**與**孤獨**這兩個概念。

七十一歲已離婚的羅妮（Ronnie）在部落格中寫道：「想要獨自一人，享受寂靜、逃避過多的社交有那麼糟嗎？……不論在任何年紀，『獨處』這個詞就是關鍵所在，因為這幾乎永遠是個人的選擇。而且，對我來說，獨處還有另外一個優點：現在社交活動讓我累壞了。聚餐或拜訪朋友之後，即便我喜愛他們，但我不僅想要獨處一陣子，還需要藉此來回復精力……有人不喜歡獨處、對此感到憂鬱，也有人享受獨處的時光。」

羅妮解釋寂寞與享受獨處之間的差異，強調這兩者是相關但不同的概念。快樂的年長單身人士不太會感到寂寞，也不會因沒有伴侶、家人或朋友的負面而感到難過，因為他們極擅長與大家庭相處或透過各種社交聯繫來滿足人際互動的需求。同樣的，快樂的年長單身人士會避免社會孤立，也不缺與他人的聯繫互動，他們透過各種方式累積社會資本，我將在第四章進一步討論這一點。

不過由於有許多年長單身人士獨居，他們不可避免的會有不少獨處時間。雖然偶爾會希望有人在家陪伴，不過快樂的年長單身人士都能夠從容應付獨處時光；對他們來說，**獨處不代表寂寞或孤立，純粹就只是獨自一人的時間。某些人享受獨處時間，也有些人只是把它看作日常的一部分。**

約翰・卡喬波（John Cacioppo）是芝加哥大學認知及社會神經科學中心（Center for Cognitive and Social Neuroscience）的主任，他以孤獨為題撰寫一本基礎研究著作。他在一次訪談中解釋到「一個人不等於孤單，不過這兩者在我們的社會中都遭到汙名化……偏好獨處的人出於罪惡感往外尋覓關係，不過踏入關係後反而罪惡感加深。快樂的單身人士和快樂的已婚人士一樣健康。」

藉由重新定義獨自一人、孤獨和單身的意義，年長單身人士可以提升自己的快樂程度。採取實際的步驟躲避孤獨，年長單身人士可藉此降低死亡焦慮並促進幸福安康。

六十多歲、離婚兩次的黛安（Diane）住在西雅圖，她寫道：「很久以前，我是已婚。那段婚姻結束後，我生平第一次自己搬出來住，我以為我就要孤單死去。

我沒有人可以說話、沒有人依偎擁抱、沒有人會在我排版一整天下班回家後揉揉我的肩膀……現在回顧那些日子，我笑了。我一個人也只不過六個月——才六個月！不過那時感覺就像一輩子。現在我獨自生活已經快要二十年了……我對於單身的自己感到自在多了……你可以在早上六點鐘聽著七〇年代的搖滾樂跳舞，可以把浴室變成供奉棒球員卡洛斯・席爾瓦（Carlos Silva）的神壇。不論好壞（借用這句婚誓中常見的句子），你的好戲登場了。」

黛安描述了從孤獨到能與「單身的自己」自在共處的漸進過程，後來她甚至為獨立自主感到歡欣陶醉。這裡隱藏著一個矛盾現象，在年長者身上尤其明顯。已婚的長者很可能幾乎沒有獨處的時間，他們總是有人陪伴。然而他們可能最難以承受孤寂，原因正是他們從來沒有真正的獨處經驗。如果已婚人士沒有「練習」獨處，他們會比單身人士不適應孤獨，陷入社會孤立，黛安第一次離婚後就陷入這種情況。對從未結婚的年長單身人士來說，獨處可能逐漸成為中性、甚至是正面的生活經驗，不過已婚人士平時如果沒有在多樣、活躍的社交及家庭生活中安插獨處時光，一旦離婚或喪偶，就會陷入情緒憂鬱的高風險中。黛安是在重新挖掘「單身的自己」後，才開始對獨處感到自在愉快。

還記得六十六歲的蘇菲亞嗎？我們在本章開頭提過她渴望他人的碰觸。不過她也透過部落格記錄了自己離開孤寂，開始享受獨處的過程。一年後，她寫道：「現在，我對生活感到十分滿意。我花很多時間從事喜好的事情，也就是寫作。此外，我也忙於主持網路廣播節目、和朋友玩角色扮演遊戲，而且我近期將到拉斯維加斯旅遊。那天我突然想到，如果我遇到某人、和對方結婚，那我很可能得放棄部分這些耗時的活動！」

顯然，蘇菲亞仍希望伴侶的陪伴。不過經歷這個過程之後，她開始看到獨自生活的許多優點。她為自己安排了許多活動，因此開始審視不過一年前的深層渴望。她的渴望不會輕易消失，但她的確開始以另一個角度看待獨自生活，也培養出照顧自己的能力，這對她的快樂來說是最重要的。

人們之所以害怕獨自老去，主要是因為單身所附帶的汙名及單身等於無助、悲傷和寂寞的成見。不過對快樂的年長單身人士來說，單身不代表悲慘的生活。許多人覺得有必要與別人共度人生，同時也配合伴侶（及子女）來調整、改變自己的生活方式；另一方面，快樂的年長單身人士則選擇了另一條路。就像亨利．大衛．梭羅（Henry David Thoreau）所說的：「大部分時候，我覺得獨自一人令我心滿意足，我覺得沒有比獨處更好的陪伴。」

三、「我有能力照顧年老的自己」

亞當（Adam）是一位年輕的單身人士。他的事業非常成功，在柏林郊外擁有一間漂亮的公寓。不過他接受訪談時把身體不便列為結婚的首要原因。他預想到行動不便或是健康出現嚴重問題的日子，而這種可能性促使他找個人扶持。當然，他也知道這種想法不全然理性：到了身體出狀況的時候，他很可能已經離婚，或是伴侶同樣生病而無法照顧他。然而，這種憂慮仍驅使他步入婚姻。

對於老年身體不便的看法，亞當充分呈現出年輕人及年長者想法的差異，這很耐人尋味。這種現象看似違反直覺，**不過年輕人比老年人還要擔心晚年的身體問題**。皮尤研究中心的一份特別報告顯示，十八至六十四歲的受訪者對於老年生活的想像與年長者所敘述的實際情況之間存在不小的差異。舉例來說，在十八至六十四歲的受訪者中有五十七％預期老年會出現記憶喪失的問題，不過六十五歲以上的受訪者只有二十五％實際出現這個問題（所有年齡層中都出現這樣的差異：六十五至七十四、七十五至八十四及八十五歲以上）。此外，四十二％預期老年會出現嚴重疾病，而六十五歲以上受訪者只有二十一％實際經歷這樣的問題。最後一個例子是孤單的情況，也就是本章主要討論的議題。雖然有二十九％的年輕人預期老年會感到寂寞，只有十七％的老年人表示經歷這種情況。

即便是經歷過老化不便情形的人，也比預想的情況擁有更多掌控能力。快樂的年長單身人士有一個特徵，那就是**有能力預想到可能出現的緊急情況，並做好準備**。有些單身的年長受訪者說明自己會準備額外的存款、持續工作、甚至是擬好遺囑，以便掌控這些難以預料的情況。這第三項快樂特徵正是年長單身人士所採取的實際調整措施，以便應付身體狀況及財務限制，為自己與他人負起責任。

老年尤其需要穩定的財務狀況，如此才能確保行動不便或健康問題出現時能獲得照護。必須要有預先規畫的投資，老年時才有保險或足夠的存款來支付照護服務。不過在大多數國家中，並不是所有人都擁有這樣的財務準備。因此，全球各地近來開始出現新的解決措施。舉例來說，**共同居住**可以降低孤獨感，同時節省開支。聯合國人口署（UN Population Bureau）早在本世紀初就建議為未婚年長人士建造居處。一位名叫特雷莎・克拉克（Theresa Clerc）的女子領導巴黎一群活力充沛、充滿熱情的女性主義者，設計出專屬於女性的自治共同住宅區，提供想要獨自生活終老的女性入住。除了為必要的醫療人員預留一個房間外，她們照顧彼此，沒有聘請廚工、照護人員等其他職員。世界各地的其他團體紛紛仿效。比方說，多倫多有一個跨世代男女合居的居住模式，年輕人與年長者同住，每個人扮演不同的角色，各自負擔責任，彼此互惠。

《紐約時報》（New York Times）探討了這個逐漸興起的現象，報導其他類似的居住模式。其中一個是克莉絲汀·柏金斯（Christine Perkins）的點子，她是俄亥俄州的承包商，六十歲出頭，她為自己和三位朋友在俄亥俄郊區蓋了一棟房子，特色是適合年長人士的設施，例如不需要彎腰就能使用的插座。她說如果室友罹患阿茲海默氏症等嚴重疾病，彼此並沒有打算要負起照顧責任，不過在其他比較日常的面向，她和朋友都樂於協助彼此。

另外也有**年長單身人士透過與年輕人共享住屋來克服身體不便的問題**。年輕人可以藉此省錢，擁有室友（即便是單身老年人）也能帶來社交上的益處。雖然在多數文化中這並不是常見的住宿安排，還是有人勇於嘗試。強納森（Jonathan）就是一例。這位二十六歲的單身學生身無分文，住在耶路撒冷。由於上一份租約即將屆滿時，強納森的電腦突然故障，使他的銀行帳戶透支。由於他付不出房租，被逐出了租屋處。幸好他看到當地布告欄上的一紙廣告，是由比他年長七十歲的單身男士雅各（Jacob）所張貼，上頭寫著：「誠徵學生室友，每週協助退休房東打理家務數小時換取免費食宿。」

雅各獨居，行動不便。他的退休金不充裕，無法支付每日幫傭的費用，也負擔不起多樣的社交生活。不過雅各有一個小小的空房。在簡短的面談之後，強納森就搬進雅各的公寓，只要協助處理基本家務，例如清潔打掃和購買雜貨，他就能免費住在雅各家。雅各則獲得居家協助，幾乎不花成本，此外也能從兩人的友誼中受惠。

雅各和強納森大概不知道，不過他們正在實行**跨世代合居**的模式。目前年長者與學生的住屋共享計畫已在世界各地流行起來。雖然多數計畫是由非營利組織管理，不過這種方案的潛在利益及效果顯著，還能處理不同人口族群中各式各樣的問題，因此政府也有意擴大實施。這類計畫對於老年單身人士的優點明顯可見：合宜或免費的個人照護及居家協助、陪伴及友誼，此外也能提升安全感。另外，房東也常以較低廉的房租換取協助，這也為財務較吃緊的年長單身人士提供額外的收入來源。

另一個越來越受歡迎的模式是**由孫子女與祖父母同住，孫輩照顧祖父母而不用負擔房租**。其他案例尚有**年長單身人士出租空房給遊客**，優點是房東能獲得陪伴，也更有安全感。比方說，有一個叫做「免費鳥俱樂部」（Freebird Club，網址：thefreebirdclub.com）的新網站結合了Airbnb及社群平台的功能。這個網站有一些特設的措施，例如透過簡訊傳送清晰的通知，方便不擅使用電子郵件的年長者輕鬆與房客溝通。這個平台透過企業及社群的形式經營，服務世界各地的長者，受惠最多的無疑是年長的單身人士。事實上，創辦人之所以創立這個企業，就是因為他看到父親在母親過世後，又重新透過在漂亮的家中接待客人找回快樂。

最後，年長單身人士通常也可以在自己的**社區及鄰里找到相關資源**。有越來越多慈善機構及政府計畫提供每天打電話到獨居年長市民家中的服務。以加州為例，當地就有約兩百五十個社區型成人服務中心。也許更重要的是，各地社區中有許多志願性質、非官方的長者服務，例如開設課程、倡導身體活動或舉辦社交聚會等。

五十多歲的雪儂（Shannon）在《紐約時報》的文章中留下評論，描述她和其他年長鄰居的關係：「當我的年長朋友老去的時候，我打算要照顧他們。有些人雖然有子女，不過他們可能住在幾千英里以外的地方。最棒的社會安全網就是你老去之前所打造的社區：協助別人、互相幫忙、傾聽他人，建立長久的友誼，持續到他們真正需要你的時候。住在穩定的社區裡也很有幫助。我在這附近住了二十五年了，這是一個小型的鄉下社區，範圍就是一條單行道。我的鄰居大多是我敬愛的好友，他們六、七十歲了，而我五十歲出頭。我退休之後，他們也到了需要不少照顧的年齡，而我很期待伸出援手。」

回到三十二歲的亞當身上，他十分害怕老年的身體毛病。儘管要到很久以後的未來才可能會需要協助；儘管他有不小的機率會先遭遇離婚或喪偶；儘管預想和實際需求間有頗大差距；儘管還有很多婚姻之外的支持選項，亞當仍然害怕年老未婚。他的感受對我們來說是一大挑戰，為什麼這些恐懼這麼難以消散呢？

的確，有證據顯示這不單純是身體方面的憂慮，還涉及情緒的因素，從童年時期起就銘刻在腦海中。孩童成長過程中習慣有許多同齡朋友的陪伴，一般教育體制就是如此運作。在幼稚園、學校、甚至大學中，孩子的周遭總有同齡友人及提供保護和照顧的人員。後來，各個孩童逐漸走上不同的人生路途，進入社交強度較低、保護變少的成人世界。當人們離開同儕及保護角色時，尋找伴侶的動機正好來到最高峰，這並不是巧合。

不過有意思的是，平息恐懼的需求並不會一直持續下去。事實上，有一份研究顯示，即便將婚姻選擇等干擾因素納入考量，尋找伴侶的企圖仍會隨著年齡快速下降。二十五至三十四歲未婚或無穩定關係的人約有四分之一沒有結婚的意願，而在三十五至六十九歲的單身受訪者（其中也包括從未結婚者）中，有二分之三無結婚打算。這顯示結婚的心理社會壓力在成年前期最高，形成一個鐘形曲線，二十五至三十四歲年齡層的結婚意願最高。

快樂的年長單身人士對於成年後的各種社交型態都能感到安心自在，不覺得一定要結婚。就像巴黎的克拉克規畫讓年長女性共同居住；俄亥俄州的柏金斯為自己及三位朋友打造共享住屋；雅各與學生同住，單身的他們主動採取措施，以創新而負責的方式，確保自己身旁有人協助陪伴。

四、單身老人偏見與刻板印象背後的自我

年長單身人士須面臨雙重的社會挑戰：年老又單身的汙名。長期單身會引發不少批評，**暗示單身人士「一定有某種問題」**，而年長的單身人士還須忍受**身體狀況較差、個性無趣、欠缺安全感等偏見**。六十四歲的吉奧凡尼（Giovanni）出生於

義大利，過去三十年來都住在以色列北部，他在訪談中表示：「你獨自一人走進餐廳，其他人總默默把你當成怪胎。以前並不會這樣。還沒多少年前，我會自己一個人北上到埃拉特（Eilat），坐在海灘上，會有女生或一般人，總之就是會有人走上前來問候我：『你好嗎？』因為我們年齡相仿。不過現在如果我出現在海灘上，你知道，其他人會保持一段距離，彷彿心裡想著：『那個形單影隻的怪人是誰？』這都是年齡造成的。」

吉奧凡尼經驗到雙重社會偏見：獨自一人使他感到不自在，而這種感受隨著年齡有增無減。年輕時獨自一人在某些情況中（例如海灘上）是可以原諒的，不過到了他這個年紀，任何情況都不再情有可原。不過我在訪談分析中發現，快樂年長單身人士的第四個特徵是，他們會**調整自我認同來應付這些社會壓力及偏見**。

以年長單身人士來說，從未結婚與離婚／喪偶者的自我知覺十分不同。從未結婚的長期單身人士是健康自我調整的楷模。早期研究顯示，比起其他婚姻狀態，從未結過婚者到晚年較享有優勢，因為他們從來不需要透過婚姻來證明自己，同時也因為他們多半會依自己的情況來培養合適的習慣。換言之，長期單身人士習於尋找社交機會，因此他們擁有強健的社交聯繫並藉此建構自我認同。因此即便承受批評、偏見或社會孤立，突然的生活變化比較不會影響他們的自我知覺，也不會降低快樂程度。有研究發現，比起剛脫離婚姻關係的人，從未結婚的年長者較少顯現壓力，對於獨自生活更感自在，也比較不需要社會支持。

因此，我所遇到的快樂年長單身人士對於自己和已婚朋友或家人之間的差異輕描淡寫。雖然部分人承認有時會因為單身而感到困窘，他們堅定表示不願因為自己的生活方式及婚姻狀態而被視為「局外人」或被看低。**對年長單身人士來說，堅信自己與其他人地位平等，不該遭受偏見，這樣的觀念是力量的來源。有些人還會強調自己的品格及生命的意義，藉此建立起另一種認同。**比方說，六十歲居住在喬治亞州的瑪莉（Marry）從未結婚，她在訪談中表示：「如果你能理性面對單身，你就能運用單身的時間來成長、發展、做真正的自己……拿捏平衡，或是從事、聽從那些讓自己覺得沒關係的事情，都是個人可以決定的。人們選擇單身也確實是沒關係的。」

瑪莉強調單身及注重自我成長發展的力量，也難怪說明這個概念後，她做出結論：單身也很好！瑪莉在此應用了正向心理學的原則。她強化對於自我及主觀經驗的正向態度，藉此把特定負面看法的影響降到最低。

這引發一個問題：正向心理學能如何提升年長單身人士的快樂程度？正向心理學的實際應用包括正向肯定、寫作練習、自我獎勵。不過問題是，這些方法是否真能像瑪莉所主張的，改善年長單身人士的幸福安康？

雖然目前沒有很多研究以年長單身人士為主要研究對象，不過的確有足夠的證據顯示**正向心理學的實踐**可以產生可觀的影響。比方說，研究發現年長者的快樂程度與身體健康、認知功能及社會資本之間有強烈的正向關聯。不過有意思的是，加上正面自評的項目後，研究者發現：許多身體狀況不佳、認知功能下滑，或是社會資本有限的老年人仍表示對自己感覺良好，認為自己相當快樂。這表示正面自評十分關鍵，能夠抵銷其他較為客觀的因素。

這也和**個人對死亡的態度**有密切關聯。對老年人來說，死亡如影隨形。不像年輕人，大多數年長者經歷過自己家長的過世，或是看過朋友、手足為嚴重的健康問題所苦。不過我所遇到的快樂年長單身人士傾向把死亡描述成生命中「普通的一件事」，而這種看法把死亡變得不那麼可怕。他們在訪談中不避諱談論死亡，而從他們的言詞可以明顯看出，雖然他們就像一般人一樣不時想到死亡，但他們擁有正面的態度與心理準備。

五、有關愛的人陪伴左右

第五個特徵是**建立親密關係的替代聯繫**。雖然社會支持對於所有年齡層的個人都有助益（這點將在第四章進一步說明），不過年長單身人士尤其受惠於社會資本，長者若能根據自己獨特的個性、需求、資源及挑戰建立多樣的社交聯繫，將會很有幫助。有一份研究調查了一〇〇三位年長受試者，指出社會支持的豐富程度能預測老年的生活滿意度，而社會支持對於年紀越大的受試者影響越大。另一份研究顯示，社會支持能降低年長單身人士的焦慮感，同時鼓勵他們採取積極、健康的生活型態。**友誼**對於年長單身人士的助益十分明顯：在缺乏與配偶或子女自然互動的情況下，朋友在確保年長單身人士的身心健康方面扮演重要的角色。

雖然提到朋友時，大部分人會想到同儕群體中的人物，不過年長單身人士其實可以和各式各樣的人建立友誼。比方說，他們可以和單身人士、已婚人士、同性、異性，或是不同世代的人交朋友。早期研究指出，年紀較大的已婚人士常把異性友誼視為禁忌，或認為可能威脅到配偶。不過比較近期的研究指出，這種規範性的障礙對於年長單身人士的交友限制已大幅下降，因此現今的年長者常有異性朋友。多樣的友誼能促進年長單身人士的身心健康。

六十八歲的芭芭拉（Barbara）喪偶二十四年，她寫道：「我發現自己向外尋求援手，打電話給每一個我認識的人，也許其中只有一個有空和我出去逛逛或打發時間，我每次都能約到人。我越常尋求陪伴，我就覺得心情越好，他們也是如此。長時間自己一個人最後會引發憂鬱。我六十五歲的時候退休，不過還是盡量保持忙碌，比方說園藝、旅遊，我也很喜歡到老人院當志工。有時候如果我待在家裡，會有人打給我問我好不好，我也會做同樣的事。」

芭芭拉的生活中排滿與朋友的活動。她精力充沛地從事社交活動，經常聯絡朋友。她說這種策略有助於提升身心健康，而她的朋友也熱情地回應她的邀約。另一個例子是五十二歲的肯德拉（Kendra），她寫道：「孤單不是老人的專利，生病也不是。如果有人總是樂於付出、支持別人，他們也會在需要的時候獲得關愛與支持。另一方面，如果某人過著自私、不顧旁人的生活，當他們需要支持時，很可能會發現自己一無所有。」肯德拉審慎思考老年未婚的情況，不確定自己是否錯失了什麼，或者會不會比已婚的人更容易感到孤獨。不過她的答案十分明確：花心思建立社交聯繫能在需要的時候獲得回報、令人心安。這加強了她的信念，使她在這個著迷於婚姻的社會中活出意義。

社會支持能透過身旁陪伴的人們展現出來，例如朋友和家族，或是緊密社區中的鄰居，不過現代的長者（尤其是單身長者）還能透過科技來增加社會資本，讓原本孤立的個人與他們認識、關愛的人，甚至是陌生網友溝通聯絡。事實上，年長單身人士可以利用各式各樣的線上社群、專門的協助服務及支持網絡，這都對提升快樂感非常有幫助。「長者星球」（Senior Planet）網站上有兩位年長單身人士透過某篇文章的留言區互相交流，顯示出他們透過網路溝通並安排見面的方式。

高登（Gordon）：「我的太太在二〇一七年一月過世了，我好想念有個共同生活，分享心情的人。我八十七歲了，聽起來也許很老，不過我有一位五十五歲的親近好友，她覺得我很有吸引力，不過她有丈夫，不打算離開他、破壞家庭。有人有興趣嗎？」（二〇一七年六月二十六日，晚間八點二十五分）

薇薇安（Vivian）：「我也是自己一個人住，孩子分別三十三和二十六歲了。我還在工作，不過傍晚和晚餐時真的很孤單。」〔二〇一七年六月二十九日，上午十一點五十四分〕

高登：「薇薇安：你到Facebook搜尋我的名字，就能找到我……還有很多我結縭六十八年的美麗妻子的照片，謝謝你傳訊息給我。」〔二〇一七年六月二十九日，下午一點十四分〕

薇薇安：「高登你好，感謝回覆。如果有人可以一起吃晚餐、看電影、聊聊天，那會很棒。我會到Facebook上找你，你有什麼興趣？很期待認識你，祝你有美好的一天。薇薇安敬上：）」〔二〇一七年七月五日，下午一點五十四分〕

高登和薇薇安之後大概繼續透過Facebook交談並相約見面、互相陪伴。像高登和薇薇安這樣的長者在刻板印象中大概不擅長使用智慧型手機、網路與社群網絡，不過近來的證據顯示，科技對於長者來說越來越不是界線。事實上，過去十年來，**網路及數位科技的使用已成為提升年長者生活滿意度的關鍵要素**，對於身體較虛弱或高風險的族群影響尤大。因此，頻繁與親朋好友交流對於孤立與寂寞風險較高的年長單身人士有益，和年輕一輩的互動尤其有幫助。

年長單身人士運用家庭資源的方式也和已婚人士不同，前者較注重親戚關係。已婚的年長者較倚賴配偶，而年長單身人士（尤其是無子女者）需要的時候會動用更寬廣的家族支持網絡。許多單身人士非常重視自己的家庭成員身分，近來的研究顯示**單身人士比已婚人士還要重視家人的角色**。確實，我也透過訪談發現，快樂的年長單身人士透過維繫家族互動，積極為晚年的單身生活做好準備。未婚的年長者與手足維持緊密關係的機率較高，在某些情況中包括與兄弟姊妹同住。

有些研究特別關注年長單身人士生命中姪女、外甥女及姪子、外甥子所扮演的角色。小孩通常從小就認識這些叔叔、伯伯、舅舅、阿姨、姑姑，他們共享家族經歷、擁有長期互動，價值觀通常相近，這都有助於建立有意義的互惠聯繫，隨著長輩老去關係變得越加深厚，尤其是在他們沒有結婚的情況下。有一位年齡不明的女性部落客寫道：「我有一個姪女，我以她為榮，非常保護她。我還有一隻狗兒子，我知道狗不是真正的小孩，但這對我來說夠了。」

除了培養大家庭的關係外，**社區型服務**也能有效減緩孤獨感，協助年長單身人士面對他們獨有的困境並降低其負面影響。老年活動中心可以組織活動及社團，這些服務尤其有效，也為緊急情況提供庇護及安全。這些活動中心也能迎合年長者的需求，讓他們與面臨相似困境的同伴交流互動。年長者可在此與志同道合的友人分享興趣，參加適合其年齡的活動。的確，研究顯示年長單身人士（尤其是女性）最常參與長者中心的活動，也因此最容易擴展社交聯繫。這些服務對於沒有子女、居住地離子女較遠，或屬於少數族裔的年長單身人士來說非常重要。對年長者來說，老年活動中心提升了社會支持及服務的實用性。

最後，**動物輔助治療**或甚至只是在家裡養一隻**寵物**都有助於降低焦慮感，也能緩和負面的行為模式，例如生氣與自殘，還能提高活動力、促進身體及心理健康。我在咖啡館訪問六十五歲的塔蒂安娜（Tatiana）時，她沒有提到當時擁有任何特別、有意義的關係。不過在訪問結束後，我回到桌邊時發現她正透過Skype與她的狗及小狗保母談話。當我發現她和小狗的關係在她的生活中扮演核心角色時，那對我來說是關鍵的一刻。她在訪談過程中沒想到要提到這一點，不過我問及這個面向時，她表示自己和小狗非常親近，狗兒為她的生活帶來喜悅並分享心情。

飼養寵物及動物輔助治療的相關研究大多把人與動物的關係當做心理問題的治療方法，不過目前有越來越多證據證實擁有寵物也有助於降低年長者及孤單者的社會孤立程度及無聊感，飼養狗這類需要出門散步運動的動物幫助尤大。與寵物一同外出可以增進飼主的公共事務參與及社交應對能力，尤其可以提升社交互動的頻率及談話的長度。這對年長單身人士來說特別重要，因為他們通常已退出勞動市場，較缺乏與他人的互動機會。

快樂老去

某方面來說，老年單身的問題概括了快樂單身的核心原則。人生的最後階段單身一人的景況迫使我們面對內心深沉的恐懼，許多人因此步入婚姻。我的分析結果對這個論點提出質疑：**婚姻是防止老年孤獨、提升幸福感的唯一解決方法嗎？**我的研究顯示，雖然許多人由於害怕老年孤單一人而步入婚姻，不過維持單身的人擁有一套方法，使他們對於單身生活更有準備。**長期的單身人士接受自己的關係狀態、學習享受獨處、建立人際網絡來協助自己的身體不便、克服刻板印象及偏見、找到取代浪漫關係的友誼，他們藉此適應獨自一人的生活、提升快樂感、以及降低寂寞程度。**

這些發現的因果關係並非一目瞭然。這套提升單身人士幸福程度的方法是因為他們必須適應現實情況才發展出來，還是因為擁有這套方法，所以提升單身的機率？換句話說，也很有可能是因為這些人原本就愛好獨處，所以才維持或變為單身，但單身人士不一定都能學會這些策略。這項假設觸碰到一個更大的問題：大家能否仿效本書所提供的策略？

就如同研究結果及我所進行的眾多訪談所呈現的，單身人士適應現實情況的故事告訴我們，這套策略可以透過學習獲得。在這些訪談及部落格文章中可以明顯看出，人們意識到自己將長時間過著單身生活後，他們有能力採取這些策略。蘇菲亞就是一個很棒的例子。她單身九年後才開始撰寫部落格文章，意識到自己的情況並接受現實，又隔了一年才開始採取某些策略，然後展開精采的單身生活。這些策略原本並不是她生活的一部分，但她把這套方法納為己用，將自己的生活從單身變成快樂單身。

因紐特民間故事給我們的啟發是，我們有時無法選擇是否獨自一人，但我們可以決定要不要覺得孤單。故事中的老太太也許沒有預料到被拋棄，就像剛結婚的年輕伴侶不會預想到離婚或配偶死亡之後的孤寂。不過她勇敢面對現實情況，與昆蟲結交朋友，展開精彩的人生。同樣的，就算有些單身人士覺得自己是被迫變成單身，他們也可以採取這些策略，充分運用身旁的眾多機會。

此處真正令人驚訝的大概是年長單身人士能有多享受人生。民間故事中的狐狸原本應該把因紐特老太太咬死，反而卻為她帶來年輕而迷人的未來。同樣的，我們原先把單身當成痛苦與孤寂，不過後來發現長期單身能培養我們的適應能力，協助預防孤單的老年，帶來真正的快樂。我所遇到的年長單身人士在社交、財務及居住方面做了別出心裁的安排，以便應付晚年單身的挑戰，值得我們學習。瞭解年長單身人士如何應對現實生活並活出精采，我們可以從中學習改善單身及已婚人士身心健康的方法。也許更重要的是，展開一場重要的討論，思考結婚真正的原因。

第3章 抵抗社會壓力

我走進特拉維夫（Tel Aviv）市中心一座美輪美奐的建築，不知道接下來會發生什麼事。我先前收到一封轉發信，通知有場工作坊的說明會，該工作坊主題是「如何對單身感到自在」（How to Feel Good in Being Single），其中包含活動日當晚首次舉辦的一系列聚會。

我感到欣喜萬分。這就是個絕佳機會，可以看見單身人士如何受專業協助來營造出幸福的單身生活，我迫不及待想更深入瞭解內容。入口處的標示牌寫道：匿名單身人士，四樓。我每走一臺階，就多一分期待，知道自己即將見識到一場革新運動的開端。

即將登場的工作坊就像是沙漠中的綠洲一樣。在這個國家裡，成家的觀念根深蒂固，且出生率在ＯＥＣＤ國家中居冠，看來終於能在這個地方獲得慰藉和接納，想必能有真正令人耳目一新的體驗。

我進門時會場已高朋滿座，約有三十多人到場，多數人的年紀介於三十到四十歲之間。聚會開始了，現場興奮的情緒在空氣中流竄。這會是以色列單身人士的一大突破吧？

工作坊的講師說道：「對自己單身感到滿意的人，請舉手。」只有一名婦女舉手。「對自己單身感到不滿的人，請舉手。」這時有兩位婦女舉起手來，其中一人就是剛已舉過手的那位，看來她對自己的情況舉棋不定。

這時我心想：「那其他人呢？」我聽著身旁的人陸續低聲發言，因此我的疑惑立刻得到解答。後方一名女性說：「嗯，我還行啦。只是大家一直叫我要趕快把婚給結一結，實在讓人受不了。」

坐在中間位置的一名男子說：「我也是，常有人說我太挑，聽到都煩。」

另一人說：「大家以為我不愛自己，或是自信心不足。」

講師讓大家靜下來，說道：「好的，謝謝各位。這個工作坊中，我會教你們找到完美對象的各種訣竅和招式。我們會練習約會和互相扶持的各種策略。你們很快就能找到伴侶了。」然後她繼續介紹課程：「我們也會學習如何寫出完美的約會自介，還有如何好好和對象互動調情。」

我心想：「不對呀，大家要求的不是這件事情吧？」或許場上有些人想聽聽可用哪些訣竅和招式來約會、調情和設計出亮眼的個人檔案，但那些真正困擾他們的事呢？那些想要擁有自在單身生活，也就是維持單身現狀的人怎麼辦？當然，大多與會者想要尋求的不是什麼靈藥、浪漫愛戀或是傳說中的稀世珍寶，他們只不過是想要根據處境調適自我、抵抗身上感到的社會壓力。

這個只能說是我判斷失誤吧！我太過樂觀了。「匿名單身人士聚會」意思再清楚不過，只要把「單身人士」一詞抽換成「成癮者」、「賭徒」、「酒鬼」，就能體會與會者所被施加的汙名。換言之，單身狀態是要極力避免或是克服的事，或是更糟，這是一個要逃離的泥淖。要是你無法成功脫逃，就要盡快尋求專業協助。無論如何，不要告訴別人你有「單身的困擾」，這會讓人倒盡胃口，而且糗大了。就像是皮膚上起了難看的疹子，只要好好藏起來，可能別人就不會發現。

特拉維夫和其他多數地方差別並不大。**在世界各地，文化和社會態度都會深深影響個人對感情和婚姻的選擇。**大家從小就受到社會化洗禮，並學習有朝一日要結婚、建立穩固的家庭。單身仍常引發社會和個人的負面觀感，尤其是對單身女性特別嚴重。

社會上的催婚風氣，壓迫著全球日益增多的單身人口，因此令人不禁想問：為什麼有越來越多單身人士受此壓力仍選擇不婚？他們有什麼新的策略可以克服在社會上所蒙受的汙名，並且抵抗周遭的壓力？

如果要找到解答，可以先理解單身人士遭逢的社會壓力、汙名化以及歧視問題。接著我們就能關注幸福單身人士用來克服社會壓力的策略，包含提升意識、自我接納、正面自我觀感、起身抵制歧視做法以及提振單身力。

單身人士所受的汙名化及社會壓力

英文的 stigma（汙名）一詞源自希臘文στίγμα，原義可以簡略翻譯為「汙點」或是「標記」，是深植於古希臘文化的概念，說的是叛國賊、罪犯或是奴隸身上的顯眼刺青或是烙印，這些人被視為道德上水準低落，也就是「腐化的人」，大眾要避免跟他們接觸、把他們隔離開來。時至今日，這個詞彙的語義已與過往不同，而現今施加汙名的形式有好幾種，且以各種理由施加汙名，包含身心障礙、種族、族裔、健康和教育背景等等。

要是一人遭到汙名化，就會在情緒和觀念上產生負面影響。尤其，負面的心理影響包含引發精神疾病、減損自尊、憂鬱和自我認同感不佳，且要是處於充滿脅迫感的環境，情況就會更嚴重。不僅如此，汙名化會直接造成教育、經濟和法律層面的影響，譬如，朋友或同事間可能排擠遭汙名化的人，認定自己的社交圈子容不下這些不懂事或不友善的人，而不讓他們參與某些活動。這可能會影響當事人的行為，進而導致他社經地位更加惡化。

可能有些人不知道，許多西方國家的單身人士在成年人中占多數，但其實單身人士受到嚴重的汙名化。如同我先前所提到的，一項研究找來一千名大學生，讓他們列出對已婚和單身人士相關聯的特徵，結果顯示，相較於單身人士，大家較常認為**已婚的人成熟、幸福快樂、和善、有愛心且誠實**；相反地，**單身人士給人的感覺是不成熟、缺乏安全感、以自我為中心、悲慘且孤單**。後續又請同一批學生描述兩個不同年齡組別的已婚及單身人士（二十五歲及四十歲），結果發現年紀越大，負面特質更為明顯。他們認為四十歲的單身人士特別在社交方面不成熟、適應不良且更有妒嫉心。與已婚人士獲得的評比相較，有些類別的得分甚至低了五十％。此外，大家也認為未婚人士的居住安排不盡理想。由此可見，單身人士常受到他們所不屬於的身分（像是有婚姻）或是欠缺的事項（像是小家庭或是伴侶）所定義，因此使得現實世界將單身視為偏離常規。

這些社會的慣常規範反映在對單身的歧視態度，也就是所謂的「**單身歧視**」（singlism），以及對於婚姻的側重，也就是「**婚姻狂熱**」（matrimania），兩者加乘起來讓單身人士變得孤立。各式媒體和讀物將單身人士渲染成不受歡迎的對象，在在維持或加深了對這個族群的負面觀感。單身人士也自我內化了這種遍及整個社會的歧視、汙名化和刻板印象。這些慣習作風在社會、教育和經濟及法律層面都可能帶來不利情勢，不管是離婚或喪偶後考慮獨自生活的人，或是打從一開始就選擇單身的人都深受其害。

為了要估算單身人士所受到的歧視程度，我分析了ＥＳＳ資料。很遺憾的是，問卷當中沒有直接對單身歧視的提問。不過，在一一排除其他像是族裔、種族、語言、宗教、年齡、身心障礙和國籍的歧視類型後，我就能夠衡量和推論出單身歧視的程度。從這項分析中，**我發現未婚的人受到的歧視比已婚人士多了五十％**。

最令人擔憂的是，**單身人士不同於其他弱勢族群，他們沒有免受偏見的保障。這往往是因為一般人不認為他們值得受到保護**。伴侶及成家結構的霸權觀念助長了結婚的壓力。因此，人要不結婚，要不想脫離單身，這就是眾人視為理所當然的預設，因此有單身歧視問題的人常沒發覺自己壓迫了單身人士。

往往，這種偏見在家庭裡顯而易見。舉個例子，瑪爾塔年值四十二歲，住在洛杉磯，和遠在芝加哥的雙親相隔兩地。她和我訴說備感壓力的問題，想必很多人也會心有戚戚焉：「因為我單身，家人對待我的方式讓我很不好受。爸爸說我不快找個好歸宿真是愚蠢，媽媽則是不斷跟我說，她要是不用因此為我煩心就別無所求了。我回她說婚姻不等於有萬全保障，因為男人還是隨時可能拋家棄子，結果她說只要結了婚就比較能綁住對方。她還說類似這樣的話：『要是妳男友沒有娶你的打算，他遲早會離妳而去，就像是當初我前男友十四歲時那樣。』」

很不幸地，瑪爾塔接收到的訊息是她「愚蠢」、缺乏保障、讓母親操心，且容易被拋棄。她在自家中所面臨的眾多恐懼和偏見，是全世界單身人士都會遇到的，只是情況各有不同，包含可能是身旁的親朋好友所帶來的，或是在職場上遭逢到的。尤其，對單身人士的負面觀感會隨著年齡增長而加深，年紀大的單身人士更容易讓人覺得他們脆弱無能或是仰賴他人，因此更可能蒙受汙名。

說來可悲，撇開瑪爾塔年紀不算小這點，要是她還是個男性，就更容易獲得接納。有證據顯示**單身女性所受的汙名化程度更甚於男性**。這些研究中認為，性別差異也導致他人對女性多一層歧視、偏見和施加社會期待來對付她們，因為，相較於男性，女性掌握的權勢地位較低，工作條件常不平等，且更常要打理家務。

如此之外，**傳統、宗教及社會上態度較保守的人**，因為較重視成家觀念，而普遍有更多的汙名化行為。因此，傳統社會中的未婚媽媽最容易遭遇到汙名化，因為單身育兒與傳統倫理最為背道而馳。

單身受歧視的實例

社會排擠和歧視單身的方式有很多（包含明著和暗著來的），學術上對於這議題的論述卻只碰觸到皮毛而已。可以試想看看幾個很常見到單身歧視的場域。

有個著名的例子，主角是雪拉．埃文森（Shaela Evenson），她在二〇一四年因巴特中央天主教學校（Butte Central Catholic Schools）收到說她未婚懷孕的信函，因此將她解雇。經過多年繁雜的法律程序，她與該校區和海倫娜（Helena）的羅馬天主教教區私下達成協議後，事件才終於落幕。雖然宗教組織和學校能實施一些特殊規範，但基本上還是不能夠歧視未婚懷孕的教師而解雇她們。美國法院已多次駁斥這項陋習，但歧視風氣仍歷久不衰。

另個案例是二十四歲的英國教師瑟爾達・德格羅恩（Zelda de Groen），她被正統猶太教的幼兒園開除，理由是她「生活不檢點，和男友過著罪惡關係」，結果她贏得這場宗教及性別歧視的訴訟案。瑟爾達遭上司約談羞辱，說她二十三歲早該結婚了，經勞資法庭裁決，這種對待方式「羞辱、貶低且冒犯人」。

大家很習慣將種族、族裔和性傾向視為遭受歧視的起因，但是**其實未婚也是常被拿來開除或是不雇用單身人士的理由**，而他們所做的只不過是在私領域中選擇自己想要的生活方式（目前尚無充分的統計資料）。而不久前的二〇一〇年，南卡羅萊納州的前共和黨參議員吉姆・狄敏特（Jim DeMint）直白地說：「和男友同床的未婚女性……不該出現在教育現場。」鄉村地區甚至許多單身人士無法通過遴選，或是遭人明示、暗示說不准靠近莘莘學子。

單身人士的職場外生活不如已婚人士能獲得認可和重視，這也常導致他們在日常值勤安排時受到歧視。公司三不五時就叫他們代理同事多加班，似乎預設反正他們一定有空閒時間。他們要更常出差，或是在休假日排班，好讓有伴的同事可以回去陪家人。

如此一來，**單身人士通常要在領微薄薪水或根本無薪的情況下延長工時。**隨處隱隱約約可見到如以下未婚男性匿名發文所說的預設心態：「我發現單身歧視問題在職場上最顯而易見。已婚人士，尤其是有小孩的那些人，似乎覺得自己的行程比我的有份量，因為我和他們不一樣，單身就無事一身輕嘛！幾個禮拜前，我們公司舉辦培訓課程，有兩天時段供選擇。我一聽到課程消息，就馬上登記第一日，因為我另一天休假，打算去參加我死黨的烤肉會……。」

過了幾個禮拜，培訓課剩兩天就要到了，結果公司開會時提到培訓的日期安排，會上出現許許多多怨言，像是「這個嘛，我當天要處理日間托兒的事情，所以真的沒辦法到，」或是「小孩那天有比賽，所以我不能出席，」又或是「我小孩那天有約看診，換時間的話還要排很久，」等等有的沒的推託詞。接著就有人提出第一日的人願不願意換到第二日，而且說因設備緣故，同一日容納的人有限，所以要大家互相配合一下。當然，一堆人就目光投向我，因為他們知道我單身。他們眼神透漏的訊息就是：「他可以改時間，因為他單身沒有職責在身。」我就直接說：「不好意思，沒辦法喔，我當天排好了要去烤肉。」結果他們就擺出一副「我的小孩比你那什麼『玩樂』的烤肉行程還重要」的樣子。

這只是其中一例，還有許多單身人士也遭施壓，想迫使他們捨棄自己注重的事情來多擔負工作。除了要放棄休閒活動，**單身人士還因單身而薪水較低**。一項研究發現，在同樣的職位上，已婚人士較未婚者多賺二十六％。此外，許多雇主提供保健補助和其他福利給員工配偶或同居伴侶，卻未補助單身員工的父母、兄弟姊妹或是親密好友。這些慣例和偏見也會蔓延到工作升遷方面，使單身人士比起已婚人士晉升速度較緩慢。

單身歧視的另一種體現方式，是**立法上優待已婚人士而未同樣協助單身人士**。舉例來說，有些國家會將夫妻和全家親子納入政府保險、社會救助計畫（Social Security）等，這些福利單身人士都無法享有。已婚人士還有機會用有薪假來照顧配偶，像是美國有〈家庭醫療休假法〉（the Family and Medical Leave Act）的保障，而單身人士卻沒有被賦予同樣的自由來照顧他們最親的人。雖然西方世界和某些地區有立法禁止婚姻歧視，但相關法規絕非各處都適用，而且就算有相關法規，也不保證會落實。凱倫在一個 Facebook 單身社團裡發文，並表示這事關社會地位不平等的問題，她說：「我昨天和理財顧問碰面來談去年的財務報表，才知道單身人士的退休安排受到多嚴重的歧視……。尤其反觀那些財力雄厚而明明負擔得起這種高稅率的大公司都能減稅，我知道後簡直是火冒三丈。」

目睹稅收和法規上單身歧視的人不是只有凱倫一個。《大西洋》（The Atlantic）雜誌刊出的一篇文章，詳細表示未婚人士一生中所付的保健費用、稅金、個人退休賬戶（IRA）費用、社會救助金等等，可能比已婚人士還要多出足足一百萬美金。事實上，該文的撰寫者發現，上千條法規提供明定的法律優待或財務福利只限於已婚人士，單身人士無法適用。即使《美國法典》第五編第三部份上述明：「總統得下令制定……禁止歧視婚姻狀態的規範」以上情況卻未見消失。

社會上對單身人士抱持偏見且偏好有婚配者，這點也常會延伸到其他領域，像是房仲業。一項研究找了五十四名房仲商，測試他們對以下三族群選項的出租偏好：一對已婚夫婦、交往中的兩名同居人，以及互稱「普通朋友」的男女。他們將潛在的租戶背景設定為有相似的學歷、工作、年齡和興趣，但明顯可見多數房仲商（六十一％）選已婚夫婦、二十四％願意租給同居情侶，卻只有十五％願意租房子給那兩名友人。

不僅如此，不動產仲介選了已婚夫婦而不想出租給單身人士時，研究者反駁這決策有所歧視，結果他們的典型反應就是拿兩位好友未婚這件事情本身來當理據，否認牽涉到偏見和歧視。種族歧視、性別歧視或其他形式的歧視常能獲得公認，但此例中的單身歧視問題卻未被看待成一種歧視作風。雖然這種歧視較難辨識出來，但對單身人士各層面的福祉會有深遠的影響，下一小節我們就會討論這點。

單身歧視衍伸的問題

單身人士受歧視時，他們的心理健康和安適感也會受到不小的打擊，就如同其他研究對少數族群的調查結果一樣（遺憾的是，還沒有臨床或統計研究測量單身歧視所致的後果）。譬如，一項研究調查男、女同志感受到的歧視是否可能損及他們的心理健康？研究中分析了美國〈中年族群生活發展全國調查〉（National Survey of Midlife Development）的資料，發現受歧視的感受和各項健康指標之間有正相關，像是心理困擾、身心症、感到人生備感艱辛以及察覺到生活受干擾。

其他證據則是揭示歧視感有害弱勢種族的心理健康。一份研究觀察年輕的非裔美籍成年人，結果發現受試者遇到的歧視者人數或經歷的歧視事件數能用以預測心理健康欠佳。調查難民和移民心理健康的研究也有類似結論。

根據後續更近期的統合分析資料，可知歧視感不僅時常影響心理健康，也會影響生理健康。事實上，少數族群的受歧視感與體重增加、肥胖和高血壓有高度關聯。也有研究表示，歧視與嗜菸、酗酒和藥物濫用有正向關係。還有研究發現，無論是否屬於少數族群，女性遭遇的歧視與她們的心理健康相關。

我的研究證實，雖然不同歧視類型對影響身心健康的作用方式不同，但整體趨勢表示單身人士都容易受其所害。研究過程中，許多受訪者回報歧視對他們的害處。例如五十三歲住在英國曼徹斯特的瓊恩，他受訪時說道：「我感到別人給我很大的壓力。喔天啊！說什麼『最好趕快找個伴。』我確實因此消沉，好一陣子都很失落。」

這種感受對喪偶或離婚的人來說特別強烈，他們在某些國家和地區中，比其他類型的單身人士蒙受更嚴重的汙名。事實上，**在其他條件維持不變時，離婚、分居或喪偶的單身人士所受的歧視比已婚人士多二十五%**。

要是社會環境中缺乏支持力量，負面效果會加重。每個人的圈內支持可以減緩歧視感對他們造成的負面心理影響，而要是沒有社群支持，會讓某些單身人士更弱勢，尤其是較年長者。

儘管如此，還是有辦法能抵抗歧視作法和社會壓力。快樂的單身人士懂得如何避開歧視，或甚至起身力抗這種現象。所以，接下來要進入「實用策略套組」的介紹，至少在某些方面，可以讓單身生活快樂而免受歧視所擾。

抵抗社會壓力和歧視

即使文化上明顯排斥單身，政府政策也歧視未婚者，還是有越來越多人不僅選擇單身，而且能過得很好。雖然傳統上容易將單身人士引向負面的自我觀感，但隨著近期人口結構改變，也孕育出「新型」單身人士，他們較不怕單身歧視或汙名，或甚至對其免疫。接著，更近期的研究顯示這些新興單身人士比傳統單身人士快樂。不過，能嘉惠新型單身人士的策略還有待進一步探索。因此 我在訪談中，積極找出幫助這些單身人士抵抗社會壓力、汙名和刻板印象的策略和實行作法。

一、增強對單身歧視的意識

訪談中首先發現的策略簡單易懂，但實行起來倒也不容易，那就是意識到單身人士時常經歷的歧視和社會壓力。一項研究調查了汙名意識對單身人士自尊產生的影響，發現就連單身人士本身對單身歧視的意識十分不足。只有四％的人自發的將「單身人士」列為受汙名化的族群。而在我們明確問受試者單身人士是否覺得單身的人受汙名化，只有三十％單身人士和二十三％的已婚人士回答「是」。相較之下，認為自己所屬族群受到歧視的受試者中，同性戀男性的比例達百分之百、肥胖者有九十％、非裔美國人有八十六％，女性則有七十二％。從這個結果研判，不難想像大眾認為單身歧視是可接受的事。

或許接下來這點更重要。研究認為，**參與者對單身歧視的意識增強後，自我價值和幸福感也會隨之提升**。這表示歧視意識是一條緩解單身歧視壞處的關鍵途徑。快樂單身人士往往有察覺到自身承受的社會壓力，這也跟我的訪談和資料分析相契合。事實上，喚起意識是他們面對困境和抵抗社會壓力的第一步。洛莉在方面發表以下言論：「知道世界上真的有單身歧視和婚姻狂熱，而不是我自己在發神經後，對自己的觀感變好了，有種恍然大悟的感覺，很高興我現在有注意到這件事。單身歧視和婚姻狂熱有時還是會把我氣得牙癢癢，但以前就常這樣，只是當時不曉得自己在氣憤什麼。」

光是察覺和辨識出歧視就讓洛莉感到較舒服。要瞭解單身人士的意識程度和這對心理健康的影響並不簡單，但我們可以想想其他受邊緣化的族群，他們透過社會運動更瞭解自己的處境，並將歧視問題拿出來公開檢討，因此提升他們的心理健康。事實上，有鑑於目前單身人士不是很瞭解自己在社會中承受的負面觀感，因此這樣的社運可能有其必要。洛莉後續又再次在發文中印證這點：「我剛出社會時二十來歲，那段期間還以為自己受到的對待是『正當』的。」

二、正面自我觀感

我研究中第二個策略是建立正面的自我觀感，這能夠進而提升單身人士的安適感，而且其他研究也支持這觀點。舉例來說，一份調查中，六百六十四名受試的年輕成人認為，在人際往來和社會方面的正向自我觀感，能讓人對未來抱持希望，並且提升安適感。研究也顯示，正面自我觀感和快樂程度呈正相關，尤其是（但不侷限於）個人色彩濃厚的文化。

不過，我們尚不瞭解正面自我觀感確切如何影響單身人士幸福感，以及其抵抗社會壓力的成功程度。過去，研究學者還沒調查自我觀感對單身人士幸福感的作用是否和對已婚、有伴的人一樣。就此而言，自我觀感可能是理解單身人士如何應對社會壓力和提升其安適感的關鍵。

根據我的發現結果，**正向自我觀感和自信心對提升幸福感而言有非凡的重要性**。這兩項因素對單身人士很有效，就是因為單身人士遇到的問題屬於社會層面，也就是說身旁有很多人批評他們、減損他們的自信並加深他們的負面自我形象，有時甚至自己都沒察覺到。

住在喬治亞州米利奇維爾市（Milledgeville）的派翠卡，六十歲，離過一次婚。她在訪談時說道：「我覺得……要看個人對自己有多少信心。像是，要是你到處說：『唉唷，我好討厭單身，』那身旁的人當然有話要說。但因為這對我來說不是問題，……這是我自己的選擇，完全不感到困擾。」

派翠卡整場訪談中心情都很愉快，她對自己的情況抱持正面態度且信心十足。她表示之所以對自己的選擇很放心，是因為她整體自我觀感很正向，且這點有助於她對自己和單身女性的身分感到舒適。

莉娜，三十七歲，住在德國法蘭克福（Frankfurt），更強調正面的自我觀感和自我接納。她說：「我想自我形象和自我接納很仰賴你呈現出來的形象。要是你接納自己，那其他人也更可能接受你。有件事情說來很有趣，我去到德國時，教會的人常問我有沒有多生幾個小孩的打算，但我根本沒結婚。他們問：「什麼時候要再生幾胎呀？」我的反應類似：「冷靜點，我要結婚才行。」然後再過了一陣子就沒事了。我當初去那裏時，他們大概沒想過這件事罷了。所以我認為，只要整體來講能接納自己，身邊的人也會接受你真實的模樣，然後他們就不再過問了。」

我的統計分析顯示，對於離婚、喪偶和從未結婚的人來說，正面自我觀感和他們的幸福感也有類似的關聯，而且對這些族群的作用比對已婚人士還要顯著。正面自我觀感的量表上，每單位的分數增加對未婚人士有更多效果。從不同角度來分析，計入其他變數，像是年齡、教育程度、收入、性別和有無子女後，比起欠缺正向自我觀感的未婚人士，擁有正向自我觀感的未婚人士能多獲得將近三十%的幸福感。如同年值三十一歲、出生於紐約而現居倫敦的瑪雅簡要說道：「看到每個人都有自己的個別經歷，也能夠盡情向他人展現自我，這實在很有意思。你會發現過程中能夠更自在做自己，擁有更佳的自我感受。」

樂觀態度也有類似的作用。對未來抱持樂觀態度是我訪談中的一項核心主題，我的研究發現也與其他案例相吻合，顯示出樂觀態度調節了自我觀感和主觀感受到的安適感。四十六歲的瑞典居民約根說：「我感覺起來不像單身。我覺得很有保障、沒有太多煩惱，所以很快樂。我過得很好，就這樣。」像約根這樣的樂觀單身人士有安全感而不常擔心，通常能因此有較高的幸福感。我的統計分析中，我發現想法樂觀的人比其他人多擁有三十五％的幸福感。

樂觀能讓人心裡較舒服是想當然爾的事，但要探索的是比較單身和已婚人士的自我觀感差異，也就是樂觀態度是否對單身人士的正面及能展望未來的自我觀感有更多的作用。我在另一份統計分析中找到了答案，證明**樂觀態度對未婚人士而言特別重要**。同樣地，從未結過婚、離婚和喪偶的人，每增加一單位的評分量級，對主觀安適感的提升程度高於已婚的人。

譬如，觀察特徵差不多而分別已婚和從未結婚的人，要是兩人的樂觀程度都是滿分，那麼，從未結婚的那名受試對象，雖然一開始的幸福感評分落後了〇．七分（使用〇至十分制的量表），但結果也能夠獲得和已婚人士同樣程度的幸福感（而且還沒有計入婚姻的擇選效應，也就是通常會結婚本來就比較快樂）。這份測試中，離婚和喪偶者也能大幅縮短原本幸福感的差距，而稍落後已婚人士〇．二分。換句話說，樂觀態度對單身人士幸福感的影響，大於對已婚、有伴人士的幸福感影響。有個合理的解釋是，正面而能展望未來是種「內在」的態度，能幫助到缺乏像子女和配偶這種「外在」安全網的單身人士。這種內在的傾向能讓人對自己感到放心、能憑靠自己，而更能應對可能出現的逆境。

正向自我觀感的另一個層面是感到**自己有所價值和成就**，這通常是來自於**工作、嗜好或是朋友**。單身人士通常性情較友善而不以婚姻為生活重心，比非單身人士更注重工作，這點本書後續也會再討論。舉例來說，研究顯示單身人士會尋求有趣、富挑戰性和更能獲得滿足感的工作，自然而然能在從事的職業中得到更多收穫。

我的分析支持這項研究，並顯示出成就感和價值感帶給從未結婚和喪偶者的幸福感比已婚人士高出〇．四（〇至十分制），而離婚者也比有伴者多〇．二分。這表示光憑成就感和價值感，就能大幅縮小單身和已婚人士幸福感的差距。背後道理很簡單，單身人士在小家庭外尋求意義，因而增強他們對自我價值的評價。

此小節中描述三項正向自我觀感的組成要素：**自信心**、**樂觀態度和價值感**。這三個項目提供改善單身人士自我觀感的可能辦法。確實，正向自我觀感並不容易培養，而新型單身人士覺得自己和他人相較的評價好壞，很可能恰恰取決於其他幾項因素，如收入、教育程度、家庭支持和篤信宗教的程度（這些因素也影響一般大眾的自尊）。譬如，有份研究表示，教育程度高、家庭支持較強和篤信宗教程度較低，和單身人士的高度自我接納相關聯。其他研究則發現，文化因素，特別是個人主義，會影響個人的自尊感。因此，培養單身人士的正向自我觀感，能改善其他裡裡外外支持著他們的各層面生活。

三、遠離負能量，選擇對單身人士友善的環境

接著談第三個單身人士避免壓力和歧視的策略。許多都會區已經開始形成對單身人士友善的環境，像是洛杉磯、倫敦和東京，這些地方的人覺得一人生活是很「酷」的一件事情，且不受年齡限制。在這些區域，打造單身友善環境也不限於年輕世代，中段班和高年級的單身人士也有單身友善的人際網路。五十二歲的賈斯汀在訪談中稱讚洛杉磯：「在洛杉磯這類的地方，我發現我這年紀的人多半單身⋯⋯特別像洛杉磯這種大城市，風格較偏向輕鬆無牽絆而不是『我們定下來然後生小孩吧！』住在這很有趣。」

洛杉磯這種大都市尊重個人私生活，讓單身人士不必承受負面想法，且有各式機會連結彼此和享受不同活動。難怪現在單身人士紛紛湧入大城市，且人潮之多可

說是前所未見，如第一章所述。

不過，不是只有大城市照顧到現代單身人士的需求。就連郊區、較注重宗教的地區也出現越來越多單身友善環境，而美國的多間教會也不得不正視獨身生活的議題。二〇一三年，有篇引人注目的文章鼓勵天主教教會認可或甚至讚譽單身生活，尤其要顧及天主教傳統本身單身人士就為數不少的事實。該篇文章轉述以下訊息：

「四十分鐘的講道時間進入尾聲時，牧師抬起頭來即興說道：『我知道你們之中有四成的人單身，看來我也該對單身這件事說點話。』聽到這我耳朵便豎了起來。因為這名牧師是很學術型的人，而且他對婚姻的講道很細緻，想必他對單身的簡短言論也會很深刻，於是我傾身向前認真聽，然後他說：『在座所有的單身人士，我要對你們說：婚前不要從事性行為，等到婚後再把之前積欠的一次補回來吧（眨眨眼）。』

在一座由單身男性創立的教堂，單身人士卻是極度邊緣化，這現象一定是有些不對勁……有些人或許沒有要步入紅毯或是孕育寶寶，但天主給我們生活神奇美好的事物，包含『人生大事』（像是指引我們取得學位、展開傳教事業或企業、繳清大學學貸）或是『平凡小事』（像是服務鄰里、為彼此禱告）。我們務必要擁抱天主在他人生活中所賜予的事物，即使與祂賜予我們的生活不同。所以，找機會為你社群中的單身人士好好慶祝吧！」

這篇文章在天主教社群引發廣大迴響，並且得到數百則支持的回應，包含決定要好好實行的神父。在這樣的單身友善環境，單身社群的體現及社會配置能打造出理想條件來促進正面自我觀感。這些環境除去對單身生活型態的異樣眼光，能減少單身歧視和婚姻狂熱，進而從根本上避免自尊受打擊。由此可見，隨著單身友善環境數量增加，單身人士能主動尋求這些空間以提升自尊，並因此增進整體的安適感。

此外，許多地方也發展出單身友善安排的小改變。**共同住宿和共用的起居安排**給予單身人士充滿支持的環境。近期來已出現一些這類的作法，包含市場取向的服務 WeLive 就把目標鎖定在單身人士身上。WeWork是推行日間辦公室租用概念的公司，而WeLive 就是它的姊妹公司，經營地點位在華盛頓特區和曼哈頓，所推行的理念如下：「WeLive 是創新的居住方式，注重社區感及靈活性。我們堅信周遭人群會反映出一己的水準。從可兼作吧檯用的收信室和洗衣間、活動舉辦空間到共享廚房、頂樓區域和浴池，WeLive 都在實體空間安排上講究富有意義的各式人際關係，並藉此顛覆傳統公寓的居住方式。」

這樣的社群空間營造出令人安心而不對人品頭論足的氣氛，讓單身人士可以在面對社會中積久不散的催婚壓力時自我調適。這些地方能吸引有同樣共識的人，不僅是透過洗衣服務和共同用餐來達成，也因為可提供靈活的社交網路，讓人產生歸屬感。我們要特別注意 WeLive 聲明中措辭謹慎的口吻，它說：「在實體空間安排上講究富有意義的各式人際關係」，用語是「富有意義」而非「長期」，而且「各式」表示不限於單一的「互許承諾關係」。

這方面看來，非主流性別（LGBTQ）族群值得細究。像是酷兒（queer）族群必須要面對非異性戀和單身的雙重汙名化。雖然承受著雙重歧視，但非主流性別人士的居住安排和社交習慣相關研究顯示，他們比其他族群更有共同居住的傾向，能獲得性別友善環境的裨益，特別是年紀較大者。這可能是因為非主流性別者較習慣於社會汙名化，比異性戀更不受社會上的催婚壓力影響，而更可能與朋友共同居住。既然已經受到如同異類的對待，他們不如選擇和合得來的人共住，至少能因此獲得多項好處。

再者，置身於有同樣身分認同、面對同樣挑戰，以及更能同理彼此社會處境的人群中，不僅能增加幸福感，也能減少憂鬱的風險。確實，研究顯示身旁有同類朋友的非異性戀者獲得更多社會資源、有更佳的感受。事實上，屬於少數民族和非主流性傾向的年長者，可能會面對三重甚至四重的社會汙名，因此特別可能因身邊有相同認同感的人而受益。由此看來，能找到單身友善環境的單身人士，不僅能享有更多社會資本帶來的好處，還能夠與他人互惠共享以及獲得同理的對待。

四、力抗歧視作風

研究發現結果中出現的第四個策略，是直接起身對抗歧視作法。這個方法對許多少數民族和弱勢性別的人而言並不陌生，他們已經在社會上挺身爭取權利和地位，且獲得許多政府和機構的認同。

相較之下，這點在單身人士群中尚未普及、取得認同。單身人士務必要用具有創意且符合個別情境的方式來對抗歧視作風。羅斯就是這種作法的代表人物，他在《愛爾蘭時報》（Irish Times）中發表以下言論：「有些人會歪著頭、用同情的語氣對我說：『蛤，你還單身呀？』回覆他們時，我也很喜歡用同情的口吻說：『蛤，你還有對象？不能靠自己過活嗎？』他們簡直是否認了我單身生活的價值。」羅斯這麼說不是要攻擊婚姻生活，而是要強調回應時，可以為自己辯駁，指出生活方式不只一種，改變對方的視角。這種回答或許能讓單身人士取得認同，並進一步抵抗社會上的逼婚風氣。

瑞秋又比起羅斯更直截了當，她是四十九歲的離婚婦女，在部落格上發表一篇高聲疾呼的文章，標題是〈單身行動召集令〉：「接受以仰賴婚姻和家庭來支持基本生活的現行體制，可能讓我們都變成行使體制壓迫的幫兇。或許，此時此刻我們已該起身對抗讓社會日益偏離同理心的那些推力，並且發起單身行動：身為單身人士，我們要力爭社會結構中蘊含的社會支持，以好好擔負起支持彼此的責任……。」

我們這些單身人士，比其他人都更瞭解真正的獨立是相互扶持。我們可以利用這項認知來形塑出更富有同理心的社會，並確保數量不斷增加的單身人士能獲得保障，不管他們從事何種職業、年紀大或是小，或是選擇一輩子都單身。

瑞秋希望每個人都能認為自己責無旁貸。如她所言，要是每個人都響應提倡單身人士權利的行動，就沒有人可以詆毀選擇享受不婚自由的人，而認為他們劣於和伴侶廝守的人。

瑞秋不是獨自一人，這種行動呼籲的聲浪日益壯大，但真實的改變還是太稀少。然而，研究顯示，如此運動不僅帶來真正的改變，也能讓參與者獲益並為他們注入力量，就像是其他社會運動所印證的成效。因此，積極抵抗歧視作能建造出社會上的身分認同，並減緩其中所受的阻礙。由此，抗爭是提振單身力量的第一步。

五、提振單身力

第五項策略是，**對自己的單身狀態抱持正面態度**，而非感到受忽視或欠缺魅力，並藉此來增強自己的單身力。這項策略與發展正向的自我觀感有所不同，因為提振單身力不是針對個人的整體，而是自己身為單身人士的「情境」。就此而言，快樂的單身人士正面看待自己的感情狀態，不讓單身事實打亂他們的幸福。

一名從未結過婚的三十四歲女性，以匿名方式在部落格中寫道：「單身是精彩的冒險，尤其你以前從未單身過，或是你原本在生活中一直對單身這件事感到不自在，但忽然領悟到學習自適於單身是能為自己做的最重要的事。」

近年來，研究學者主張在研究單身人士和單身生活的刻板印象時，不應該把單身人士視為一個同質族群，應該要區別出兩個基本類型。第一群是「自願單身人士」，他們對自己的感情狀態滿意，且當前沒有尋求伴侶的打算。另一群是「因故單身」，也就是想要結婚、正在尋求結婚機會的人。當然，有些人可能會在兩群體之間遊走，但兩群體基本上對於自己單身狀態的感受和接受度有所不同。

對於滿足於自身永久或暫時單身的人來說，提振力量很重要，因為他們經常面對最嚴重的社會問題。研究顯示，這類型的單身人士反而比有意找伴的人更容易招來負面觀感，這情形可能出乎大家的意料。尤其，自願單身的人被視為更淒慘孤單，不同於因故單身的人較成熟、懂得交際。這些發現的一項解釋是，自願單身人士抵抗社會普遍的婚姻狂熱，因此引起公憤，而因故單身人士令人同情。

因此，提振單身力不單單關乎對單身自在，也牽涉到重新調整社會的架構以及改變旁人的態度，以帶來更多善意。我在訪談中發現，單身人士如何解讀旁人看法，深深影響是否能克服批判，並對自己單身的狀態及社會處境感到舒適。

採用正面觀感的方式有好幾種。越來越多**書籍和文章**討論如何加強單身勢力，這就是能帶來改變的一種簡單而迅速的方式。雖然也有人提出質疑，但研究顯示提倡正向思考的書籍能對讀者的安適感產生長久的正面效果。

此外，三十九份研究的統合分析顯示，經過正面心理介入後，分別在三個月、六個月後，皆可量測出對主觀安適感發揮了效果。換言之，證據明確顯示提振力量的介入方式，像是**參與課程**、**參加工作坊或是接受諮詢服務**，可以進一步提升單身人士的幸福感，讓他們更能夠面對社會壓力和歧視。

說到這，話題又回到我當時參與的匿名單身聚會。有些單身人士確實想要找對象而嘗試婚姻路線。但其他人，迫切想要找出辦法來對當前情境感到自在。訓練單身人士平靜看待自己婚姻狀態的工作坊難得而少見。所以，很明顯地，我們需要創新且能提供精闢觀點的工作坊來應對許多單身人士迫切的需求。

這類的工作坊能提供什麼內容呢？可以想想專門用來改善和維持婚姻的各式講座。心理學家和教育者可用採用同樣的方式，來發展出照顧到單身生活的工作坊和課程。確實，已經有許多互助團能幫助離婚和喪偶者克服分道揚鑣或是喪親之痛。

但光是走出過去的傷痛還不夠。沒有婚姻的人也能享受新的人生境遇，所以針對剛離婚或喪偶者所舉辦的講座也應該要納入此項目標。同樣地，學校也應該在課程中涵蓋單身生活型態的相關資訊。未來終身不嫁娶的孩子只占一部分，但他們多多少少都會在成年生活中有單身的時刻。瞭解如何過單身生活和應對婚姻狂熱現象，應該要成為人人具備的社交工具之一。

本書談了許多有關快樂單身人士的面向，但本章所提的大概是踏入幸福單身生活的最關鍵步驟。我們所介紹的五個策略分別是**意識**、**正面自我觀感**、**避免負能量**、**抵抗社會歧視作風**，**以及提振單身力**。面對非關個人需求和意志的社會枷鎖時，這些都是不可或缺的脫困方式。一旦能從社會束縛中解放，單身人士就可找到精彩度日的方法，並預備好迎接真正的幸福單身生活。

第 4 章 獨自就寢，與眾同歡

羅曼．波蘭斯基（Roman Polanski）在他所執導的第一部英語片《反撥》（Repulsion）中，探索與世隔絕的單身世界。這部 1965 年上映的驚悚片探索了精神狂亂的世界，刻劃了女主角卡洛．雷杜（Carole Ledoux）的故事，她是在倫敦與姊姊同住的美甲師，她年輕貌美但不喜與人往來，多次拒絕俊俏的英國少年追求，並避免與他發展關係。在姊姊隨男友出外度假時，原本已開始變得神經兮兮的卡洛更是一路陷入瘋癲狀態。這名貌美而與他人隔絕的女性，幻想著每個黑暗的角落都潛伏著加害者。

波蘭斯基以巧妙的方式來並置單身人士和感情的三個世界。第一個世界充滿著無奈的感情關係，包括卡洛姊姊的男友缺乏耐心且不懂察言觀色，卡洛的同事布莉琪也滿口抱怨：「一堆該死的爛男人！他們承諾妳全世界，但卻什麼都給不了。」

導演波蘭斯基特別凸顯出在美容院工作的卡洛，身處於女性要取悅男性的行業，這一行未真正顧及女性自身的慾望。（這點讓波蘭斯基飽受批評，特別是因為他先前與未成年非法性交而遭起訴）。

第二個世界是由拒絕戀愛的人組成。波蘭斯基呈現出人類內心的深層恐懼，也就是對社會和情感上與世隔絕的懼怕。卡洛代表著無人照顧的未婚女性。她並未利用自己的美貌優勢，而是把自己隔絕起來，直到最後悲慘身亡。

第三個世界最常受到影評忽視，也就是有社交互動和單身人士成群作伴的世界。卡洛多次在姊姊公寓望向窗外，看見修女在修道院的庭園中開心地玩傳接球。這種以友誼替代戀愛的社交方式能提供支持和帶給人歡樂，但在本片中未有深入的探索，這點確實符合一九六〇年代的氛圍，當時這種選擇更是在宗教團體的情境外都很陌生。不過，導演對這種替代作法的描繪，卻是最為合理且令人憧憬的人際關係。修女給予彼此情感和社會支持，並在過程中打造了同時牽引著導演波蘭斯基和主角卡洛的堅實結構。

現今，像卡洛這樣不想要伴侶的想法，已不再引發瘋癲的聯想。這部電影問世時，十八歲以上的成年人中，七成二是已婚人士，現在這個數字則大約是五成。不過，社會是如何克服卡洛的驚恐，並讓單身人士得以相互連結、交際往來，仍令人感到不解。

要解開這道謎題，可以先理解現代單身人士採用哪些策略來獨處及面對與人隔絕的恐懼。以下所探討的內容將與社會資本研究一併討論，提供社交活躍度如何嘉惠單身成人的觀點。如此一來，我們可以開始進入卡洛的內心世界，瞭解她觀看修女在庭院玩樂時在想什麼，並藉此思考單身人士要怎麼提升安適感。

獨自一人

乍看之下，每個人都要有伴才能成為社會的一份子，好似社會這個大拼圖的最小單位至少要由兩個人組成。研究顯示，大家認為結婚的一大好處是有人陪伴以及婚姻所帶來的依賴感。因此婚姻被當作是最常見的疫苗，能用來對抗長時間與世隔絕造成的安適感困乏問題。

梅根年過三十，從未結婚。她住在紐約，有份令人景仰的工作。梅根有些朋友及同事和她合得來，也喜歡和她作伴，但每當週日來臨時，她就感到陷入困境而難以自拔。她在部落格中寫道：「長久以來，我很害怕一個人的週日早晨。我醒來後就注意到自己孤單一人而備感焦慮。我渴望有個伴能治療我因厭惡自己所造成的傷痛。我想要有個對象可以共度慵懶的週日早晨。我會幻想早上腦袋還昏昏沉沉時和愛人纏綿、相互依偎，喝喝咖啡或享用早午餐（或喝完咖啡再來吃早午餐），兩人牽手散步，因為熱戀而忘卻宿醉。」。

許多單身人士就像梅根一樣，週末時沒有自己小家庭的陪伴而覺得很不好過。這有兩個主要原因。第一、週末不用工作，因此單身人士有很多空餘時間要找事做。第二、身旁人比較少，沒有同事和客戶來滿足社交互動的需求。因此，有另一半和子女可以一同打發週末的空閒時間，並同時實現他們與人往來的慾望。這些需求未能獲得滿足時，單身人士可能會心情沮喪且感到不適。

莎拉週日時也會遇到同樣困擾，她的文章說到**孤獨引發的焦慮感**，這項眾所皆知的問題在單身人士群中相當普遍。莎拉所居住的社區裡，家家戶戶一同上教堂、一起聚餐或出遊時，她對這種孤獨感越發難耐。莎拉沒有丈夫和小孩，她常不知道自己該不該獨自參與社交及宗教活動。她在文中寫道：

「我坐進車內，想著自己到底有沒有足夠的精神力量讓我能獨自去餐廳吃東西，畢竟週日本來就是適合出外用餐的時候。我想還是在家簡單吃個三明治就好，然後就變換路線回家去。我的眼淚差點就要掉下來，我不斷告訴自己：『沒事、沒事的。上帝有最好的安排，祂一直都在，妳不是孤單一人。別哭、別哭啊！耶穌，救救我吧。』所以我每週都為了要不要上教堂而內心天人交戰。我獨自前往、獨自坐著、獨自離開、獨自用餐。我實在不怎麼喜歡星期日。」

莎拉發現自己獨自一人出門時覺得困窘而悲傷，因此決定回家，結果還是心情低落而孤單難受。有些單身人士就像莎拉一樣，雖然覺得自己也能過活，但遇到某些特定類型的社會交際場合時，就覺得自己格格不入、欠缺價值。許多情形中，這個感受反映出的是社會上的偏見。如同前一章所討論，有充足的證據顯示社會將單身人士視為負擔，或甚至是個威脅。社會觀感認為單身人士比較有暴力傾向、狀態不穩定而需要求助。波蘭斯基描述卡洛故事的驚悚片是部傑作，因為它凸顯出單身人士會因無法獨處而容易發狂的那種深層恐懼。這部電影的結局是卡洛殺了自己的追求者和她姊姊的房東，描繪出獨居生活可能會導致的下場，赤裸裸顯現出最極致的集體恐懼。

除了情緒上的挑戰，單身人士也可能面臨**肢體／物質上的挑戰**，像是在打理家務、丟掉工作或是遇到生病或行動不便的情形。有伴的人，尤其是有子女的，通常讓人覺得在這種情境中較有福氣，因為至親能給一臂之力。失業期間伴侶能在經濟上提供安全網，並在生病或受傷時給予行動、飲食或穿著等方面上的協助。因此，不難理解莎拉在描述孤獨週日一年後，如下的另一個想法。

莎拉繼續描述她獨自居住的難處：「有兩種狀況讓我不喜歡獨居。第一，有東西打不開。某天，我認真考慮是不是要把新買的莎莎醬瓶罐用力摔在磁磚地板上，然後避開玻璃吃。不過，我不能丟女生的臉，所以我用力敲呀轉呀，用上毛巾、撞擊邊緣，好不容易終於成功，不過努力開罐五分鐘就讓我雙手痠得要命。

第二，生病的時候。坦白說，生病時只有一個人真是比什麼都還要糟糕透頂。最悲慘的不是孤獨的感覺，而是你會開始擔心自己可能會因營養不足而死掉，因為光是想到要爬起來、走出比從房間到廁所還要遠的範圍，而且煮東西時還要能聞出食物的味道……反正，實在不是什麼舒服的事。總之我好幾天都沒東西可吃。」

莎拉害怕艱困時期陷入困境，並寫出了像開罐這種日常瑣事所遇到的困難。像這樣需要幫手時可能很令人挫敗，又不能打通緊急電話來請專人開罐子。在沒有人可以在當場提供簡單但必要的協助時，單身人士可能感到極為痛苦無助。尤其是行動或進食的挑戰更為艱難，而且會隨著年紀增長而更頻繁遇到。許多人像莎拉一樣平時能好好應付一人生活，但有時會遇到在基本肢體活動上需要有人能在場協助的問題。其實，讓人想結婚的動力有時不在於有伴的美好幻想，而是害怕一人脆弱無助，而把婚姻當作是身體功能退化時的保險方案。

婚姻能解決問題嗎？

眾人普遍相信婚姻是面對困難時期的安全網。然而，這個想法已受到全盤重新檢視。為了瞭解這點，我們可以做個測試來驗證，也就是調查**身心障礙者**在婚姻中所獲的支持系統堅韌與否。殘障人士自我照護的能力削減，因此大家預期他的至親和好友會挺身相助，而且可能天天都有需要。雖然婚姻理應提供協助，但ＥＳＳ的一份分析報告顯示，三十歲以上的殘障人士中，從未結婚和離婚人士的比例分別是六・三％和七・二％，而有婚姻關係的人只占了三・一％。這些數字呼應了先前長期貫時研究所述，殘障和遭離棄有關。也就是說，需要協助的人其實更可能維持單身，或是失婚後落單。ＥＳＳ調查研究中，已婚和離婚之間的差異特別堪憂，因為身心障礙者遭遇離婚的比例高於常人四十二％。由此可知，雖然大家預期婚姻能在艱困時期發揮保險的作用，但對眾多殘障人士而言實情並非如此。

身心障礙只是弱勢人口中的一例，**失業者**也更可能落單。多項研究顯示，配偶的事業遭逢變故後，離婚的可能性增加。許多已婚人士非但沒感到另一半的支持，而是陷入極大壓力，最終導致婚姻告終。根據推測，失業打亂對收入的預期，因此讓另一半對婚姻的好處改觀，而覺得配偶「價值」降低，聽起來確實殘酷，但也無可奈何。

研究顯示，不僅殘障和失業人士較容易離婚，就算他們的婚姻能繼續走下去，也要由伴侶一肩扛起負擔，因為和外在圈子的聯繫已變得薄弱。有些學者解釋道，社會上期待傳統家庭單位的成員要對其全力付出和給予支持，因此可能讓人把心力轉向小家庭的內部而遠離外面圈子的資源，這個現象又稱為「**婚姻無底洞**」（greedy marriage）。因此，就算兩人維持婚姻，多年來周圍的社會資源乾涸後，也會難以支應負荷。

男性特別容易落入婚姻無底洞，尤其是因為他們結婚後對親朋好友會變得不如以前大方。這點很值得注意，因為研究顯示已婚男性賺的錢比未婚男性還要多。然而，已婚男性對社交圈投注更少資源，因此在遇到困難時，情況更為弱勢而較缺乏經濟和情感上的資源支應。

三十八歲的艾琳諾，回想起在前往長島的火車上遇到一名年紀較大的婦女，她們之間的對話從談到艾琳諾單身未婚開始：

婦人：「噢，不！等妳老了誰來照顧妳？」

艾琳諾：「不確定。那妳年老時誰照顧妳？」

婦人：「我有老公和小孩，他們會照顧我。」

艾琳諾：「妳怎麼知道？」

艾琳諾：「當我反問『妳怎麼知道』時，我想她後悔坐我旁邊了。接著我列出了她年老時也不見得比我更有保障的原因。這樣說吧，世事難料，沒有什麼是萬無一失的。要是每名有丈夫或小孩（或都有）的女性能確保在年老時受愛包圍、受到照顧的話，就真是太圓滿了。可惜，這點很難講……。」

艾琳諾繼續向婦人解釋：「我朋友年邁的嬸嬸是個很有活力的獨身婦女，她前陣子『安詳過世』了。她沒有老公、小孩，但在生命的最後幾週受到愛戴她的親朋好友悉心照顧。我們所需要的莫過於此吧，也就是那些愛我們，且願意也有能力照顧我們的人。」

該婦人認為婚姻是艱困時期的最終保障，艾琳諾對此提出質疑。根據前面所提的統計數據，艾琳諾說的或許沒錯，**遭逢變故時伴侶不一定靠得住，而且伴侶關係可能還會減弱其他可求助的資源**。特別是在傳統不斷受到質疑的現代時期，這種對婚姻的不信任感讓許多人開始發展社群團體，其作用就像家庭一樣，但有時效果反而更好。

人際網支持的個人

家庭曾是個人最大的後盾，但近期來眾人開始轉向**在生活中發展個人社群團體**，這個現象稱為「**人際網所支持的個人主義**」（networked individualism）。這個風潮是來自於個人化、全球單身人口增加以及科技的連結力，以上種種因素讓單身人士能更獨立做出社交安排。尤其是對年輕的單身人士而言，友情在日常生活中的份量增加。有時，傳統上婚姻家庭所提供的情感、社會、物質和經濟援助，已由社群網路所取代。這現象不限於年輕世代，不論年紀大小，單身人士在生活中有父母、兄弟姊妹和朋友的愛與關照，遇到困難時可仰賴他們。確實，單身的中老年人，也開始出現向朋友尋求支持以及自在過單身生活的情況。

回到我們的測試主題：殘障人士的社會境遇可以向人際網所支持的個人主義借鏡。譬如，荷妮單身無子女，她說朋友是她的無障礙支持系統，她在文中寫道：「我很幸運能有親朋好友的優質支持系統，他們在我狀況不好時出手相助。我不良於行又沒有車，需要有人載我到較遠的地方。真的很感激大家都出一份力，在我需要前往某些地方時載我一程。」

荷妮沒有另一半也沒有小孩可以幫助殘疾的她行動，但她有朋友相助。荷妮覺得這個社群的力量非凡，且表示一部份原因是社群規模夠大，因此不會讓負擔都落到同一人身上，而是如文中所說，大家都「出一份力」。單身人士不同於已婚夫妻自然而然尋求婚姻關係內的支援，而是較有餘裕幫助親朋好友，因此也能獲得相應的回報。此外，單身人士的社交生活較為豐富多元，而已婚人士把多數心力都放在與配偶之間的關係。舉例來說，四十七歲的菲爾現居印第安納州，他在訪談中向我說道：「我交友廣闊。我有一群可以時常碰面和往來的人……。最近交際活動很多……。我結交的朋友背景多元，遍及我的不同生活層面，因此我能有很多社交選擇。」

多項研究呼應菲爾所說。**研究發現單身人士較常比有伴者頻繁與人交際，還有幫親友顧小孩、從共享的喜悅中加深彼此的認同感、照顧生活無法自理的人，並從更廣大的社交圈獲得情感、實質或物質上的支持。**

我的統計數據也顯示，沒另一半的人較常與親友互動。受試群體中，從未結婚者的社交表現最活躍，接著是離婚或分居者、喪偶者、同居人，最後才是已婚人士。看來，有伴侶的人忽略外在的交際圈而喜歡待在愛巢之中。相較之下，無論哪類型的單身人士，都更積極發展社交往來關係。

或許有人會反駁道，很多這類研究都只關注特定的時間點，而認為婚姻可能不是減少社會資本的原因。換言之，究竟是已婚人士較可能忽略朋友，還是單身時就容易忽略朋友的人較容易結婚，這點尚未分曉。

然而，近期一份長期貫時研究〈美國全國家庭與家戶調查〉（National Survey of Families and Households，NSFH）支持前者立場。此分析在六年的跨度中，蒐集兩千人對自己與親友關係和社交聚會頻繁度的描述。首次取樣對象都是五十歲以下的單身人士，接著把樣本分為三個組別：依然單身人士、有伴不超過三年者、有伴四到六年者。比較之後，結果一致證明依然單身人士和親友、同儕、鄰居的相處時間較長。而和伴侶共同生活的人中，不論在一起的時間多久，都有淡出社交圈的狀況。這點顯示，社交上的疏離不見得只是步入兩人關係後的短暫效果。

有趣的是，研究顯示近幾十年來婚姻無底洞的狀況更為嚴重。比較一九八〇年和二〇〇〇年的伴侶社交行為時，發現二〇〇〇年的伴侶比一九八〇年的伴侶更少參與各式社交活動，像是拜訪朋友、一起發展嗜好和出遊。與此同時，單身人士反倒對打造人際網絡更駕輕就熟。如此可見，近幾十年來，已婚人士越來越容易面臨孤獨感和社交孤立的風險，而單身人士則是在交際上適應良好甚至成果豐碩。

比較單身人士與有伴者的網際網路使用狀況時，婚姻無底洞的傾向可見一斑。分析顯示，許多單身人士利用科技和網路來與親友聯繫，而有伴者較少這麼做。其他條件不變時，各組別中離婚與分居者最能活用網際網路與親友聯繫（較有伴者多十五％），第二名是從未結婚者（較有伴者多十二％），而喪偶者較落後。

無庸置疑地，**虛擬世界可以輔助人際社群的聯繫和營造**。雖然社群互動和網際網路使用過多會造成心理狀態方面的疑慮，但這些活動能作為與人相聚的管道，提供累積社會資本的機會，包含利用社群網路、與人通訊，或是和同好團體往來。事實上，確切證據顯示，在社群網路上表達孤獨感，能改善眾多單身人士所獲得的社會支助。可見，無伴的現代人更能與人拉近關係、擴展社交圈，並尋得實質和情感上的支持。

單身人士這些適應的過程，加上科技進展，讓我們瞭解為何單身人數持續增加，而單身汙名問題也已有所改善，且因此能讓眾多單身社群興起與繁盛。就連特別重視婚姻和成家價值的宗教群體內，單身社群也開始成長茁壯。以色列的正統猶太教單身人士是個有趣的例子。因為有單身社群，他們能夠體驗年輕成年人和預備好成家之間的階段。因此，即使多數的單身正統猶太教教徒對於找伴和成家有強烈的意願，他們也跟好友產生更深厚的情誼，並且建立未婚單身人士的社群，讓單身時期更加「長久」。目前研究範圍限於由來自傳統及宗教背景的未婚者所形成的社群及交際網路，但如今單身勢力蔚為風潮，可見這些群體會在世界各地持續成長。

這些趨勢讓人不禁想問：有哪些事情是這些新興單身社群所知，但到目前為止研究未囊括在內的？社會資本究竟如何讓單身人士幸福生活？社會資本真的能提升單身人士的幸福感，且是個可以替代婚姻機制的好法子，或只是個差強人意的暫緩之計？

對提升單身生活而言不可或缺的社會資本

所謂社會資本，一般指的是「**促成互惠集體行動的常規和社群**」，這個概念在近幾十年來受到關注，現在研究學者也在探討社會資本和幸福及安適感之間的關聯。多項研究發現，社會資本是能用來直接且穩定預測安適感的指標。其他研究顯示，生活滿意度和參與社團、非政黨團體和非經濟組織之間有高度正相關。年長者由尤是如此，他們社交聯繫程度和自身感受到的社會參與感，也和心理健康有正面關連。

對全球資料的分析也顯示，在於不同國家之間對主觀安適感認定的差異，社會處境變數的影響占了很大一部分。研究也在在顯示，宗教及社會資本（通常以教堂的出席率來估算）也和安適程度相互吻合。最後，我自己所做的跨國研究也證實，受調查的多數歐洲國家中，社會資本多寡和個體自評的幸福感之間呈高度正相關，如同圖五所示。

社會資本不僅僅直接影響個人安適與否，也經由次級因素影響**幸福感**。舉例來說，有些研究學者發現，社會資本提升可強化意識感和肢體訓練，從而加強生活滿意度而改善健康。社會資本也會帶來更多經濟支持及增強應對外在壓力的能力，因而提升個人的安適感。

這些發現結果對單身人士而言重要性非凡。如前詳述，單身人士在社交方面更加活躍，且發展出受人際網支持的個人主義。這讓他們在幸福與安適感上多取得優勢，包含直接支持或間接的機制，像是對健康體態的意識和經濟方面的人脈。

四十歲的安娜未婚，居住在倫敦，她發表以下文章內容：「能夠邀請朋友來訪是件很棒的事，因為我決定不要被定型為『孤僻人』，也希望把我的住處當作是社

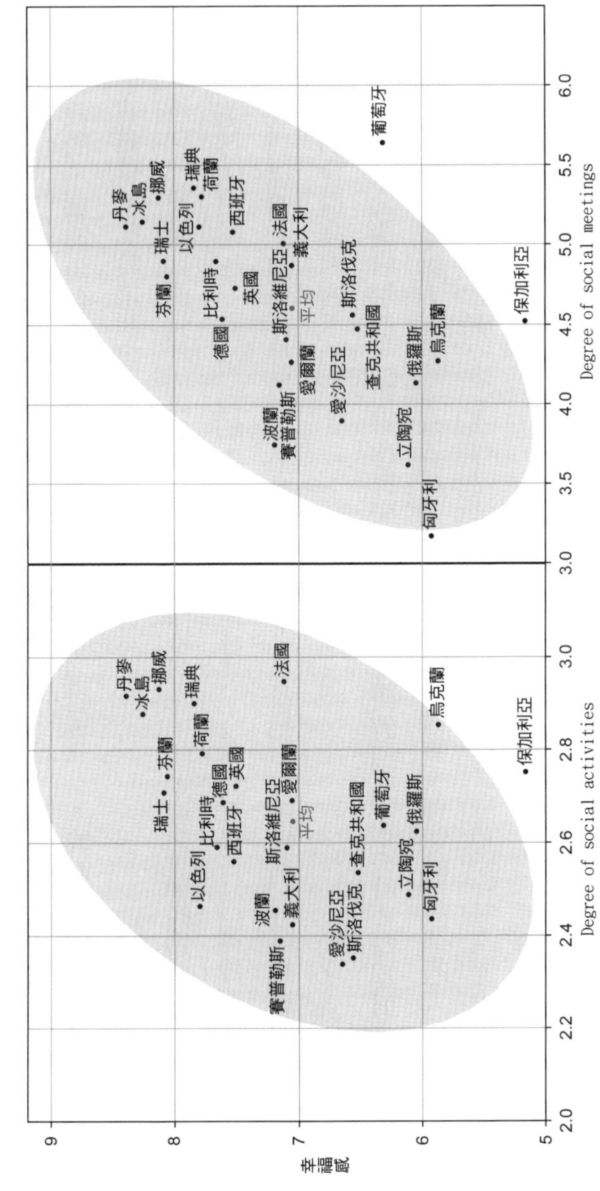

圖五：各國幸福感與社交聚會及社交活動之關聯，針對三十歲以上人口之調查

來源：取自 ESS。

備註：灰色橢圓形表示九十五%信心水準區間。

交小天地，伴隨著音樂、流淌著美酒。我希望我所愛的人可以自在地前來看看我，因為我的小居所不是什麼要敬而遠之的神壇，或是我一人躲藏用的蠶繭。這是我家，我希望它反映出我這個人的風格。

所以，要是你遇到我或是像我這樣的獨居女性，請不要認為我們是身不由己而別無選擇的可憐蟲，我做過調查，像我們這樣的人多數都是自己選擇要如此生活的！我們快樂、獨立且自由……。歡迎你來看看我們，帶點酒來跟我們閒話家常吧，我們會很高興的！」

安娜享受獨居生活，但也注重朋友，因此邀請他們共享生活。她知道一般人對單身人士有所誤解，而堅決表示自己這樣生活很快樂。像安娜這樣的人更常和朋友、兄弟姊妹、父母及各社群的成員聯繫，因此能得益於這些社交或家族圈子的情緒和實質支持。

另外，單身人士不僅因和身旁的人感情較緊密而快樂，也在面對逆境時有更多的**韌性**。舉例來說，雖然離婚對心理健康有負面影響，但離婚的人（特別是因為現在風氣比過往自由）要是能善用有效的交際網，就能降低離婚和分居所蒙受的汙名和社會處境。離婚者在處理婚後的經濟和情緒挑戰，不需要感到被孤立和拋棄，而是能在社群網路中與人分享而減輕負擔、得到建議，或甚至認識新朋友且空閒期間能一起出遊。確實，近期研究顯示，這類的社交網路能夠提升離婚者的安適和幸福感。

單親家長也能從親朋好友的支持中得到幫助。事實上，和更廣大的社交圈聯繫對單親家長特別有用，因為他們能找到其他單親家長來共同分擔育兒的責任。現在不像過去那麼看重雙親家庭形式，所以單親家長更能在社會上適應良好，因而發展出多元的社交網路來支持他們撫養子女。

賈琪，三十二歲，她強調自己成為單身媽媽所獲的支持會比從伴侶身上來的多，她說：「其實我不太用『單親家長』這個詞，因為我覺得那樣講會有種孤獨的感覺，但那樣常不符合實情。我有很多親朋好友，因此很少有一時半刻感到孤伶伶一人。事實上，我雖然要獨自養小孩，但我覺得自己獲得的支持會比我有伴還要多。」對賈琪而言，她從旁人取得的支持不只是來自物質層面，而是更深層的情感方面，所以她鮮少感到孤獨。

我對ＥＳＳ的統計分析證實了賈琪的說法。**社會資本是提升單身人士安適感的重要因素，能補足和有伴者之間的「幸福感差距」**。為了徹底瞭解這項重大發現，我們要記住單身與已婚人士之間的基本幸福及安適感差距。在零至十分制的評測中，兩者差距通常不到一分，大約是〇．七分，但要是計入先驗推斷之擇選機制的話，實際數字會更小，也就是說，如前幾章節所提，會結婚的人本來就較快樂的可能性較高。一項貫時研究採用〇至十分制的類似量測方式，結果發現這樣的擇選效應會造成已婚和從未結婚的群體之間，對生活的滿意度已有〇．三分的差距。這表示，最終結婚的人，多年前就比較快樂。因此結婚對於提升安適感的效果，只有〇．四分左右。況且，如先前所述，這項領先優勢在兩年的「蜜月期」過後，也會減低到原本的基準線，因此長期來看結婚的優勢更微小。

有鑑於這個〇．四分的差距，我在分析時考量了國家以及個人差異，包含年齡、性別、教育和收入之後，結果顯示社交活動（如：社區志工）和社交聚會（與朋友外出）對幸福感有高度的正面效果，可拉高幸福感〇．八到〇．九分。此外，這些結果與其他增強單身人士幸福感的因素相互獨立，這些因素像是健康的生活型態、有意義感的工作，以及後物質時代的價值，下一章中會再詳述。

從研究結果中所下的第一個結論是，**比有伴者更積極社交的單身人士，可在幸福指數的表現上超越有伴者**。全力參與社交聚會和活動的單身男女，在〇至十分制的幸福感評分可超過已婚人士一到兩個標準差，也就是幾乎高一分。雖然這個差異聽起來相當小，但它讓這些單身人士在總單身人士群的幸福及安適感評比上，躍升至前二十%或甚至前十%。換言之，單身人士參與社交可以顯著且長久地提升幸福及安適感，而實際上許多人已嘗到這種好處。如此一來，雖然單身人士因各項因素而在幸福感的基準較低，像是歧視政策、福利規則偏袒夫妻以及婚姻的擇選機制（快樂的人較可能選擇結婚），但他們也能輕鬆克服這些劣勢。

但接下來要提出第二個較為複雜的問題：既然單身人士較有伴者會運用社會資本來提升幸福和安適感，那麼社交互動在單身人士中增進幸福的「效率」是否更高？也就是說，「相似程度」的社交互動對已婚和未婚者的影響狀況是否有所差異？每次的社交互動中，單身人士獲益是否較多？

答案是「沒錯」！我的研究顯示，**相較於同居人和已婚人士，社會資本對單身人士的幸福感影響更為深厚**。單身人士在社交上更活躍能縮短「安適感落差」，而且在有些項目的計算上，單身人士社交互動程度與有伴者相同時，卻能得取更多幸福感。以下舉五個人物來說明：第一位已婚，第二位與人同居，第三位從未結婚，第四位離了婚，第五位伴侶離世。他們的年齡、教育背景、收入等狀況都相同。要是五人都在社交方面很活躍，在社區中擔任志工、參與社團等等。最後三名單身人士，能比已婚和同居者多獲得約莫〇．五分的幸福感。換言之，社交程度能大幅提升單身人士的安適感，且能夠比有伴者來的多，即使除婚姻狀態外其餘條件都相仿。由此看來，單身人士運用社交來獲得支持及建立安全網更有效率。

這項發現結果和我多場訪談取得的論點相符。譬如，四十九歲的戴夫，來自喬治亞州雅典城（Athens），他告訴我他在離婚後，從五花八門的社交活動中得益，他說：「我加入排球社、騎單車、游泳、參加合唱團、上教堂，我用各種方式參與社群活動。」戴夫說這些多樣的社交活動讓他生活充實，並且維持熱忱和活力。這麼做主要是讓他離婚後保持活躍和多與人往來，而不是要找潛在對象。我問過他目的是這兩種之中的哪一種，他很肯定地說是第一種，他說：「這是多多認識人的好方法，別無其他。」

研究進一步比較不同婚姻狀態的人，分析社交聚會（非正式社會資本），以及社交活動（正式社交資本）帶給他們的幸福感差異，結果發現社交活動效果較好。單身人士不論男女，都能從正式的社交活動中獲得明顯較高的幸福感，像是社交社團和志工服務，更勝於非正式的社交活動，像是拜訪親友。不過，單身人士都能從這兩類型的社會資本中獲益，且其效率高於已婚人士。

為何社會資本對單身人士的安適感極為重要？

針對先前討論的證據，我必須要做些說明。單身人士如何使用社交互動來提升安適感，以及為什麼？還有更重要的是，什麼因素讓單身人士從社會資本的獲益「高於」有伴者？訪談單身人士以及分析單身人士的文章和部落格，我找到五個解釋，請聽我娓娓道來。

首先，**單身人士能從社會資本中獲得較多的幸福感，是因為他們接觸更多元的人，並參與各式活動**。如同我先前引述菲爾的話：「我結交的朋友背景多元，遍及我的不同生活層面。」擁有這樣廣大的人際網，單身人士遇到各種情境時能獲得支持，且在迫切需求時，作用更有效率且能涵蓋範圍較廣。

此外，**單身人士比有伴者能有更多類型的談心對象，尤其是因為單身人士的談心對象較常包含親戚以外的人。**他們在成年生活中較可能和兄弟姊妹往來，以及和朋友培養出富有意義的關係而提升幸福感，因此讓結交的對象更多元。單身人士能談心的對象較多元，因此能建立比有伴者更穩固的核心交際網，並減少孤立感。艾格妮絲是四十三歲的離婚婦女，來自威斯康辛州，她告訴我：「我朋友很多，我投入很多心力在友情上，我向他們請教問題，他們也會尋求我的支持和協助，所以狀況很棒。」確實，根據一項研究，堅實而寬廣的交際網和情緒安適與否有正向關聯。

數名研究學者描述多種單身人士的社交互動方式，包含參與社團和組織的活動、在社區庭園工作和一同養育孩子。快樂的單身人士會參與不同社交圈，運用不同的社交機會來提升幸福感。有些單身人士積極增添交際社群的多樣性，有些則是因為沒伴而能用開放的態度來多認識人，自然而然就發展出這樣的社群網路。

三十多歲的女性艾爾希從未結婚，住在紐約，她寫道以下的趣事：

「假日時節也就是單身人士最容易按捺不住寂寞的時刻。雖然不是每個人都想要成雙成對，但我們希望也能成為慶祝的一員。而且像我們這些單身的人，有時會在明示暗示之下被充滿手勾手夫妻的家族圈排擠……。

水晶球落下、完成跨年倒數時，我竟不覺得自己是多餘的，而是能融入乾杯、相互擁抱的圈子中，感到又驚又喜。接著我們做了我以前從未嘗試過的事。我們跑上頂樓，聽到另一戶也在開頂樓派對，於是我們對這些陌生人隔空大喊新年祝賀。安靜了一兩秒鐘後，也聽到他們回應喊道：『新年快樂！』

二〇一〇年，我想要記住這樣的領悟，也就是人生應該要正視彼此之間同樣身為人的處境，把自我擴展到其他人，而不是讓所有互動都只圍繞在婚姻和小家庭的這種人為界線。我想要好好記住雖然我單身，但不是孤單一個人。世上有數百萬個人類同伴都和我有相同的渴望、恐懼、掙扎和確幸。」

以前除夕是艾爾希最容易受孤獨感困擾的時候，但這回她和一群好友相互關懷並共同歡慶，接著她與另一群人接觸，開啟新的社交互動機會。她對這樣的持續進展非常滿意，也感覺參與了一個群體。雖然單身，但她堅決表示不感到孤伶伶。

不過，社會上的聯繫感並不侷限於新年前夕同慶。我遇過對生活感到滿意的單身人士，也較可能會打造自己的社交網路，並在民間組織和慈善團體擔任志工，以在社區中貢獻一己之力。也就是說，快樂的單身人士會把時間用來對他人慷慨付出，就像是前面所提的戴夫受訪例子。

社會資本之所以對提升單身人士幸福感特別有效的第二個解釋，在於**單身人士建立交際網時很有彈性**。研究學者發現，相較於伴侶傾向參與單調而符合社會期望的社交活動，單身人士越來越能依照自己的需求來進行社交安排，並同時保留彈性且對變化抱持開放態度。貝律・衛爾曼（Barry Wellman）解釋「人際網所支持的個人主義」一詞的意涵時，他主張個人交際網比家戶更能夠應變，因此成為更有效的重大支援來源。

單身人士在安排這些帶來支持力量的交際網時，會有意無意地依照個人特定需求來排定，而有伴者較常受到婚姻關係限制所侷限。因此，這樣的適應能力能讓社會資本更加提升單身人士的幸福感。

七十五歲來自蘇格蘭的肯尼斯，從未結過婚。他說：「單身人士之間的夥伴情誼讓我很快樂……。幾年前，我和朋友一起在紐約市外的林地裡租借一間夏日住屋，我們一起做些蠢事，玩得很盡興。這麼說吧，和人約會感覺還行，但我真的很喜歡和這群好友聚在一起，有他們就夠了！所以我覺得只要有夠多朋友，其實不需要有伴侶。有個朋友有艘船，另一個是會和我一起打網球。這樣滿自由的，我很喜歡能隨時認識新朋友的那種新鮮感。」

單身人士較能運用社會資本的第三個解釋，是**單身人士更關注社交關係，並將其放在生活的重心**。這點呼應了婚姻無底洞的論點。伴侶會把焦點轉至婚姻內，而單身人士更看重廣大的親朋好友圈子。因此，單身人士對社交圈的高度重視能帶給他們更多收穫。居住在巴黎的五十多歲離婚男子菲利普向我說：「可以把他們當作是一群不牽涉感情或戀愛的夥伴，有任何事都可以包在他們身上。」菲利普和其他眾多單身人士著重社會資本，因此能把資本發展到可以提升幸福感的程度。相較之下，伴侶把婚姻當做生活重心時，就限縮了支持力量的可能性，甚至可能會造成心理困擾，尤其是年老者的情況特別明顯，原因可參考第二章的解釋。

單身人士在社會資本上的第四項優勢有關於**現代科技服務的使用，這些服務讓單身人士社會資本的運用效率更高**。源源不絕的線上服務、科技和鎖定單身人士的媒體提供額外的支持力量，較少已婚人士能善用這點。如先前所述，我的統計分析顯示，單身人士較有伴者較常使用科技來進行社會交際。我做的訪談和分析的部落格顯示，單身人士也會運用科技來提升社會資本的效率。還記得戈登和薇薇安嗎？他們倆在一篇網路文章的評論區相識，接著繼續在 Facebook 上相互聯繫，或許還會用網路來約實際見面。最近，Facebook 上的單身勢力崛起，況且我找到這麼多單身人士用部落格發表對單身看法，這不外乎體現了科技讓單身人士表達自我和找到互享心得對象的事實。

二〇一七年，《每日電訊報》（The Telegraph）發表一篇名為「今年情人節給單身人士的十二個非約會應用程式」的文章。其中一款叫做 Tourlina，這是專為獨自旅遊的女性所設計，讓使用者找到同區域也規劃出遊的其他女性。另一款是 Meetup，可用來聯繫其他單身同好。這個清單還有許多推薦的程式，而且還沒計入 WhatsApp、Facebook、Instagram 等等。可見，科技能隨時快速聯繫單身人士，且把範圍擴展到前所未見的規模。

第五個，也就是最後一項單身使用社會資本的優勢，涉及了近期的市場發展情勢。**市場因應單身勢力崛起，因此針對單身人士提供了各項新產品、服務和居住安排，像是社區型公寓住宅的社群空間**。這樣的空間中，住戶可以和更多人結識或成為好友。鎖定單身市場的社交活動、退休住宅和辦活動的團體，也讓單身人士更容易與人聯繫。相較之下，已婚人士因為並非這些新式服務的目標客群，在這個新興產業於社會連結上產生漣漪效應時，未能置身其中而獲益。

總而言之，單身人士較有伴者更能運用社會資本，因為他們的社交人際網更多樣而彈性、精細而高效，且社會資本對單身人士幸福感的重要程度相對較高。先撇開對社會資本的解讀細節，我們可知它是用以理解現代單身人士如何提升幸福感的關鍵。

一九六〇年代，卡洛只能眼巴巴看著近在眼前的修女成群地歡樂玩傳接球。今日，在同樣的情境下，卡洛可能獲邀參與各式各樣的社交活動和場合。一旦破除待在住家的枷鎖，並免除在職場上聽著沒完沒了的感情抱怨，卡洛可以大步邁出，參與豐富的社交團體，不需要時時坐在邊邊角角、服膺宗教教義和限制，也不用成為只能遠觀的局外人。Facebook、Meetup、Tourlina 等數不清的社群網站，都鼓勵卡洛這樣的單身人士不用在找伴的前提下踏入社會交際的世界。

有越來越多連通人際關係的管道，供日益壯大的單身人士群取用，也就是那些如卡洛一樣「擁有單身魂的人」，意即自己想要維持單身。如先前提到的安娜所說：「請不要認為我們是身不由己而別無選擇的可憐蟲，我做過調查，像我們這樣的人多數都是自己選擇要如此生活的！我們快樂、獨立且自由……。歡迎你來看看我們。」

看來，這新興類型的單身人士特別能充分使用社會資本，因為他們並不打算要結婚或是從未來的伴侶身上尋求支持力量。恰恰相反，如同我下一章會繼續討論到的，他們珍視自由、創造力和新鮮體驗。這些價值所反映出的是一股新興而迅速擴大的單身勢力，這些人不想與人同床共枕，但越來越重視與眾同歡。

第 5 章　在後物質主義世界裡單身

邀請函裝飾得很漂亮，非常喜氣洋洋。這一定會是場令人難忘的婚禮。有些人會在婚禮上邀請親朋好友，但也有些人選擇獨自慶祝。新人興奮不已並且盛裝打扮，只是到時候身邊不會站著另一半——因為他們是要和自己結婚。

雖然還不流行，但**自婚**（self-marriage）運動正在興起。在京都，你可以找到旅行社推出鎖定單身人士的兩天自婚套裝行程。這種行程據說要價兩千五百元美金，包含禮服、捧花、妝髮設計、豪華轎車接送以及一本紀念相冊。這類型的服務正在美國、東亞和歐洲逐漸風行。如果你不想要整套的儀式也不用擔心，你可以在網路上找到自婚的套裝方案和型錄指南。

自婚也開始吸引媒體關注。在二〇一〇年的美國電視劇《歡樂合唱團》（Glee）裡，蘇・席維斯特（Sue Sylvester）決定跟隨《慾望城市》裡凱莉（Carrie）的腳步，和自己結婚——凱莉這麼做是為了在結婚禮物登記單上加上她缺少的一雙馬諾洛布拉尼克（Manolo Blahnik）鞋。

這些儀式理所當然具備相當的戲劇色彩和高度爭議性，卻也傳達出全世界越來越多年輕人共享的一套價值觀——即個人主義（individualistic）和後物質主義的價值觀。史丹佛畢業，二十二年前就和自己結婚的婚禮顧問多明尼克・猶勘帕斯（Dominique Youkhehpaz），目前正經營網站Selfmarriageceremonies.com。她用鼻環紀念自婚紀念日，因為這樣可以「每天都呼吸著自己的誓言」。網站首頁這麼形容自婚的原則：

「自婚是一種意味深長的儀式，象徵著一個人成為整體，自我信任、負責並解放，從自身尋求愛的源頭。這是一個轉化的儀式，宣告內心真正的你，讓大家知道你已經準備好活出所有內在潛能。這是一個承諾，你保證將完全展現和榮耀自己與生俱來天賦和生命中獲得的祝福。這是一種自由，象徵你將真正和內在最深處的價值結合共生。無論如何，這是一種對愛的獻身。」

這個宣言呼召全世界的單身人士成為真我、自我表達且獨立自主。雖然聽起來有點像陳腔濫調，但正是這些價值，在過去幾世紀以來，部分構成了人類社會發生中的主要轉型。自婚，只是其中一個基本卻核心的例子：**從對某人負責轉變為自我獨立，從服從轉變為自我表達**。這不只是一個口號，而是世界各地正在紛紛出現的改變。從已開發國家開始風行到開發中國家，這個現象展現了從聚焦在社會整體（進一步分化為視為工作和生產功能單元（functional units）的家庭）轉變為支持個人的志向和抱負。

這樣的變遷，影響了我們在日常生活中，如何思考每個社會和人際功能。一旦社會結構的基石在此處發揮重要作用，家庭的重要性就發生了改變。婚姻和生育以外的志向，對很多人來說已經成為人生的重點目標，形塑了理論家口中的後物質主義時期。

我們可以藉著抽絲剝繭後物質主義時期的轉變；探索獨立自由的新價值是如何增加單身人士的福祉，來檢視並挑戰認為後物質主義價值會破壞幸福的論述。事實上，我的分析恰恰相反，至少對單身人士來說是如此。透過探討個人主義和後物質主義的價值系統如何使單身人士的生活更多采多姿，本章節提供如何在當今社會快樂單身的其中一個解方。

後物質主義時代

後物質主義這個詞，最早出現在美國社會科學家羅納德．英格爾哈特（Ronald Inglehart）的著作《沉默革命：西方公眾變遷中的價值和政治風格》（The Silent Revolution: Changing Values and Political Styles among Western Publics）。根據英格爾哈特的觀察，到七〇年代為止，物質主義的相關價值：如人身安全和經濟成長普遍受到優先重視。在大蕭條、兩次世界大戰和冷戰時期這些人們印象深刻，造成普世不安和不穩定感的事件中，更能證實這樣的論述。

然而，到了七〇年代，一場沉默的革命展開，特別在西方國家，公眾的優先價值納入了高生活品質。後物質主義者開始強調以創意、環保、言論自由和人權的重要性。這類運動展現了從求生至上時期到安全無虞年代的轉變。經濟欣欣向榮、新簽訂的和平協議和迅速發展的社會福利體系，產生了世代間的價值觀變遷。重要的運動如提倡公平貿易、普世參政權和環境正義應運而生，並漸漸改變了政治和文化的社會型態。

如第一章所述，從物質主義到後物質主義的轉變，鼓勵許多人擁抱個人主義和獨立自主的精神，並開始考慮獨自生活的可能性。在戰火肆虐和生活貧困的記憶變得遙遠，經濟發展和購買力平價（purchasing parity）逐漸上升的年代，個人顯得不必要為了尋求安全和慰藉去組織家庭。經濟大蕭條和世界大戰時出生的孩童，因為遭遇物質困頓，嚮往秩序、經濟穩定和軍事力量；後起的二十世紀世代，追求的則是**自我表達**、**玩樂**、**自由和創意**。當前者為了穩定家庭生計奔波、早婚或盡力維持婚姻；後者已經逐漸偏離傳統的家庭價值，許多人決定用單身（go solo），表達自己的後物質主義價值觀。

婚姻的去制度化（deinstitutionalization）可以分成兩階段。第一階段：**婚姻的角色從實現社會期待和維持生存擴大為提供陪伴**。第二階段：**個人選擇和自我發展的重要性增加**，必須犧牲制度下的婚姻關係。

有趣的是，這兩階段發展早在一九四〇和五〇年代就已經被心理學家亞伯拉罕．馬斯洛（Abraham Maslow）預測到。

他在以人類需求（human needs）為主題的學術著作中指出，人們只有在物質跟生理需求被滿足後，才會重視其他需求：首先是愛與歸屬感；接著是自尊和自我實現。從這個脈絡上理解，婚姻的去制度化精準展現了從物質主義到後物質主義的焦點轉移，以及人類需求的階梯式爬升。

後物質主義年代的單身女性

女性解放和女性主義是體現後物質主義價值觀革命的一個主要運動，特別是女性對自我實現的渴望崛起大大撼動了婚姻制度。第二波女性主義風潮（the second-wave feminism）強調的後物質主義價值：自由和自主，使個人主義成為討論焦點。從六〇年代的美國開始，最終擴散到整個西方世界，至今仍持續發揮影響力。

然而，只有到九〇年代早期第三波女性主義（third wave of feminism）興起時，才真正解放了單身女性，並重新建構性別角色。和聚焦在女性法律地位，但仍將女性視為家庭成員一部份的第一波女性主義（the first wave）；以及賦權給女性，但仍然不脫家庭脈絡的第二波女性主義相反；第三波女性主義真正允許婦女能夠以自己想要的方式生活，挑戰婦女在家庭、性和職場的角色定位。這些變遷中的價值解放了女性，促成她們在婚姻外的自我成長。

居住在紐約，現年三十五歲的梅莉莎（Melissa）寫道：「過去十年，我從他人手中奪回了追求夢想的快樂和特權。不再追求伊利諾州和德拉瓦州鎂光燈下名氣的我，在雪梨住了五個月，過著美好的澳洲生活。我很享受這種無牽無掛的自由。」

梅莉莎在他的部落格中寫著，單身讓她能環遊世界、走遍異地體驗生活。如果和某人產生連結，可能會讓這一切變得困難。的確，帶著一個伴侶意味著要考量他／她的需求、工作條件、簽證問題、家族關係和語言文化障礙。不論真正的理由是什麼，單身增加了梅莉莎的機動性，她覺得自己很幸運。

然而，這樣的自由不是在每個國家脈絡底下都能被接受、允許或成為主流。有一些地方的女性，甚至還在物質主義過渡到後物質主義的相當早期階段。她們冒著生命危險去展現創意和自我實現。

例如二〇一二年《紐約時報》刊出一篇關於喀布爾地下文學組織米爾曼巴赫爾（Mirman Baheer）的報導。這個組織是由拒絕早婚或抵抗強迫婚姻的阿富汗女性組成，她們用自我教育和寫作作為反抗。她們將成員札米娜（Zarmina）的故事告訴記者，這個故事在組織中揮之不去。札米娜住在喀布爾郊外，因此不能隨心所欲參加聚會。但幾乎是每個星期，札米娜都會偷偷透過電話朗誦自己的詩給大家聽。當她的兄弟發現這件事，他們毒打她。她的雙親接著自作主張要將她嫁出去，她拒絕了，並且自殺。這個悲劇性的結局，是她對雙親、家族和社會最大限度的反抗。

放在喀布爾變遷中的社會背景下來看，札米娜的悲劇是後物質主義價值如何結合女性自我發展和自我實現，進而促成激烈反抗的典範。這樣的進程也影響了婚姻的模式。如第一章所言，全世界的女性都越來越關注在婚前發展職涯和完成學位，因此延後組成家庭的時間也延長了單身時期。

女性的解放也從婚姻延伸到是否要成為母親的決定。增加的**職場資源**被認為和女性延後或避免生育小孩有關聯。一名三十九歲的匿名加拿大部落客這麼寫著：「在生育上我是很矛盾的……我喜歡有自己的空間、時間和寧靜，我是個非常自私的人，不過我覺得這樣很好。」像這樣的「告白」越來越普遍且能被社會接受，顯示出個人主義價值的崛起。一個鼓勵女性在專業和學術上精進、兩性更加平等的社會，也會降低女性感受到的，必須結婚生子的壓力。

許多主流媒體例如英國廣播公司（BBC）、《賀芬頓郵報》（the Huffinton Post）、《衛報》（The Guardian）等，都刊出過和這個現象相關的報導。最近一個對後悔生育的媽媽進行的訪談研究吸引了廣大注意。無獨有偶地，《媽媽的幸福謊言：後悔成為母親》（The mother bliss Lie: Regretting Motherhood）這本書變得暢銷，特別是在德國這個經歷結婚和生育率的急遽下降的國家，這類書籍的暴增顯示，不生育的決定變得普遍和主流。這些想法的主流化，給予許多女性可以不用顧慮婚姻或家庭生活，展現事業心和冒險精神的自由。

後物質主義者的呼聲：我想要一個人

女性發展並不是後物質主義的唯一體現。後物質主義價值像**創意、嘗試新事物、自我實現**，對男性也同等重要。其中一個論點是，**當人們感到安全，就會渴望發出獨特的呼聲並實現自我潛能**。這導致許多人放棄了家庭生活。

一名三十一歲的匿名部落客寫道：「為了能夠走向世界，讓自己變得活躍、積極、有創意和野心勃勃，我需要這種深層的個人神聖時間，而且需要很多。對我來說，處在一段關係需要許多個人時間的妥協。在和某人發展關係意味著要把所有空閒時間給對方的期待下，原本的個人時間都不見了……這對我來說很困難，在過去幾段關係中，我都沒能擁有像單身時，既私密又寧靜的反思時間。」

像這樣的陳述，已經不只關注獨自出國旅行的自由：取而代之的是對創造力和主動性的渴望，想要嘗試新鮮事、想要實現特定抱負。並且假設伴侶關係可能會阻礙人們前進、專注在自己的目標上。

在一段訪談裡，現年三十四歲居住在德國的安傑洛（Angelo）在談到單身時提到類似的詞彙。對他來說，自我表達可以用在性方面，他強調：「單身就是可以在任何我覺得可行且有好處的脈絡下，在性裡面表現自我，在情感上歡迎且對所有我在乎、在意的人開放。對某人許下承諾會讓我沒辦法自在表達。」

安傑洛、梅莉莎還有另外兩位匿名的部落客並不孤單。我的分析資料顯示，已婚人士的價值觀和單身人士並不相同。已婚人士在多種後物質主義量表的平均得分較其他人口低，其中包含在意享樂、自由、創意和嘗試新事物的程度——在數據上和教育程度、健康、財富、世俗主義和社交活動成正比的指標。

同居者和離婚者在這些指標上得分都較高，單身且未婚者則比較多樣：他們重視享樂和自由，卻在創意和嘗試新事物的得分上和已婚人士相近。（雖然如前面章節所述，這個群體可能跟想要結婚、卻非自願單身人士比較接近。）鰥寡者比起已婚人士更重視自由，卻更不在意享樂、創意和嘗試新事物。

採取後物質主義價值觀的人，和延後或抗拒婚姻的人之間的關聯變得明顯。這個普遍現象在第一章已經有完善的敘述。後物質主義的興起和婚姻的衰退不只是巧合而已，前者需要為後者的惡化負責，因為它正透過各種方式和機制，如個人主義、資本主義、女性自我實現甚至都市化促成這樣的情形。然而，我們的中心命題是：比起已婚人士，這些後物質主義的單身人士是否比較快樂？再和不認同後物質主義的單身人士相比呢？

後物質主義讓單身人士更快樂嗎？

雖然單身人士顯然比較認同後物質主義的價值觀，仍有許多人質疑這麼做的他們，是否擁有比較高的生活滿意度和幸福？再者，對這種價值觀的極端實踐如自婚的批評很普遍。例如，二〇一四年的流行線上雜誌《每日野獸》（Daily Beast）刊出一篇關於自婚的動人作品，卻招來記者湯姆．提曼（Tim Teeman）的批評：「自婚是一種終極的自戀行為產物，自私……這是個玩笑，且一點都不好笑。跟自己結婚對單身人士而言不是尋求肯定和安全感的解方，這是鋌而走險……這類儀式根本沒有賦權的作用，也不是什麼偉大的女性主義或個人主義論述——只是一個相當可悲又虛假的象徵手法。」

提曼尖銳的批評暗示單身明明是不得已的選項，自婚卻把它當成一種選擇、甚至是慶祝的理由，這是絕對不能被接受的。這種批評的結論很直觀：選擇單身且採用個人主義價值觀是自私、鋌而走險且可悲的。提曼，曾得到二〇一六年全國女同性戀和同性戀記者協會（NLGJA，和LGBTQ報導者有關的組織）年度採訪獎和記者獎，卻堅信著對其他少數族群共享價值的刻板印象，延續對單身群體的負面詮釋，將他們形容為不成熟、自我中心且不快樂的人們。

儘管自婚遭受提曼批評，這番論戰的答案仍然可以從實證研究中找到。有意識選擇單身並用儀式實踐的人們，是否比已婚人士更快樂？這些自婚儀式是全然虛假的嗎？總的來說，這個實踐個人主義和獨立自主價值觀的新世代單身人士真的可憐嗎？

試著找到這些問題的潛在答案以前，我們必須先看看以下四個認定後物質主義價值觀單身人士並不快樂的不實論述。第一個論點認為，**抱著後物質主義價值觀像是自由、享樂者，不一定會比較快樂**。事實上，看重自由會導致快樂更少而非更多。這個邏輯在資本主義的論述中顯而易見。有些人以一九九〇到二〇〇〇年資本主義崛起的中國為例，認為更多的自由反導致倒退的幸福水準。且在一九九〇年代，部分西方國家由共產主義走向市場經濟時，也觀察到同樣的現象。相關研究認為是因為自由帶來了更多的競爭、壓力和不平等。也出現了認為單身人士可能會被自己的單身生活的恆常不穩定性所吞噬的論述。單身的自由可能與無情、追求新事物，最終一無所有的人群連結在一起。

第二個認為後物質主義並不必然帶來快樂的論述指出，**即使單身人士設法克服沒有結婚帶來的經濟、心理、行為上的難處，和隨著自由和不確定性而來的重擔，這些人依然要面臨更多的差別待遇**。事實上，追求單身或珍惜個人自由的人們，確實更常遭受歧視。如第三章所討論，即使到了現在，單身仍然被社會制度或其他人視為負面。研究顯示，滿意自己的單身狀態或自願選擇單身的人，比起不滿單身狀態或渴望脫單的人，招致更多負面觀感。第三章提到，自願選擇單身的人，常被視為對抗主流社會的叛逆分子，並因此遭致批評，而不得已單身的人們，則被視為不幸的例子，在找尋靈魂伴侶上需要被幫助。有鑑於此，抱著後物質主義價值觀的人們是在逆流而上，面對著更加嚴苛的社會排斥（social exclusion）。

第三，許多人認為，**堅持後物質主義價值觀並選擇單身，會造成經濟、心理、行為、生理上的巨大負面成本**。例如有一個研究宣稱年輕人只是完全忽略了婚姻的益處，而後物質主義價值觀引導他們不婚，實際上卻是在破壞他們的幸福。的確，有證據顯示已婚人士在經濟，及似乎在生理、心理層面都獲得相當程度的正向改善。因此，那些相信單身會在經濟、生理及心理層面處於劣勢的人，就只是因為他們本身更可能維持較長的單身狀態、更難期望能克服這些似乎會永遠存在的不利因素而已。假設某人因為單身而要付出較高額的房租（因為沒辦法和另一半分攤費用），那麼對於經濟壓力的感受就會變得巨大，這樣的情況似乎沒有轉圜的可能。

第四個是根據馬斯洛理論延伸出的觀點，他們認為**抱持後物質主義價值的單身人士很可能會苦於需求不平衡**。雖然提倡有失（例如：一段穩定的關係）必有得（例如：自我實現）的論點似乎有道理，且看起來是很公平的交換。但馬斯洛的理論視這樣的交易為不可能成立，因為自我實現位在需求金字塔裡最高層，並非犧牲較低層級的需求就能達到。換句話說，需求有層級之分，單身人士誤以為追求較高層級的自由和自我實現就能得到滿足，卻沒有達到最基本的人際互動，和情緒上的滿足。根據這樣的論點，犧牲家庭成就事業的工作狂、後物質主義單身人士，追求新鮮刺激的體驗像是出國旅遊，卻忽略了他們最基本的情感需求。較低層次需求的不滿足，最終將妨礙自己得到快樂。

選擇快樂單身

雖然個人主義和後物質主義，是單身人士興起的原因，我的研究則顯示，這些價值同樣能讓這些人受惠。也就是說，抱持後物質主義價值的單身人士，能夠更好的處理單身生活。即使抱持這樣的價值觀，在某種程度上減少單身人士的幸福感，它所帶來的好處還是大過於壞處。這也許可以解釋為什麼在後物質主義時代，有越來越多人選擇單身。

三十四歲的莎夏（Sasha）在列出和後物質主義價值有關的好處清單後，對這個議題提出了一些深刻見解：「今年我一直在想，我對自己依然單身這件事很感恩。不過老實說，早些年我不會這麼講。我今年用了一年的時間單獨旅行……。這讓我在今年的感恩節，開始思考為何要對單身抱以感謝。一段關係需要花費大量的時間，但單身時，在工作之外你擁有所有的自由時間，可以去探索能夠帶給你喜悅的事物，而不須承擔其他義務。好好利用並感激它吧！單身帶給你機會創造自己的快樂，而非依賴他人給予，以及獨自旅行和探索的自由。」

莎夏所經歷的是從單身的掙扎，到透過擁抱後物質主義價值，體會到喜悅和感恩：對自由、自我成長的感謝，和新事物的發現。她把時間奉獻給自己，而不是「耗費時間的關係」。至少目前看起來，她寧願繼續維持單身。六十九歲的瑞克（Rick），住在奧勒岡州，單身。在我們的訪談中，他闡述了對於單身的看法：「單身得有你的個人觀點。這遊戲最有趣的部份，就是你想怎麼玩都可以。完全出自你的選擇。」

我的資料分析，可以佐證莎夏內在剛剛樹立的平靜，和瑞克的有趣觀點。結果顯示後物質主義信念和單身人士獲得更多的幸福感始終相關，並和次要變項：性別、教育程度、財富和幸福感有密切關聯。

例如，一個給予自由和享樂最高評分且未婚的單身人士，比起未婚但不認為這些價值重要的人（給予這些項目最低評分），快樂程度高出約十%。同樣地，給予創意和嘗試新事物的評價高低，也能夠影響未婚者的快樂程度達十五%。這個模式普遍存在於每個單身群體，包含鰥寡者、離婚者、和每個獨立個體，他們都能透過抱持後物質主義價值觀得到快樂。

更重要的是，即使給予相近評分，**比起非單身人士，單身人士能從後物質主義價值觀裡獲益更多。**

換句話說，重視後物質主義價值的單身人士，不只明顯快樂得多，他們也能從後物質主義的每個評分裡得到更多好處（根據得分1到6的受試者報告）。例如，所有主要特性相近（教育程度、收入等）的已婚婦女和寡婦，在兩人都重視嘗試新事物（在調查中將其評為最高分6分）的情況下；我的研究指出，一般而言，這個寡婦的快樂程度還是高過已婚婦女十%。普遍上，在所有可測量的後物質主義價值觀上，所有對其抱持最大程度支持的未婚者，和同樣支持其價值觀的已婚人士的快樂程度，仍可以達到大概〇點四個標準差。同樣的增益效果，在曾經歷和從未經歷過種族主義、年齡歧視或沙文主義者的差異上也可以看到，並且可以分別運用在每一項後物質主義價值觀的測量上。

此外，由於一開始未婚者在後物質主義價值觀的平均得分就高過已婚人士，自然就得到額外優勢。在後物質主義價值量表上，他們不但每多給一分，就從中獲益更多；他們自己也從中得到「更多分數」。

因此，這些研究結果暗示著，後物質主義價值觀在增加單身人士的幸福感方面有很大貢獻。事實上，比起已婚人士，具備一整套後物質主義價值觀的單身人士，也許可以扭轉起初的劣勢，使其能追求自身幸福。

三十三歲的阿琳（Arlene），來自蘇格蘭，在《BBC雜誌》（BBC Magazine）上寫了一篇投書：「我非常高興自己是單身……我可以自由自在地，在任何時候做任何我想做的事。我為自己的日常生活、奢侈品、生活方式和自身的幸福負責。我覺得現代社會對成為一名伴侶有太多的期待。那為什麼我要追求這件事呢？我生而為獨立個體，在成長的過程被鼓勵要為自己著想。所以，我不認為自己錯過了任何東西。我對所有朋友說，我愛單身，而且不覺得之後我會改變任何想法。」

阿琳的主張並不具攻擊性或存在任何譏諷，只是在陳述一件事實。她喜歡單身生活。她採取了和同儕、老一輩不同的價值觀，將單身視為一種祝福而非刑罰。比起被婚姻綁住，她發現自己在單身狀態得到解放。

特別值得注意的是，和後物質主義價值相關的快樂得分上，同居者和已婚人士之間沒有顯著差異。儘管同居者在後物質主義價值的得分較高，他們所宣稱的快樂程度，並沒有比已婚的對照組高。這可能是因為比起沒有伴侶的單身人士，同居者的生活狀態和社會結構類似於已婚人士。像梅莉莎和莎夏都在部落格中寫到的那樣，單身人口顯然受惠於後物質主義較多，因其帶來的自由的重要，迴響在每個想要旅遊和探索的無伴侶者心中。

現實世界當然不是二分法，也有許多人對後物質主義價值觀的重要抱持中間態度，但原則總是不變的：**後物質主義價值觀對單身人士大有益處。**

後物質主義如何、又為什麼對單身人士有利？

本章前面所提到的批評和疑問需要一些仔細的說明。為什麼抱持後物質主義價值觀能夠幫助單身人士拉近和已婚朋友良好感覺上的差距？如何做到？有越來越多人單身，表示單身可以獲得一些好處。雖然這些好處和後物質主義價值觀的關聯並不那麼直觀，提倡單身的行動卻如雨後春筍。也許他們都錯了，但我的調查發現他們確實走在前頭。有幾個可能的說法，能夠解釋為什麼後物質主義價值觀對單身人士有利，促成他們的福祉：

第一種解釋是，**後物質主義價值觀使單身人士能夠對社會偏見免疫**。似乎擁有這種價值觀的單身人士，比較不在乎社會規範和傳統，也較不傾向和其他人比較。某種意義上來說，這樣的觀點根植於後物質主義中，因為重視自由、嘗試新事物和遵守傳統規範相互矛盾。

我進一步分析後物質主義價值觀，和重視循規蹈矩的信念，發現兩者間的確存在顯著的負相關性。

因此，後物質主義價值不只推廣了單身的生活方式，也讓單身人士不再感到被他人批評。這點尤其重要，因為單身人士在社會上的觀感並不好。赫倫（Heron），在二〇〇二年和自己結婚，寫道：「過去有好多年我極度渴望被認同、被注意和關愛……但自從我和自己結婚，我感受到深深的寧靜、安全感、歸屬感和純粹的愛。我的焦點回到自己的內在。」

赫倫在自婚以前，總覺得自己穿著一套不合身的西裝。也許是他沒辦法處理不安的源頭，但就是有東西錯了。單身讓他覺得不舒服。自婚沒有改變任何事，但似乎能構成他對世界的宣言：「我就是這個樣子，而且我覺得很好。」

第二個後物質主義能夠有利於未婚者的理由是，**單身人士會有意無意地定義並滿足自己的家庭需求，而非透過同居或結婚**。從這個意義上去理解，以自由和創意為例，在馬斯洛的金字塔上不只位於高階，也定義了較低階的需求，重塑何謂愛與歸屬感。的確，研究中也發現單身人士正逐漸透過**替代家庭**（alternative families）和**公共安排**（communal arrangements）找到歸宿。因此，正是同樣的後物質主義價值觀鼓勵他們選擇單身，並讓他們敞開心胸接受替代的生活安排（這些創新的方式將在本書的後半段詳細討論）。在這個意義上，雖然後物質主義單身人士比較重視高層級的需求，並且在許多例子中投注較多的時間和資源在上面，這並不表示他們忽略了對愛與歸屬感的需求。

印譚（Intan）是一名三十八歲的印尼婦女，二〇一五年和男友分手，帶著兒子搬到柏林居住。她在訪問中告訴我：「我覺得我大部分的需求都被滿足了。那你為什麼還需要一個伴侶？性，我有了。歸屬感？我有朋友。那還有什麼需要從交往中得到的嗎？我自認可以在目前的生活方式中得到性和陪伴。所以，沒什麼太大問題。」

印譚認為，自己的需求可以透過朋友和性伴侶解決。像印譚這樣的單身人士發現，透過科技、社群和大都會，可以找到更具實驗性和彈性的需求滿足方法來替代婚姻。特別是居住在城市與否，對單身和已婚人士會有很大的差別，因為城鄉差距常常存在。在另一個訪問裡，三十二歲，沒有結過婚的約瑟夫（Joseph），敘述住在大城市如柏林的重要性：「我身邊都是學者（academics），其中有許多人用非常先進或新潮的模式生活著；他們並不尋求某個特定伴侶，甚至一點都不需要這回事。如果去想想住在鄉下或教育程度較低的人，他們大部分是比較傳統保守的，我接受這件事，但這不是我想優先達成的目標。」

約瑟夫出生在博恩（Bonn），並在接受訪問前幾個月搬到柏林。他將柏林視為新生活典範的樞紐，在這裡，伴侶關係並非必要甚至過時。單身人士較會被都市的環境吸引，在那他們不只受到較少和他人比較的壓力，也受惠於豐富多樣的社會互動和社交圈的發展機會。基於他們對新事物的探尋和對自由的珍視，單身人士從中探索出創新的生活方式，並持續重塑自己的生活方式。這些實驗所創造的多樣機會，不只出現在娛樂上，也出現在較低層級需要的實際滿足上。

第三種解釋是，**後物質主義價值是由各種能夠更加促進人生幸福的因素所組成**。例如後物質主義單身人士比較傾向參與體育活動，因此改善了健康狀態，更增強了他們的福祉。一項研究揭露了後物質主義和休閒體育活動參與的顯著關聯，尤其是在跑步或其他單人運動項目上。

這背後的邏輯是物質無虞的人們會想要發展和挑戰自我，並且常透過有氧運動鍛鍊身心健康達成這項目的。

崇尚創意和嘗試新事物的人們，也比較傾向參加工作以外的社交活動，像是報名課程或加入俱樂部，這都增加了快樂的程度（根據前面章節的分析）。再一次的，後物質主義從只是一種認知世界觀變成一種生活方式，並因此創造了一個促進更多福祉的生態體系。

三十六歲住在英國的克蘿伊（Chloe），在我們的訪問中談到：「在關係之外，我更能感覺到自己。獨立讓我感到快樂且享受其中。處在一段關係裡僅只是讓我太過自滿，但我想要鞭策自己去到更多地方、遇見更多人、做更多事情。

在有一個伴侶的狀態下，我發現自己會變得有點懶得社交。你看，我其實是在社交上相當活躍的人，但在關係中這好像變成是一件負面的事情。單身後你會開始感覺：『做點什麼吧！像是去旅行。』然後我去了澳洲，這是我還跟某人在一起時不太可能發生的事情。」

克蘿伊形容自己是「好交際的」，但任何一種情感連帶都會讓她覺得受限。準確來說，是因為和另一個體產生連結的她太滿足現狀，以致於社交的動力停止了。而失去關係做為定錨的她，更能自由駕駛人生小船往新路線前進，探索令人興奮的新方向。

為此，全球朝向自我發展和後物質主義的轉變，似乎給單身人士帶來更多提升快樂程度的機會。本章提出的證據顯示，後物質主義觀點並不像提曼認為的，會透過阻擋婚姻或讓人看起來很可憐以損害個人的幸福。相對地，後物質主義價值讓單身人士受益的方式，是**鼓勵他們抵抗社會判斷、找到關係的替代方案、參與讓單身的自己也能感覺良好的活動**。

雖然後物質主義價值的興起，導致結婚率下降，進一步損害單身人士在經濟、法律和社會層面的特權。但也正是這些價值，可能會成為單身人士提升其他各方面福祉的解方。

誠然，價值觀是不能被輕易採用或丟棄的，發展後物質主義的價值觀，可能比參與前面章節建議的活動還要難。然而，在很多情況下，單身人士有意無意地花時間從事和後物質主義價值一致的行為或工作是可能的，例如壯遊、參與實驗性工作坊、認知治療課程，甚至是自婚這種象徵儀式。這些活動雖然只是讓人略窺一斑，但帶給單身人士心理上的好處也許已經足夠。基本上，對於後物質主義價值的討論，應該早早就要以更全方位和根本的方式，開始幫助成年單身人士做準備。對於後物質主義能增加單身人士福祉的認知，開啟了以創新做法教育下個世代單身人士的一條路，讓他們準備好將單身生活納入選項。

雖然自婚運動仍是一團謎，多明尼克·猶勘帕斯和她的自婚夥伴啟發了我們用一個全新的方式去看待單身。去教導獨立、創意、個人自由、嘗試新事物的價值，也許會對將來可能終身未婚的二十五%的美國孩童有幫助（對世界各地的孩子亦然）。尤其這些訴求更需要在遙遠的城市如喀布爾被大聲放送，那裡有許多像札米娜的女性，仍然在為婚姻自主奮鬥。

第6章 認真工作，玩得盡興

走在凡爾賽宮周圍，你會注意到一座三公尺（或說九又二分之一呎）高，令人印象深刻的雕刻：被阿里斯泰奧斯（Aristaeus）綁住的普羅透斯（Proteus）和他的兩隻海豹，掙扎著從束縛中逃脫。在一七一四年設立，被認為是雕刻家塞巴斯蒂安・斯洛茲（Sébastien slodtz）最重要的作品之一，他嘗試刻畫下這個神話的悲劇性時刻。阿里斯泰奧斯，太陽神之子，由於蛇咬失去他的愛人尤麗狄絲（Eurydice）。阿里斯泰奧斯強迫普羅透斯告訴他如何破除尤麗狄絲的隨從仙女對他蜜蜂施下的詛咒——因為她們認為阿里斯泰奧斯必須為她的死負責。

在這部戲劇裡，普羅透斯持續著掙扎著；阿里斯泰奧斯的風流韻事並不關他的事，他也並不在乎阿里斯泰奧斯的蜜蜂是不是要死了。身為波賽頓（Poseidon）的兒子和海洋之神的普羅透斯是牧人、預言家和變身者。有些人會給予他在希臘神話裡特殊的階層地位，並稱他為「變幻莫測之海（elusive sea change）」的神，讓人聯想到持續改變的海洋本質，或是水的流動性。在現代社會，心理學家卡爾・榮格（Carl Jung）將他定義為淺意識的擬人化實體，因為其具有預言和形體轉化的天賦，和煉金術難以描述的核心本質有許多共同點。

普羅透斯預知未來和解釋神祇旨意的能力，吸引了許多希臘神話裡的英雄向他尋求建言。但他並不喜歡被打擾，所以常常得運用形體轉換的能力逃跑。

根據神話敘述，阿里斯泰奧斯遵循他母親的建議：「唯一讓普羅透斯傾聽你的方式，就是不論他變成什麼模樣，你都要緊緊抓住他。」於是他用武力抓住普羅透斯，並試圖壓制他。但普羅透斯仍不停掙扎；因為他想要保有自己的空間。他嘗試了許多種動物的形體，變成火甚至是水，但都失敗了。他必須給阿里斯泰奧斯指引，才能夠重獲自由。

諷刺的是，雖然阿里斯泰奧斯最後還是釋放了普羅透斯，這個白色的大理石雕塑仍然將普羅透斯被禁錮的尷尬時刻延續數世紀之久——凍結著無法變成其他模樣。也許普羅透斯會想要將這個雕塑作為保存給未來世代的信息：小心！不管你是個多麼有彈性的人，或追求多大的自由，別人都會為了自己的利益，試著利用你。

斯洛茲的作品安放在凡爾賽宮兩百六十年後的一九七六年，普羅透斯的遺風透過「**多變職涯**（protean career）」這個詞借屍還魂。道格拉斯・霍爾（Douglas Hall）創造這個詞以形容從組織為中心朝向以個人為中心的職涯重心轉變，其中包含個人在教育、訓練和工作上的多變經歷。根據霍爾所述，多變職涯者（the protean person）試圖將個人的職涯軌道作為尋求自我實現的一部份，不停改變專業領域和工作場所。這個新興特質的成功標準源自內心而非外在。

的確，大部分的人用三種方式看待工作。有些人認為，工作（job）提供維持生計和支付帳單所需的**報酬**。也有人覺得工作是一種**職涯**（career），不只滿足了賺錢的必要性，隨之而來的還有個人能夠追求自我發展的可能性，且能感到自己是成功、能幹的。還有第三種人，將工作視為一種**呼召**（calling），這類工作者選擇專業的理由，是出於**個人興趣和自我實現**，並將焦點放在創造改變或為了更廣大的目標做出貢獻。

近年來，自我實現在工作中的重要性越來越大，工作只為了養家餬口的想法和多變職涯或呼召的概念比較則相形失色。整個二十世紀的全球化和市場協調化

（market harmonization），導致了更加激烈的競爭，促使許多工廠尋求運用人力的更佳方法、提升工人的工時效能。這樣的壓力以及越來越快的工作節奏，種種施加在工人身上的不合理要求，對他們的個人生活造成負面影響，進一步損害身心健康。然而我們發現，近來有一股抵制的呼聲，正在催化工作本質的轉變。個人越來越不願意埋首沒有自我實現感的工作。這在年輕世代尤其明顯；在戰後嬰兒潮時期之後出生的人們，相較他們的雙親，對工作有著更高的期待，偏愛忙碌、有專業發展機會和目標導向的工作。雇主也已經做出相對回應，形塑出新職場文化，賦予所有受雇者基於尋求自我實現的受雇決定權。

因此，自我實現已經成為通往幸福的一條重要途徑。自我實現、個人的盼望、夢想和抱負，現在是測量我們快樂程度時既直接又可靠的方式。不論是為了達成個人目標的，或尋找更深層的生命意義，追求自我實現的人通常比較快樂。特別是隨著個人主義的興起，世界上大部分的人都看到了社會秩序的轉變，自我實現成為舞台焦點。今日有許多人，仍把主要重心放在找到被需要和對他人產生意義的方法，強調以這個層面的標準來評斷自己的生活滿意度。難怪治療師和心理健康從業人員，將對自我實現的追求，視為身心健康的基本原則，和心理治療的方法。

故對屬於多變職涯類型的工作產生認同，可以成為生活滿意度的來源之一。英國研究發現，在教育和健康領域工作的人，儘管對薪水較不滿意，整體上卻很滿意自己的工作。研究顯示他們滿足的理由在於，感到對社會有貢獻，和工作上有成就感。

工作和未婚者

那麼上述這些和創造快樂的單身生活有什麼關係？我的研究顯示，工作是在解釋單身的快樂從何而來時，不可或缺的必要因素。快樂的單身人士，尤其是長期未婚的人，透過職涯上的自我實現，而非創造一個核心家庭以增加個人的幸福感。

我的分析數據顯示，**工作滿意度對對單身人士整體幸福感的貢獻，大於已婚人士**。重要的是，要注意「工作滿意度」在這邊的意思並不是工作方便度，或是一大筆薪水。我將這些因素從分析中排除了。工作滿意度是更深層的，和工作上的自我實現、延伸出的意義有關。

為了讓這個議題更有真實感，想想在年齡、教育程度、收入和健康等相仿，且都感受到最高程度工作滿意度的已婚人士和未婚者。在這樣的例子裡，兩人的整體幸福感差距縮減了七十%以上。對，就是這麼多。其餘的部分，就像前面討論的那樣，可以歸因於進入婚姻的篩選過程（比較快樂的人會選擇結婚，而非結婚使人快樂）。在解釋了這樣篩選機制後，我們可能可以這麼說，實際上令單身人士比較快樂的原因是讓他／她滿意的工作。

工作滿意度的重要，對單身人士的快樂和幸福感的來說，比起未婚者更為普遍。這對離婚和鰥寡者來說也同樣重要，不過程度較輕。

在後面兩個例子中，快樂程度的差距較明顯（請回想前面章節所討論的退出婚姻制度的懲罰），因此一個令人滿意的工作帶來的影響是可以縮減五十%到六十%的快樂程度差距。

在我進行的訪問中，我為這樣的影響找到了解釋。和先生分居，住在上紐約的珍（Jane）提供了一個範例。她已經六十二歲了，在醫療保健行業工作。

在訪談中，她試著回想起自己之前作為家庭主婦的老年生活，並和最近的生活做比較。她說：「我覺得生命中最重要的是有一份你喜歡的工作，這是最重要的事情——你會覺得自己很棒。我曾是一個家庭主婦，花了十年的時間，開車接送小孩從這個學校到那個學校。我一整天都在做事，然後在一天結束前等著每個人上床睡覺，讓我可以獨自坐著寫日記——有一點私人時間。但我必須早起，開始周而復始的一天。你是在做事沒錯，但當你獨自坐著時你會想：『為什麼？』」

珍想知道她家庭主婦生活的意義，她照顧小孩，等待一整天結束後，一點點專心寫作的獨處時間。對照如今珍強調她的護理師工作對她來說有多重要，和她現在有多快樂能擁有這些。這讓她覺得自己很棒。在訪談後半段，她信誓旦旦地說，自己並不期待退休；相反地，她絕對可以理解為什麼人們會想要持續工作到七、八十歲。她說：「現在我還可以做事情……我需要被鞭策。我並不意外一堆美國人說他們要工作到七八十歲。」

一份有意義的工作，對感覺良好、獨立自主和生活的滿意度來說很重要，這也是在訪談中不停被提到的，而且不只是老年單身人士，年輕的單身人士、未婚者也都這麼認為。未婚的尚恩（Shawn），三十二歲，住在加州長灘（Long Beach, California）。他告訴我：「你只要去尋找生活中其他部分的自我實現，像是工作，那麼你就會感覺自己更可能選擇是否要單身。」似乎對他來說，結婚只是達成自我實現的選項之一。從其他生活領域，像是工作中得到的自我實現感，讓他得到保持單身的自由。

露易絲（Louise）有著令人驚奇的故事的。我們在她裝潢得非常漂亮的書店進行訪問，顧客可以在店裡點一份餐或咖啡，或在散落一地的柔軟沙發上坐著放鬆。露易絲婚齡十七年，由於一些必要因素，她當時做著一份不喜歡的工作。現在四十二歲的她已經離婚，居住在布魯塞爾（Brussels）。離婚後她開了一間書店，為了達成她其中一個夢想。她說：「我真的很愛我的書店，因為對我來說是第一次在我人生中，我能選擇要做什麼……在這裡，我真的想要做一些事情，像是把書跟食物結合。我第一次擔任自雇者，明白自己能做些像這樣的事，令人很滿足。在這之前，我從未想過能做到這些，這給我帶來很大的滿足感。」

露易絲並不只將經營書店看做一個她喜歡的工作，或只是從中尋找意義的事物。相對地，透過開書店，她學習到自己可以獨立自主。對她來說，這是人生中的成就，甚至是她自我認同裡重要的一部份。她現在將自己看做老闆，一個「自雇者（self-entreneur）」。我的確一直從各種單身人士口中聽到，他們如何將單身視為重新定義自己的一個機會。

單身人士比起所有其他人口，尤其是非常個人主義的單身人士，傾向重視有意義的工作。因為它可以發揮自我潛能、帶來自由感且讓他們覺得自己有價值。因此，可以在工作中獲得附加價值或意義的單身人士，在生活中感到更滿足。此外，我做出另外一項統計分析顯示，單身人士對人生成就的平均重視程度大過於已婚人士，並因此在投資事業上得到更多。的確，露易絲多次告訴我她有多高興離開了先生，和擁有自己的書店。

這和選擇工作的動機大有關係。家庭導向的個體，或早早進入家庭關係的人們，更可能選擇提供穩定安全收入的工作，而非能夠提供附加意義的工作，因為他們必須承擔經濟上支持家庭其他成員的責任。

反過來說，**未婚的單身人士（離婚或開始獨居且孩子經濟獨立的鰥寡者也包含在其中）通常沒有這些責任義務，而可以自由選擇較不穩定，但心靈報酬較高的職涯**。一名匿名的三十五歲女性部落客，發表了關於工作的重要性和事業發展的看法，並強調單身的好處：「你可以專注在自己的事業上，全力以赴。你可以發展專業，沒有任何暫停或中止（最典型的理由是結婚搬家和生小孩）描繪出自己的職涯軌跡。」

這名部落客堅稱，她的單身生活讓她可以達成人生目標。對她來說，家庭生活充滿了「暫停或中止」會潛在性地讓她從專注在自己想要的事業上分心，這和珍描述她當時還是家庭主婦時需要照顧家庭的情形非常類似。

從某種意義上來說，這名部落客提出了一個「工作與家庭（work-family）」的衝突議題。對已婚人士來說，人生中的自我實現基於兩方面：工作和職涯／家庭生活。然而，這兩者發生衝突時，常會以犧牲另一方為代價。當然這種情形不總是發生，有些人也會說這兩者是相輔相成的。不過研究顯示，許多已婚人士辛苦地在工作和對伴侶的義務上維持平衡（外出約會、拜訪對方的親朋好友、慶祝配偶的人生大事……等）。其中甚至還沒有提到養育小孩，這種更棘手的蠟燭多頭燒情況。

相反地，許多單身人士過著快樂得多的單身生活。當擺脫了家庭的義務，他們發現自己的生活更豐富，並可以全心投入在自己的事業上。為了避免工作和家庭發生衝突，有些單身人士選擇不進入任何一段關係，堅守著獨立的狀態。再者，對單身人士來說，通常比較少外來限制和壓力會讓他們因為罪咎感，而無法投入在自己的職業生涯上。

即使是有小孩但離婚的單身人士也多少感受到「工作與家庭」的衝突，因為他們常常必須和前任共同分擔孩子的照顧責任，甚至是和前任的新配偶一起。五十五歲的莉娜（Lena）在以色列一間劇院工作，她離過三次婚，二十一年來獨居，在訪問中談到：「我們劇院有一個戒指，是只有非常投入在工作上的人才能獲得。我在五十歲的生日上得到了一個，我把它像婚戒一樣戴在左手上，因為我已經嫁給了這間劇院。這是我最持久的婚姻。」

和前面三段婚姻比較，莉娜對工作展現出更多的熱情，甚至更多的重視。成為單親媽媽超過二十年的資歷證明她愛她的女兒，她也和前面三任先生保持著良好關係。但從同事間收到的戒指，象徵著她最珍惜的一段婚姻仍是在劇場的工作。

然而，「嫁給工作」並不總是件簡單或浪漫的事。人生中還有其他領域，像是朋友、興趣嗜好等。將時間奉獻給工作的單身人士，也許可以努力從工作中獲得滿足感，但他們也可能面臨工作倦怠或「工作與家庭」衝突。這讓單身變得有風險，我們必須仔細思考，快樂單身人士該如何避免落入工作過度的陷阱。

單身人士的「工作與生活」衝突

工作倦怠起因於壓力，特色是高度的疲倦、怠慢和無效率。近來的研究顯示，未婚者比起已婚人士更容易發生工作倦怠的症狀。在單身的人口中，工作倦怠好發在男性身上，尤其是未婚男性；而女性，特別是離婚者，發生風險則是中等。

工作倦怠比較常發生在單身人士身上，是**由於他們有高度重視自己職業生涯的傾向，並會以犧牲其他活動做代價。**

單身人士絕對不想忽略親朋好友，但是他們渴望被視為積極成功專業人士的需求，也許會超越其他社交活動和社會參與。因此，當工作可以是自信和快樂的其中一個來源時，它也可能變成達到健康均衡生活的阻礙，最終導致幸福感的降低。

此外，將職涯的重要性看得太高的單身人士，更容易在工作上患得患失。聚焦在單一領域的挑戰上，讓人更加躊躇不前。當必須要成功的壓力越大，表現失常導致失去自我實現感的風險就越高。相較之下，許多已婚人士會將他們身為配偶和雙親的角色也看得很重要。因此工作不是他們唯一的滿足感來源；他們有一個「安全網（safety net）」。當然，單身人士比起已婚人士從專注在職涯上得到更多，但他們的情感上的福祉不該沒有自己的安全網。

相反的例子是，單身人士可能參與更多樣的運動、志工、社區和家族活動，廣泛拓展他們的社交生活，而不像已婚人士主要專注在兩人世界和他們的核心家庭上。不過，單身人士的多重角色可能是衝突的額外來源，這些是已婚人士不需要經歷的。單身人士可能因此覺得要平衡這麼多社交活動令人窒息，大大增加角色間的衝突和工作倦怠發生的可能性。

除了單身人士自己加在自己身上的壓力，雇主和政策上對沒有伴侶或家庭者的差別待遇，可能會為他們「工作與家庭」平衡帶來負面影響。如第三章所討論，單身人士常常被期望要比已婚的同儕更努力工作，卻拿到較少的好處。因為現代職場對單身人士需求的忽視，和隨處可見卻被認為稀鬆平常的單身歧視所導致的身心俱疲狀況是顯而易見的。

三十一歲的亞伯（Abe），出生並居住在喬治亞州的米利奇維爾市（Milledgeville）。他在訪談中說：「單身人士被看做可以無視平常上班規定，更晚離開辦公室、更早來、工時更長的人力。然而，對有家庭的人而言，他們被期望擁有較標準的工時，朝九晚五和一小時的午休。我的話是會工作到晚上七點或十點，並在早上六點到班。其他時間也有可能，因為我沒有伴侶或有人依靠我生活，使我某種程度上必須維持一致的作息。」

亞伯描述的情況，極有可能發生在未婚無子的人身上。他推論是因為單身人士沒有傳統的家庭責任，以至於他們可以達成更高的工作期望。當今看待單身人士作為勞動力的方式，實在忽略了一個看法，那就是有許多單身人士其實擁有非常豐富的私生活，而且需要運用下班時間來平衡多種社會角色。單身人士比較沒有社交生活要去平衡，是一種誤解。這在很多時候反而是相反的，單身人士比起已婚人士其實更加投入在多采多姿的生活上。

我的統計分析更進一步顯示，**雖然單身人士從工作滿足感中獲得更多好處，他們卻覺得自己和已婚的同事相比，並沒有獲得和他們付出的努力相對應的適當報酬**。未婚族群尤其如此，其中有九％以上更可能相信自己沒有領到適當的薪水。考量到亞伯敘述中雇主的疏忽和單身人士的巨大工作量，這樣的發現並不令人意外。即使單身人士決定對工作全力以赴，雇主仍應該給予適當的報酬。

更令人驚訝的是，**單身人士在平衡個人生活和工作上，比起已婚人士感到更不滿足**。人們以為已婚人士由於家庭責任，比較難在生活和工作上找到平衡，但實際上單身人士才是更受這個問題困擾的人。對鰥寡和離婚者來說更是如此，他們覺得工作和生活失去平衡的比率，分別高過已婚人士三十一％和二十二％。

這裡的主要議題似乎是不同人對「**工作與生活**（work-life）」**平衡**，特別是單身人士。事實上，在目前以婚姻為主的社會裡，對研究者、記者和政策制定者來說，談論「工作與家庭」的平衡比起「工作與生活」常見。目前絕大多數的關注都導向核心家庭，甚至在沒有察覺到的狀況下將生活視為「家庭」的同義詞。

不過，人們的認同由許多要素組成，像是休閒和教育活動、社區參與、家居修繕維護，和友誼發展。至此家庭只是眾多值得關注和投注時間領域的其中之一。但廣泛被普遍雇主忽略的一件事實是，即便在家庭領域中，單身人士也要承擔更多照顧年邁雙親的責任。

因此，雇主和單身人士自己都要小心維持工作和其他活動上的平衡，並堅持其工作量和已婚的同事相當。雖然單身人士並不必定會擔負傳統核心家庭的責任，在減輕和工作之間的潛在衝突時，快樂的單身人士知道該如何平衡工作和人生的其他層面，而這給了他們空間多方發展。

快樂單身人士該如何在工作上找到平衡？

根據我進行的訪問顯示，快樂的單身人士在處理工作壓力和改善生活品質和快樂時，會採取特定幾項策略。我發現快樂的單身人士會用至少六種方式，增加他們對「工作與生活」平衡的理解。

第一項策略是安排健康的休閒活動，這包含正式且耗時的嗜好（如園藝、舞蹈）；或持續時間短、不需要特別訓練、只需最小投入的非正式休閒活動（如去電影院看電影或參觀博物館）。

三十一歲住在倫敦的希拉（Sheila），在完成碩士學位的同時還要兼顧緊湊的工作進度。不過，做為一個單身人士，她讓自己維持在良好的狀態，堅持在忙碌的行程表和找到興趣嗜好、探索新事物之間找到平衡：「我覺得有這些額外的空間去學習自己人生的定位和興趣，學習再一次作為一個獨立的個體。這之中包含著大量的探索、再發現那些我早年追尋的新事物，並再次擁有更強的冒險感。所以我在閒暇時並不是只做一件事情，而是有許多瑣事可以做。」

希拉在我們的訪問中顯得精神抖擻。部分的訪談讓她覺得有「更強的冒險感」。她沒有結過婚，也沒有處在一段長期關係中。取而代之的是她對事業的專注，並確保自己在其他活動的拓展和追尋新嗜好。這樣的生活方式不是年輕單身人士獨有的。事實上，我在年紀更長的受訪者身上看到，他們比其他人更堅持在緊湊但令人滿意的工作和休閒活動之間，找到平衡的重要性。

第二個平衡的方法，在於鼓勵發展充實的教育活動。對訪談中的好幾個快樂單身人士而言，在「工作與生活」的良好平衡包含正式工作場合以外，投注在教育和學習的時間。高度個人主義的單身人士對自發性的學習、閱讀或和工作領域相關的課程特別有興趣，也有人忙於追求額外的證照或文憑，將其作為整體上的自我提升。

哈伊姆（Haim）是一個五十二歲，從未結過婚，居住在以色列北部的農夫，描述了他如何辛勤地度過一天。然而，他告訴我，當他回家放鬆時，比起為了家庭問題焦慮，他更喜歡投入在一些有趣的事情上。他掛保證說：「所以獨處對我來說絕對沒問題——有太多好書，好音樂以及這個已經改變我們生活的蠢網路。你明白嗎？當你開始讀一些東西，然後就過了三個小時，就像那樣。」

第三，每個想要維持工作和生活平衡的個體，都必須考慮自己的健康問題和外表需求。下班後找時間去健身房或運動，花時間自炊並吃得好一點，都是快樂單身生活不可或缺的例行公事。這些元素的結合，對身心健康來說很重要。對有些人來說，維持健康和外表的方式包含禱告和冥想。事實上，我的訪談顯示，靈性和正念實踐（mindfulness practices）對維持快樂的單身生活來說，是反覆出現且高度重要的議題，特別是處在高壓的工作環境時。

舉一個例子，阿比蓋爾（Abigail），四十四歲，從未結過婚，居住在奧勒岡州的波特蘭（Portland, Oregon）。她告訴我，在工作前後進行正念覺察，如何幫助她對工作感覺正面。她說：這是一個主動感恩的練習。我分別寫下三件分別在早晚發生，並值得感謝的事情。早上比較簡單，接下來發生的是，我想著：『噢上帝啊，我已經想出三件以上了。』你訓練自己熟悉並專注在微小卻值得感恩的時刻上。如果你想找感恩的理由，你一定找的到。」

正念、靈性，以及某些情境下的宗教，都可以用來增進單身人士在工作上的快樂程度。許多研究顯示，正念和工作滿意度之間有強大且正向的關聯性；和工作倦怠之間的強反向關係。以伊斯蘭教為例，透過禱告或冥想帶來的平靜效果，可以達到靈性上的健康。研究顯示，對據說容易感到寂寞的離婚者來說，以正念為基礎的認知治療，能夠有效降低焦慮和憂鬱。南韓研究發現，心靈和宗教上的信念，能夠緩和孤獨和憂鬱對老年單身人士的影響。印度研究發現，不只宗教實踐和對強大力量的信仰，可以提高單身人士和老年人心靈上的快樂程度，對佛教「法（dharma）」的實踐也可以是讓壓力減低、幸福感增加的重要預測因子。所有這些關於靈性和正念的變項，對降低工作壓力而言非常有效。

這些對許多本來就有在健身房或戶外進行自我鍛鍊的快樂單身人士來說，是錦上添花。

第四個單身人士可以考慮用來平衡「工作與生活」的層面是家務管理。長時間的工作會占掉家政工作所應花費的時間。獨居的單身人士必須自己處理帳單、購買食物、處理家居修繕與裝潢、和其他事項，許多時候他們獨自一人，更不用說有時還要承擔多重社會責任。即使錢不是問題，要找時間完成這些任務很麻煩。為了能夠促進個人在「工作與生活」上的平衡，必須將這個額外的負擔考慮在內。海瑟（Heather）提出了一個解決辦法，以下論述出現在她對教會社群所提出的部落格評論上：「如果有人可以看到未婚者的需求並加以解決的話，不是很好嗎？擁有房子的單身人士，也許會需要別人幫忙修繕，像是維修車子或類似的事情。」

海瑟的想法可以跟「時間銀行（time banks）」的概念連結，單身人士們找出時間在當地社群、俱樂部、信眾（會友）或其他形式的團體裡擔任志工，並在其他領域也獲得幫助。社群意識和社會交換對單身人士的主觀幸福感有正向影響，單身人士可以在社群中得到有用的資源，以彌補工作耗掉的時間。

但這也是心態上的問題。快樂單身人士會將周末的空閒時間變成和家務結合的快樂時光。三十多歲的安娜（Anna），居住在英國，寫道：

「我很少燙衣服，通常不大需要，但如果有必要的話，我通常會在週日的午後搭配震耳欲聾的音樂。燙衣卡拉OK是首選！我也常會在用吸塵器時跳舞，扭腰擺臀，然後再一次把音響的音量開到最大。沒有人會抱怨沒洗的碗，也不會有人對你丟在地上的牛仔褲發脾氣。老實說，我有時做家事時還會全裸！想像如果你媽這時走進來！」

第五個平衡工作的策略是**「挑選」自己的家人**。專注在特定家人身上：手足、雙親、遠房親戚或朋友和他們的孩子，可以加強單身人士和雇主或同事交涉時的籌碼，以免他們假設單身人士不需要負擔家庭責任，而給予過多工作量。「工作——家庭平衡通常被理解為以配偶或孩童為中心，這對單身人士非常有害。然而，快樂單身人士可以自由自在地選擇他們的家人。有了這個選項，快樂單身人士可以找出不同的立場和特定的理由不加班。

當然最重要的是，他們也會從自己選定的家庭成員互動中，得到好處和相互幫助。之前提過的希拉，在敘述她如何在緊湊的工作和休閒活動中取得平衡時，也包含投注在親朋好友身上的時間。她說：「成為單身會激勵你多投資在友情，還有其他所擁有的關係上，像是你的家庭。當你真正投注在非浪漫式關係中，特別是作為一個成人，你會真正獲得一些東西。像我和父母、朋友、兄弟的關係是非常深厚的，因為我為他們保留了時間和空間。」

希拉刻意為她的親朋好友付出較多時間，她運用自己工作以外的空閒時間，深化與周遭人的連結。單身人士，尤其是獨居的單身人士，在工作以外的時間很可能只要對自己負責。所以比起已婚人士、同居者和為人父母者等時間自然而然地耗費在核心家庭的人，為了感到幸福而刻意投資在所選的人際關係上這件事，對他們來說更加重要。

第六個策略是我找到的，就是**把工作場合轉變成一個社交場所**。快樂單身人士會和工作場合的人們產生連結，也會持續在同事裡面結交新朋友。近來許多雇主，甚至是單身人士自己，在過於專注於追求專業地位時，傾向於低估了友誼的重要性。然而，快樂單身人士即便是在工作場合也可以到處交朋友。

三十七歲的蘇西（Suzie），未曾結過婚，同時做兩份工作，工時相當長。為了達成平衡，她在工作上和人建立關係，在訪談中她提到：「我一週工作五天，而且都差不多十二個小時長。另一個職位則是一周三天。但我的工作包含了朋友和創意，所以即使我一週工作三十六個小時，我是和我所喜愛的人在一起，我在做我熱愛的事情……還有，至少一個晚上一次，我會和某個熟悉的人出去聊天。」

交朋友的確會幫助快樂單身人士保持「工作與生活」平衡上的良好平衡。因此最近有一個新的ＡＰＰ：「不再單獨用餐（NeverEatAlone）」應運而生，上班族只要登入就可以找到工作所在地的某人一起用餐。這個ＡＰＰ非常成功，許多雇主都把它用來增進員工間的社交互動，確保沒有人獨自吃飯。開發這個ＡＰＰ的公司在網站上放上創建者瑪麗（Marie）的故事：「自從加入瑞銀集團（ＵＢＳ），瑪麗在工作時常常覺得寂寞，她發現自己大部分的休息時間都是和同一群同事在一起。於是決定做出改變，為了遇見新同事，她開始去敲不同部門辦公室的門。這給了她探索其他人工作內容的契機，並找到志同道合的人（像是冥想和瑜珈）。她最後甚至和執行長見上了面！瑪麗發現，幫助員工彼此相識，能讓大家都變得更好，促成一個更快樂的工作環境。」

毫無疑問地，在工作時交朋友這件事，為原本疏離的工作場合，創造了突破性的新觀點。瑪麗不只消弭了工作場合同事間的情感距離，也透過和執行長見面打破了公司的組織階層。

打造對單身友善的工作環境

如果可以在家工作或是彈性工時，當然也許可以立即解決現代單身人士面臨的挑戰：多重任務和承諾。當有些人認為，在家工作、遠端辦公最終仍會對那些有家庭的人造成「工作與生活」平衡的干擾，這些選項對獲益於更加彈性工時的單身人士來說似乎更可行。

即使是不能負擔，或並不享受在家工作和彈性工時的單身人士，也應該和他們的雇主協商戶外活動的時間。回顧和單身歧視（對單身人士進行差別待遇）有關的章節，可以發現：儘管家庭生活備受推崇，是否要針對單身人士的需求教育雇主，決定權在於單身人士和關心單身權益的人。單身人士應該自在表達娛樂紓壓和社交活動對他們的生活和幸福的重要性。

阿里斯泰奧斯跟普羅透斯之戰的最高潮，仍然一動也不動地凍結在凡爾賽花園的雕像裡。持續象徵著一些人，尤其是單身人士，為了能夠聚焦在內在自我，衍生出對自由和形體轉變能力的需求。就像露易絲，忍受了無聊的工作十七年後離開先生，開了一間屬於自己的書店。許多單身人士並不想要被綁在岸上，他們屬於變化萬千的海洋王國，或說他們更偏好有創造力、野心勃勃的潛意識領域。跟隨普羅透斯的腳步，許多單身人士尋求他們自己的「多變職涯」，並從中獲得相當大的好處。透過改變型態、保持自己不受干擾，單身人士發展出一套自我表達的方式，並找到屬於他們自己的預言。珍的寫作和莉娜的劇場工作，就是他們投入內心渴望後的產物。有一些單身人士，像是前面提到的匿名部落客，甚至為了能夠持續航行，故意避免「定錨」。

但看起來阿里斯泰奧斯和很多其他人，永遠會試著要束縛住普羅透斯。他們並不是卑鄙小人，只是把普羅透斯看做了一個為己所用的工具而已。

但普羅透斯，他的名字起源於希臘文protos（意思是「起源」或「不可混合的」），會繼續試著逃回海上，和他的一群海豹為伴，自由自在地徜徉。就像菲洛斯特拉托斯（Philostratus）在他的書《提亞納的阿波羅尼烏斯的一生》（Life of Apollonius of Tyana）所寫的：「我幾乎不需要和詩人們的讀者解釋普羅透斯的特質，和他在智慧方面的聲譽；他的多才多藝、他不斷改變的形體和被抓捕時的反抗，以及他如何兼具通曉過去和未來的盛名。」

第7章 快樂單身人士的未來

伊代・席亞保（Edai Siabo）的傳奇每年仍在巴布亞紐幾內亞流傳。伊代，一個來自波拉村（village of Boera）的年輕人，和當地原住民摩圖（Motu）人，一起居住在極難長出足夠作物養活每個人的乾燥之地。有一天，伊代平靜地釣魚時，當地神話裡的海之靈化身為一條大鰻魚出現在他面前，把他拖到水底下。在那裏祂指示伊代如何製造獨木舟，並航向西方和他人進行貿易。伊代遵照這些指示造出了獨木舟，放滿妻子準備好的料理用陶盆，期待可以交易到一些食物。伊代勇敢面對未知的危險，登上獨木舟航向遠方的地平線。

大部分的摩圖人都以為再也見不到他了，但幾個月之後的乾季，伊代居然划著獨木舟，帶著滿滿的食物從遠方駛來。摩圖人明白再也不能只靠自己了，取而代之的是去探索貿易和部落間的交易路線。每年舉辦一年一度的節日，慶祝第一次成功的沿海貿易之旅，名為希里（Hiri）。

生活在當今社會的我們，貿易看似自然而然發生——甚至可以說是沒什麼大不了。我們覺得在店裡拿起一樣東西結帳，閱讀標明墨西哥、越南、或世界各地製造的標章，不是一件多了不起的事情。

我們被一個能夠提供任何我們所需（need）、所求（desire）甚至所想（imagine）的資源網絡圍繞，也明白這不是一個地方就能促成的。一國所有的貨物，都由單一國家製造，將被視為經濟系統失敗的象徵。一個國家當然可能達到某種程度上的自給自足，但這需要當地居民將自己的需求降到最低，甚至也許要在摩圖人發現貿易路線且明白參與商業網絡的好處前的那種貧困程度中求生。

對有些人來說，婚姻制度是類似的東西。對他們而言，婚姻再也不能是生理、社會、情緒和心理需求的唯一供應來源，而必須透過多樣的交換網絡，才能夠滿足這些需求。雖然這還不是被廣泛接受的觀念，已經有越來越多人開始明白傳統婚姻，意即和同一個人一起生活，並相信他或她，能在半世紀甚至更長的時間裡，成為幾乎所有個人需要的主要供給者，簡直是一件不可能的事。

想想人均壽命的延長。才不過一世紀以前，美國人平均只能活到大概五十歲。現在這個數字已經快要突破八十了。壽命延長，讓人開始思考他們想要的生活多樣性，以及是否可以透過一個伴侶提供。人們不只活得更久，也有了更多的需求，他們尋求更多體驗、想要更多能從中受益的機會。他們先是期望從世界，然後是從伴侶身上得到更多，並且希望和他們一起經歷各式各樣的體驗。即使對一個強大又信守承諾的人來說，成為滿足他人膨脹心願的唯一來源的負荷還是非常大。

作為傳統婚姻模式的替代方案，現代單身人士發現，**多樣的人際互動上的交換，豐富他們的生活，提升他們的幸福感**。人們開始將社交網絡作為生活方式，取代原本「婚姻無底洞」的伴侶關係。建立了人際網絡的個人，能夠透過多種來源滿足自身需求，不必只從核心家庭裡獲取。

摩圖人的封閉系統確實有許多好處，畢竟它看起來安全：航行到其他部落進行貿易是一個有風險的賭注，卻不可避免。同樣，對年輕的單身人士來說，婚姻起初看起來比較安全。他們之中有許多人，把以家庭為單位的自給自足模式視為能夠永遠幸福快樂的最佳方法，因為它被認為是可預測和信賴的系統，能夠持續滿足他們的需要。然而，許多人在多年後，常常是在等到跟不上伴侶的轉變時，才恍然大悟改變原先的看法。他們領悟到婚姻不適合他們，他們要的是更有彈性、開放式的系統，能夠反映出他們的人生發展。否則他們會「在性、情感和理智上會飢渴而亡」。要在這麼長一段時間維持一個自給自足的系統是很難的，對他們來說，這樣生活其實帶來更大的風險。

許多人轉而採取獨居並發展人際網絡的生活方式。這個越來越流行的生活方式，以不停增加的速度挑戰著婚姻制度。放眼望去，單身人士很快就會占掉各國成年人口的絕大部分，單身也會成為公共討論的主流議題。在這樣的現實環境中，多樣和分化的情感、智識，甚至是情趣用品的交換，很可能在單身人士的生活中佔有更大、更正面的角色。有些研究者將這個即將來臨的現實命名為「**後傳統親密關係**（posttraditional intimacy）」**時代**。這個名詞不代表密集的情感交換或性互動即將消失；而是將會有多重的流動促成這樣的交換。這些流動不會是固定的，而是隨時帶著變化多端的型態。由家庭為基礎組成的社會金字塔，將變形成更加水平的社會網絡。

解釋構成這種現實的一些組成元素是有用的。這些元素呈現的只是一個仍難以想像的全新社會秩序的開端。伊代在想新方法供應食物給他的人民的時候，需要的不只是一個好主意。除了為貿易而做的新獨木舟和料理用陶器，巴布亞神話中也用鰻魚——偉大的海之靈，來凸顯這個改變的劇烈程度。

伊代甚至需要被浸到海洋裡——這是一個常用來象徵潛入個人或集體潛意識的行為。同樣，要了解後婚姻社會的新趨勢將其內化，需要親密的交流和社會組織觀念上的根本改變。為了謙卑地展望未來，我希望可以引起以下討論：關於社會塑造的一個看似自給自足家庭單位，如何轉變為網絡社會和人力網——能夠提供各個節點（nodes）所需的一切以及更多。

單身人士的未來與友誼

從這個脈絡繼續思考下去，讓人再思**友情**在單身時扮演的角色。友情和婚姻制度其實一樣古老。然而在單身世代，為了填補婚姻的空洞，友情將脫穎而出。對許多人而言，有意義的友情將成為人生目標之一，其重要程度不遜於婚姻。

有鑑於單身生活在日本相當普遍，一名研究者聚焦在以人際關係的作用，作為京都居民，尤其中年人，快樂程度的預測因子。研究預測：「在快樂程度上，相對於家庭支持，友誼支持可能會變成更重要的預測因子。」儘管先前的研究已經發現，當越來越多人失去終身伴侶，友誼的重要性會隨著年齡增加；但廣泛地將各年齡層的友誼重要性納入研究，看起來更符合現在趨勢。

由於友誼的非獨占性本質，它的確可以做為未來單身人士形塑生活方式的基石。友誼因此可以提供許多交流管道建立親密關係和人際互動。就像海上貿易航線一樣，這些友誼將以一種不斷分支的互動網絡模式，開創出生理、情感、社會和智識上的交換途徑。

作為處理需求主要方式的類似連結不只會更多樣，對單身人士的生活來說也更重要。因此，一種新型態的更強烈、密集，甚至更正式建立的友誼，預計將會成為單身人士周邊生態體系的一部份。

我在和洛琳（Lorraine）的訪談中稍微見識到這個構想。她是個來自德州，從未結過婚的四十七歲女人，並告訴我：「我不認為你需要透過婚姻，才能擁有成功人生或享受生活。即使不結婚，你也可以擁有朋友和任何你所需要的東西。」另一個例子是七十五歲，來自美國喬治亞州，從未結過婚的女性晶（Kim）。我打從訪談一開始就忌妒她的活力，她描述了一生經歷過的許多段關係，其中有男有女、有神父也有修女，人們在他的生命中來來去去。但一提到她的老朋友，她變得嚴肅起來：「我有一個最要好的朋友，是個女性。我們的友誼持續超過四十年了。」顯然友情是她所有擁有的東西中最穩定的，而且仍然享受其中，這是一段多年來她用了非常大的細心去呵護灌溉的關係。

友情自然只能滿足某些特定需求，但涵蓋範圍也已經相當廣，像是社交陪伴、情感支持和智識上的激勵。隨著晚婚、不婚、分居增加，以及友誼逐漸成為生理照顧和經濟提供的來源，有些人預期友情的作用將更被擴大。

像這樣的友誼在未來只會更強大和流行；再者，由於友情扮演的角色逐漸重要，相關法律和社會協定也將出現。雖然目前看起來似乎並非典型，但當許多單身人士偏好獨居，很容易想見朋友間的依賴會加深，共居的情形也變得更普遍。在單身生活的不同階段，顯而易見的經濟、生理、社會和情感好處，讓其成為有吸引力的選項。像這樣的居住安排，將會需要法定的條約，甚至是社會儀式。

相應的新婚姻／個人身分也會出現：像是同居但非處於浪漫關係的共居朋友，因傳統上侷限在年輕成人之中，這種新的分類在很多社會調查中被過度忽視。但是當婚姻變得更趨延後及不常見，與朋友同居將需要獨立自成一個社會分類。

為這個成長中的族群而設的社會和法律體系很少，但有一個研究者提出「**法定朋友關係**（civil friendship）」的概念。近來會彼此照顧且同居的朋友，基本上已經跟一個家庭單元沒什麼兩樣，卻只有受限（如果有的話）的法律承認。這個想法是希望能引進法律上保障法定朋友關係的條約，讓互相依賴的朋友能夠事先約好，許下彼此照顧和支持的承諾。為了預防對這類單身友群的歧視，有必要將法定朋友關係等同於婚姻或民事結合（civil unions）。

在相關法律條約的保護之下的法定朋友關係，將會讓共居和互賴的單身友群獲得重要權益上的保障如：稅務減免、受雇權益、就醫、經濟和繼承利益……等等。有鑑於最近公眾對同性婚姻和LGBT社群態度上的轉變——上述權利在相關社群爭取之前只保障異性婚姻伴侶，一個為了尋求和他們的朋友一樣權利的國際性單身人士運動，最終似乎註定會成功。因此，在這個重新建構友誼角色的時代，發展快速的單身人士很可能促成許多即將到來的改變。

除了為共居友群建立的法律體系，我們可以期待看到**因應友誼文化而生的機關團體和節日**。第一個具指標性的節日，發生在一九五八年的巴拉圭，雷蒙·阿提密歐·布萊屈醫師（Dr. Ramón Artemio Brach）首先發起世界友誼運動（World Friendship Crusade），並和他的夥伴一起發起首次的世界友誼日（World Friendship Day）。驅使他這麼做的靈感，是想要為友誼創造一個特殊日子，能和那些尊榮母親、父親、其他關係甚至是樹的節日對等。

因為友誼實在是太重要了，不能被遺漏在節日清單之外。的確，在超過半世紀之後的二〇一一年，聯合國宣布將七月三十日列為友誼日，雖然各國慶祝友誼的日期都不太一樣。

特別從二〇一五年開始，臉書將它創立的周年紀念日一月四日指定為好友日。這個社群網站會為在網站上互動過的朋友們，自動創造出個人化的拼貼影音。雖然這種節慶為了能夠增加臉書使用者的流量，無疑有商業利益的考量，但它立即產生的副產品就是對友誼價值的重視。不可否認的是，好友日和友情紀念日在報章傳媒上引起了相當多正面的回應和評論。格外驚人的是這項新實踐或風俗穩佔一席之地的速度。周年紀念日曾經只保留給夫妻之間，現在朋友也達到了這個里程碑，不論是透過社群網絡線上的幫助，或是實質的禮物和節慶。里菈・哈特菲爾德（Leela Hat-field）和愛莉・馬泰爾（Alie Martell）就是一個活生生的例子，兩人都二十七歲，居住在紐約，一起辦了一個慶祝友誼滿二十週年的派對（非正式的稱呼是友誼周年紀念日）。身為《柯夢波丹》總編輯的愛莉說：「友情的里程碑常常被忽視，但我們想要慶祝我們的周年紀念日並和所有朋友分享。」

這些新潮流改善了單身人士的幸福感。事實上，研究已經指出友情在預測或增加幸福感上扮演有力的角色。未來，我們可能會看到一個文化上允許單身人士將友誼看得和夫妻間的伴侶關係一樣重的時代。就此而言，**體貼、有意義和長期的友情關係，可以取代婚姻的位置**，特別是對自願單身人士來說。這裡的文化意涵具有戲劇性，但有鑑於婚姻的地位持續下降，友誼可以逐步演變為能夠填補結婚人數下降空白的想法，並不是太激進。

美國記者兼作家埃德娜・布坎南（Edna Buchanan）以對友誼的評價聞名。正如她所說：「朋友是我們自己選擇的家人。」雖然這句話可以有多種解讀，它為這個討論帶來了額外的意義。親密度的概念從青年時期開始發展，隨後在浪漫關係的伴侶和朋友之間產生變異。但當長期單身人士用友誼取代了婚姻，從朋友之間意識到的社會支持和親密程度，也許會開始和涉入浪漫羈絆的人們變得更加相似。

也許在這個關於友誼的討論中主要的關切是，**性需求**該如何在一個友情取代婚姻的世界裡解決。但這正是擴大交換圈的秘訣。例如，身處於一個大的都市單身社群，就已經創造了一個讓單身人士可以隨心所欲、輕易地建立關係或發生一夜情的情境。胡安（Juan），住在洛杉磯，從未結過婚，是一位五十歲的同性戀者。在我們的訪談中說道：「我覺得自己像拿到了黑卡。當我登入像Grindr和Scruffs（同性約會與約砲APP），身為一個單身同志，我可以一星期換一個口味，甚至一天一個。但如果我處在一段關係中，我就不能有這麼多的玩樂時間。」

胡安樂於把他的時間分給不同類型的性對象。對他來說，一段關係耗費珍貴的時間太多，他寧願把時間用來認識新對象，他將生活視為充滿著「各式各樣的口味」。無疑地，一夜情越來越被接受：資料顯示從七〇年代以來，美國人變得比較能夠忍受婚外性行為，其中一夜情是比較普遍跟可接受的。另外針對成年人進行的調查顯示，相信婚前性行為「一點都沒錯」的比率在七〇年代早期佔二十九％，在八〇和九〇年代佔四十二％，在二十世紀的前十年佔四十九％，二〇一〇年代初期佔五十八％。雖然大眾輿論不鼓勵一夜情，並將其視為具有潛在風險、會傷害心理的行為，更多近來的證據卻顯示事情並非如此。

事實上，在某些例子裡，特別是當單身人士不抱著傳統性別角色觀念時，人們通常對其一夜情抱持正面態度。

有些人顯然可以想像到，一個單身人士的性和情感交換都十分冷漠和空虛的世界，但我的訪談顯示出一個新的實際情形。**單身人士形成一個彼此用愛對待的性伴侶圈，定期聚會進行愉悅的互動，充滿著溫暖和笑聲。**同樣，他們發展出一個在情感上連結、能夠支持彼此的友誼網絡，有時還是能全體動員的活躍社群。

單身人士的未來與社群

當單身人士一邊從親朋好友獲得支持，一邊和各種圈子的人們社交，享受不同形式的關係身分時，一些最有意義的幫助可以從其他單身人士組織的團體中獲得。單身人士可以從建立一個集結志同道合者的**社群**中獲益良多，透過共享的態度、興趣、看法和目標提供幫助並培養同志情誼。如我們在第四章所討論過的，這對在社會資本上獲益較多的單身人士來說尤其重要。

今日的單身人士社群仍然很少且彼此疏離，大部分都是在內城（inner cities）年輕單身人士的臨時聚集。這樣的集會不只排斥許多較老的單身人士，大部分也都很短暫：單身人士在這些團體中約會、結婚、遷入、遷出。因此即使是在這些社群感到安全的年輕單身人士，也會做長遠打算，並且認為一定要在「成員身分過期」以前趕快逃離和結婚，不論是變得太老或是其他成員結婚並離開，都會造成團體的解散。

然而，未來看起來還是很有希望。在瑞典這個以高比率單身人士著名的國家，成立了一個叫菲羅斯（Filos）的機構，支持親密關係的替代形式如共食和社區活動。

當然有些參與者還是持續在尋找一個伴侶，但這個組織本身並不專注於將人配對。相對地，菲羅思策畫共同活動提供成員創造社會聯繫的機會。某種程度上，創辦人希望他們的組織能夠減輕對家庭的需求。

朱莉（Zurie）是另外一個參與這類單身社群的例子，她三十歲，住在布魯塞爾郊區：「這裡的社群意識真的非常強。感覺就像一個家庭……我喜歡住在城市，因為喜歡走出門就有百萬種事物垂手可得。雖然這只是個小鎮，我還是可以有這種感覺。如果我走去Stefan's，路上就有大概六個人。」朱莉已經發展出和其他同樣住在這個小鎮的單身人士共同形成的社群意識。在有相同看法的單身人士身邊，可以排除掉任何結婚的壓力。她說，只要走到街上，即使沒有遇到任何像她那樣的人，寂寞的感覺就消失無蹤。「熟悉感」給了她自信和強烈的歸屬感。

三十五歲的湯尼（Tony）住在紐約市郊。他告訴我住在一個單身社群的感覺：「我在這裡有很多朋友，這不是一個真正的社群，而比較像一個準社群，有許多人在周遭，我認識很多年而且感情很好的那種。」在訪談中，湯尼所屬社群的獨特性越來越明顯，在他的敘述下有某種程度上不能明言的規則，像是對永久單身人士的接受、給予每個人選擇任何生活型態的自由。類似這樣的社群才剛開始興起，成年的單身人士發展出交換網絡，在那裏他們可以組織自己的生活和社會網絡，而非聚焦在約會和建立家庭。當友誼的變遷超出了傳統關係的限制，社會可以往前邁向一個以非浪漫關係為主的時代。在這樣的時代，單身社群將發展成一種永久性的社會身分，單身人士間的聯繫也將不再那麼短暫。

此外，更多的單身限定活動也可以在這樣的社群舉辦。例如，有更多機會能夠舉辦政治活動。當單身社群蓬勃發展，他們的影響力和遊說潛力將會增加。他們將會為自己的需求發聲，並有能力招募單身人士活動、節慶甚至活動中心的支持和資金。

事實上，有些單身社群已經在婚姻平等的倡議上表現積極。這些團體透過像是未婚平權運動，將未婚者和單身人士團結起來，追求在健康醫療、居住、育兒、移民、納稅和其他社會法律層面上的平等和公平對待。

另一個單身人士創造支持性社群的絕佳方法是透過**網路**。蓓拉·迪波洛（**Bella DePaulo**）在廣泛地以單身為主題進行研究和寫作後，用收集到的問題和請求，透過部落格發表有關線上單身社群需求的文章。在部落格中，她提到收到了單身人士和單身行動分子想要從虛擬社群找到志同道合人群的請求。並創立了名叫「單身人士社群」的臉書社團作為回應。想要加入的人，只有在清楚明白這個社團並非為浪漫關係而設後才能加入。事實上，社團相關敘述第一項就明言：「這個社團和約會沒有半點關係。」

在迪波洛發表貼文的兩年後，「單身人士社群」已經擁有數千名成員，他們分享彼此的想法、主意和單身生活，每隔不到幾小時就會有一篇新的貼文出現。成員們的話題涵蓋自我肯定到快樂單身生活，在這些廣泛的議題上彼此支持。這些互動都很具激勵性和正面。

像這樣的單身虛擬社群顯示，在這一系列議題下被廣泛聚集的單身人士們越來越強的力量和影響力。由於很少能夠找到和約會無關的在地單身團體，線上單身社群的國際化和無遠弗屆性質在此階段極具迫切性。稀少性並非是因為沒有需求，而是象徵在婚姻制度已經先入為主的社會中掙得合法性的難處。然而，萌芽的單身人士運動暗示單身這個身分在未來會越來越重要。

單身人士自我認同的健全發展以及有了團結所需的背後目標，社會上更多單身社群的出現和發展指日可待。

無獨有偶地，許多媒體也已經注意到各年齡層未婚者在單身社群中的增長，出版商和報章雜誌開始對單身生活的品質另眼看待。當有些針對單身人士進行調查的「最佳居住城市」名單還將眼光停留在過去的約會經濟學和遇見伴侶的可能性，一些新的調查已經將友誼和玩樂納入考量，如《富比士》（Forbes）就分開處理注重內心需求和找伴需求的單身人士。有些最新的名單已經將更多的細項納入指標，像是夜生活選項、單身人士比例、外出花費……等等。

雖然這些名單都沒有對社群著墨太多，卻顯示了單身社群創立與成長的跡象。透過指出哪裡對單身人士外出、社交、居住（而不只是約會）比較便宜或容易，並載明哪裡的單身人士比較多，這些名單標出哪些地點最具發展單身社群的潛力。

此外，這些名單和引起的關注顯示，現今的單身人士正在尋求更加正向的生活方式，而居住的選擇會被社群相關因素影響。

單身社群的出現，無疑對單身人士的幸福和快樂單身世代的創造具關鍵性。為了證明社群意識對成人的主觀幸福感具有正向影響力而對廣大人口進行的研究指出，社群的凝聚力被公認能夠促進不同社會群體的福祉。相反地，缺乏社群支持將會導致個人產生寂寞、憂鬱、孤立和異化（alienation）的感覺。

在其他方面，研究顯示社群感對少數族群來說很重要。例如，社會支持和社群參與就被證實能夠預測居住在加拿大的印度移民、澳洲的少數族群、西班牙的多元族群、以及許多脈絡下國際難民的生活滿意度。

這些研究顯示，社群能夠提供少數族群歸屬感、加強自我認同；並成為在社會、實際用途、生理、心理方面支持的來源。對少數族群來說，社群特別能夠幫助他們克服種族歧視、民族主義和其他偏見。在這方面單身人士也和少數族群一樣弱勢，並且能夠從組織社群中獲得許多力量。透過團結一致且提供彼此幫助、建議和陪伴，單身人士可以開創出更加正面的未來，減少單身歧視帶來的影響。

像這樣的單身社群趨勢方興未艾，而且將在未來呈現多元的樣貌。例如，單身人士可能會依據特定興趣組織社群，而每一個社群的互動特色也都不同，擁有自成一格的體系和規則；也有單身人士會圍繞特定的地理位置或市中心聚集。依地理位置形成的社群，在未來的住房選項和市政服務上需要更多的說明。接下來的章節將為此提出更多詳細的解釋。

單身人士的未來和都市規劃

長久以來，住房和都市的規劃都假設是以核心家庭為標準。城市和居住區為此發展並建設出高速公路、郊區和大房子。內城的建物是為了容納家庭生活，並將獨立公共空間作為遊樂場和幼稚園。以大廚房和多臥室為主打的公寓，也是被設計給家庭使用。

然而，隨著單身人士的發展，像這樣的住房和都市設定，變得沒那麼適合許多城市的新興人口結構，尤其是在吸引許多單身人士聚集的大城市。

如第一章討論的，單身人士搬進都市常常是為了尋找朋友、社群、工作和約會的機會。這些行動曾經被當作只有年輕單身人士會這麼做，但最近離婚者、分居者也開始這麼做了。對這些單身人士來說，大部分的人都偏好獨居，但缺乏適當大小的公寓、合適的公共空間和足夠的生活空間，令他們感到困擾。為了復興這些區域，增加了對都市規劃師的需求。

展望未來，正在成長的單身人口，特別是在城市的社群為了能夠適應這樣的人口變化，將激發出更多探索創意性解方的研究。都市規劃正在持續進行調整，有許多方法也已經被提出。

一個考量空間規劃的選項是，**將現存的空間、建築物和住所改建為較小型的公寓和套房**。單身人士並不需要大廚房或起居室。作為替代方案，老公寓可以被分割並改建為較小的公寓，以符合單身人士的需求，他們通常外食，且傾向在公共空間與朋友進行社交。對這類公寓的高度需求，已經在全世界引發以市場為導向的轉變，在不遠的未來，其進展預估將更為快速。

微型住宅和家具設計也提供了潛在的解方。透過巧妙的設計，和節省空間的技術，建築師和室內設計師在明顯小於五百平方英尺的空間裡，創造出更適宜居住、更時尚與舒適的住宅。然而，由於許多城市都限制了出租房的最低坪數，政策制定者會需要依情況調整。例如，在紐約，直到最近的最低坪數限制是四百平方英尺，這讓許多微型住宅的選擇實際上是違法的。

另一個適應變遷的規劃方法，是**把建造符合想要獨自生活的人們需求的新型態公寓，視為優先執行事項。**邏輯很簡單：住宅密集化讓單身人士買得起房子，且更鄰近都市服務設施。

規劃師和開發商已經開始想要迎合對套房和單房公寓的現行需求。然而，建造小型公寓大廈的主意，還沒有吸引到足夠的關注，需求仍然大於供給。問題主要在於多單元高層建築的投機性。在建設開始以前，許多能夠解決這個問題的模式已經被提出，包含涵蓋將買方、賣方集結並進行交易的雙邊市場製造者的總需求模型（demand aggregation model）類似Uber和Airbnb。相似的設計還有審議發展模型（deliberative development model），由潛在居民而非開發商成為計畫的提倡者和贊助者。這兩項模型在新興單身社群的興起之下變得更加可行。從共同的活動、節日及晚餐認識彼此，對單身人士來說，形成一大群共同推動新住宅計畫的消費者團體將變得更加容易。

這些想法在許多單身社群逐漸變得盛行，顯示出一個單身人士共同生活、彼此扶持的實際情況。

居住在德國法蘭克福，四十六歲，從未結婚的麗娜（Lina）在和我的訪談中提到：「如果我將自己和一同長大的人們做比較：我所有的朋友都結婚了，也有了孩子。但我現在生活在一個朋友們沒結婚也沒生小孩的社群之中。他們會住在一起是因為沒有結婚、沒有伴侶或沒有孩子。而且他們都是我這個年紀的人，將不會有任何孩子。我不知道接下來會怎麼發展，但當我們彼此對談，這是確定的，像是：『噢，我們未來必須住在一起，想辦法支持彼此。』因為到了生命的最後一天，將不會有一兒半女來照顧我們。」

一個記者述說了自己的故事，讓我們可以稍微了解未來的可能常態。像麗娜，和其他第四章的故事所提到的人，四十多歲的基蘭．西杜（Kiran Sidhu）有一群從在學和大專時期就認識的單身、無子女性朋友。

不論他們保持單身的理由是什麼，即使核心家庭在她和朋友生命中缺席，她們想要和彼此同住在一棟房產之中。基蘭和她的朋友打算藉此照顧彼此的生理需求，也計畫透過共同參與活動滿足社交需求。在一篇《衛報》刊出的文章中，基蘭透漏她們已經在談論要一周一次地聘請瑜珈教練，還有彼此的專長和興趣將如何相得益彰。她們其中一人善於烹飪，另一個熱愛園藝，而基蘭自己則對裝飾能力十分自豪。也許最重要的是，她們樂於照顧對方的情感需求。她寫著：「因為我和朋友已經想好我們的替代養老方案，變老就不再是那麼令人害怕的未來，我也不再逃避這事，反而感到充滿希望且大有可為。」

共同住宅（cohousing）已經被認為是高齡化社區的政策解方，人們可以獲益於彼此的支持和共享空間。但在不遠的將來，共同住宅也會普遍出現在年輕單身人士中。研究顯示，共同住宅吸引到的是不那麼傳統的家庭、女性上班族、對性別角色看法新穎的人。因此，即使是在非為單身人士設計的共同住宅區裡，傳統型態的家庭也不總是常態，這讓單身人士更容易融入其中，並從支持性社群中得利，填補通常由配偶承擔的角色。藉著平衡個人住所隱私，並和社群意識、支持和安全的結合，共同住宅可以更進一步地吸引單身人士。

如第三章所提到，一間叫WeLive的公司（WeWork沒那麼有名的姊妹公司）開發了共居的微型公寓大廈，就位在華盛頓特區旁的水晶城區和曼哈頓的下城區。重要的是，租金涵蓋了多種生活便利設施如公共空間，甚至提供茶和咖啡。還會為居住在此發展友誼的居民們舉辦活動。

這個正在發展的新生活方式為單身人士提供了若干好處，像是增加了小型公寓的供給，並創造既能獨居又能發展出社群意識的機會。WeLive的首席執行長詹姆士・伍茲（James Woods），在訪問中表示：「我們想要建立多元化社區……。人們願意對所有種類的互動保持開放，樂意放棄私人空間交換共同體驗。此外，透過多合一的生活便利設施，在帳單、公共設施和維護上為時間寶貴的單身人士提供方便，特別是對那些在白天或工作時，無法依賴另一個人處理家務的人。」

最後，**城市近郊的重新規劃**也需要特別的關注，都市的空間有限，當單身人士越來越多，大都市外單身住宅的需求也將增長。近郊和鄉村房價較可以負擔，給只有一份收入而無法負擔獨居市中心費用的單身人士，提供一個重要的減壓方案。就像朱莉在本章節前面提過的，在小鎮裡和同樣單身的人住在一起，讓她對自己的單身身分感到自在。在小鎮和近郊發展單身住宅，是一種具有強大潛力的安排。

因此，住宅區預期將往城市外發展。這類型的計畫創造了一個人們相鄰而居、擁有共享公共空間的社區。在這方面，住宅區某種程度上類似於封閉社區。然而，讓兩者不同的是分享和陪伴。封閉社區是由於對恐懼文化和安全的渴望所形成，且往往是高價值房產的所在地。這些社區的居民要求嚴格控管的入口，有時藉著聘僱私人保全來達成。然而住宅區的特色是正向鄰里關係、互助文化、公共空間的集體決策，以及鼓勵友誼發展和社交活動。

雷·卡密（Ram Carmi），以色列其中一個最著名的建築師，在貝特謝梅什（Bet Shemesh），這個位於耶路撒冷和特拉維夫市之間的小鎮，設計了一個名為搭模斯（Tammuz）的「近郊基布茲（suburban kibbutz）」。拜訪搭模斯的人可以看見兩個公共空間：第一個是建立在漂亮山景上的圓形廣場，用來舉辦所有的社區活動。第二個是大草坪，人們在那進行日常生活，所有公共建築矗立在旁。還有一個小飯廳、多位秘書和數個社交俱樂部。夏天，搭模斯的居民，不論單身人士或小家庭都會聚集在草坪用餐。「這些建物已經落成十八年，看它真的發揮作用令我感到很滿足。」負責這項建案的建築師這麼說著。

要吸引單身人士遠離市中心居住，需要**多樣的住房選項和建物外觀的改良**。例如，最主要的問題是距離和孤立感。長程通勤和社交令人退避三舍，特別有許多單身人士熱衷於夜生活。

長遠來看，**改善通往市中心的大眾運輸系統**，對許多獨居的單身人士來說很重要，和公共運輸和年長者、缺乏移動能力的單身人士、或買不起車子的人尤其關係密切。在小鎮規劃單身社區並不是件容易達成的任務，但有些人已經開始創造為藝術家、青年志工和年輕科技企業家而設的育成基地（hub）。這些關注單身人士需求的社會和硬體基礎設施，可以輕易吸引到尋求就業機會和較便宜居住結合選項的單身人士。

單身人士的未來與消費主義

單身人士顯然是新興且日漸增加的重要消費客群，迫使企業做出回應調整商品、服務和廣告方式。由於單身人士參與許多活動，他們的消費偏好會和已婚人士做出區別。

消費者支出調查顯示，單身人士把大部分的收入花在服飾、食物、餐廳、休閒娛樂上，且花費仍在增加中。在消費模式上，單身人士也比較能夠忍受風險、較不在意價格、比較品牌取向，在消耗和購買上都會被方便性吸引。這些特性的結合，在未來幾年可以預見將會徹底影響消費市場。

主打單身消費市場的企業，已經開始針對單身人士提供客製化商品和服務，例如和已婚人士相同內容但份量較少的產品。企業家也已經開始調查對單身人士有特殊意義的活動或商品，像是健身器材、休閒和社交活動。因此，單身人士將受益於各式各樣符合其需求的服務，消費的選擇在未來勢必會越來越多。

其中一個因應人口變遷做出顯著回應的區塊是**餐飲服務業**。這個產業在三方面針對單身消費者做出調整：更方便利用、多樣化和健康取向。首先，根據英國研究，單身戶在「廚房逃避者（kitchen evaders）」的項目上佔了過高比例。過去幾十年，由於工時的增加和其他時間壓力，人們普遍花費較少時間在烹飪上。單身人士更是首當其衝，因為只煮一人份的效率太差。因此，單身人士受方便食品工業的吸引比其他人口更甚，這類食物也因此變得更有效率和可得性。

第二，即使時間很短，單身人士會被講究的飲食所吸引。他們獲益於和第五章所述的個人主義及後物質主義一同崛起的方便食品工業市場。因此，量身訂製的食物特別能夠符合單身人口的需求，尤其是對較年輕的單身人士來說。因為他們比較會意識到自己的偏好，想要嘗試新口味，並且比起已婚人士更追求口味道地的在地食物。

第三，餐飲市場也將特別為單身人士推出較健康的外帶食物。這是因為單身人士不只比較注意飲食習慣，也更願意花錢在高品質的食物上。我的分析顯示，食用蔬果和其他健康食物的習慣在單身人士中比較普遍，特別是從未結過婚者。因此，單身人士將以提高的健康、營養食品意識引領市場走向。

另一個將因應單身潮流做出改變的行業是**旅遊業**。對於也許特別將旅遊視為探險和自我實現方式的單身人士來說，缺乏潛在旅伴顯然會令人打退堂鼓或更無法負擔相關費用。當人們廣泛接受年輕人成群結伴旅遊，過了適婚年齡或人們開始和伴侶、家人出遊時，要找到旅伴變得更難。不過現在旅行社已經開始為中年和老年單身人士的需求提供解方，鼓勵能夠幫助單身人士最小化支出且提供安全感的聯合旅遊。也有旅行社開始為獨行旅客安排團體，並且不會嘗試將他們配對。事實上，這些旅行社回應了獨行旅客雖偏好自由和彈性，但仍想要較有組織、設計好的假期行程需求。

有些旅行社廣告的直接目標就是想要獨自旅行的人。例如，旅行社G冒險（G Adventure），為吸引單身消費者，引述了旅行作家芙瑞雅・史塔克（Freya Stark）的建議：

「在一個陌生的城鎮醒來，是世上最令人愉快的感覺之一。你周圍充斥著冒險。你不知道等著你的是什麼，但如果你夠有智慧並且懂得旅行的藝術，讓自己隨未知的洪流前行，接受上帝可能會放在你靈魂中的一切事物。為此，你習慣的思考模式，除了你最珍惜的朋友，所有日常生活中屬於你的一切，其實只是阻礙。

一個故步自封的旅行者就像躲在自己殼裡的蝸牛，他像以前一樣在自己家門口的台階上漫步，卻想藉此看見世界每個角落。但如果你把這些都拋下，帶著悠閒並放空的心靈出擊，就沒有什麼事是不可能發生在你身上的。」

G冒險和其他同業認識到獨自旅行的潛在樂趣，並尋求相對應的單身人士去實現他們的願望。他們將焦點放在數量增加中的獨自旅行者，提供他們單身友善的行程，以減輕潛在恐懼感並保證他們將和志同道合的人一起旅行。許多旅行社甚至因此減免了單人入住的費用。的確，為獨自旅行者提供的行程將越來越多且多樣化，包含以運動、文化、歷史、郵輪……等為主題的行程。

此外，單身人士在**社交生活**的投入也創造出了商業前景，以及對相關機會產品的需求。例如，社交網絡服務聚會（Meetup）APP已經將單身人士加到設定中。還有為了迎合未必在尋找一段關係的單身人士的需求所產生的越來越多節日、俱樂部和社交活動。換句話說，越來越多單身人士需要的是沒有壓力、暗示或以自動帶入以約會為前提的聚會。

最後，**行銷廣告**世界也正在適應單身人士的需求。雖然行銷策略在傳統上常利用焦慮、恐懼和負面刻板印象汙名化單身人士，有些行銷者正在改變作法打入這個新興市場。他們開始聽取專業顧問如何向單身人士推出不帶汙名的廣告上的建議。這些意見包含如何提供方便、避免不必要的標籤化和過度針對的刻板印象。有些行銷策略甚至走在更前面，根據美國市場行銷協會（American Marketing Association）建議的在情人節這個以非單身人士為主的行銷市場，針對單身人士另外開創出自己的利基。

雖然這類建議只是為了增加獲利，卻也證明了對負面刻板印象的關注正在增加。因此，更有自信的單身人士形象將出現在這塊令人覬覦的廣告市場中，並刻劃出單身人士光明正向的一面。未來的單身人士將面對更少的歧視、刻板印象和更多的認可。

誠然，在不同的單身人士中，婚姻狀況和消費習慣的關係也會有差異。例如，自願單身人士，或是「新單身人士（new singles）」的典型特色是更加個人主義和尋求享樂，在休閒娛樂上可能會花費更多金錢。另一方面，非自願單身人士，特別是離婚或鰥寡者，較可能由於經濟上的限制，草率地選擇較便宜的選項。即便如此，其中的差異卻很少被研究，但現在正是該這麼做的時候。更全面理解單身人口變異性的這類研究，將會對商業活動和社會大有助益。

單身人士的未來與科技

隨著科技前所未有的發展，單身人口的興起正是時候，這也許並非巧合。對單身人士這樣的動態人口來說，科技提供有效率的網絡方式克服直系親屬的限制。伊代透過技術為摩圖人帶來突破，造了獨木舟將他帶往其他部落，並藉此建立了摩圖的貿易網絡。當今科技也同樣克服了時間和空間上的限制，拓展了單身人士的境界。新科技提供進入和離開各種關係的選項，加強了可塑性和多元性。

雖然有許多人使用約會APP和網站的確是為了找樂子；但也有人的目的不是為了尋求一段關係。

越來越多的單身人士反而是為了**尋找各種類型的親密和社交機會**而運用科技。其中包含了短期和長期的浪漫關係、一夜情或柏拉圖式的親密關係。對那些想要和老朋友、新朋友社交的人來說，社群網絡可以幫助他們和遙遠的親朋好友保持聯繫，甚至透過更有效率地分享興趣、嗜好及個人資訊，增加彼此的熟悉和親密度。

但如果關係的科技化可以做得更多呢？近來，約會和友情科技做為將人們連結在一起，滿足社交、情感和生理需求的方式。我們可以進一步提出一個有趣的問題，那就是，科技是否能增加甚至取代規範下男女之間彼此依賴的特定需求？

雖然用科技取代人類互動的想法看起來有點偏離主流，還是必須仔細考量其可能性。畢竟，科技的巨大躍進在幾年前就已經創造出令人印象深刻、能被用在意想不到的用途上的機器人。機器人研究的重心最近已經轉移到社交機器人的發展上，而社交輔助機器人在心理保健方面的應用早已行之有年，提供陪伴、充當玩伴和教練。機器人也可以幫忙照顧老年人或是用來改善孩童的情緒智商。此外，目前機器人和科技已經可以幫忙粗重的家務像打掃和烹飪，解決心理和生理需求。

有鑑於機器人在未來的發展性，有沒有可能**人形機器人**也能夠滿足單身人士情感和社交上的需求？

結合了智慧技術促成的機器人性愛以及最新的戀愛機器人，在近幾年取得了重要的進步。例如中國工程師鄭佳佳（Zheng Jiajia）和自製人形機器人的婚禮躍上了頭條版面。

根據鄭佳佳的說法，他和瑩瑩（Yinging，機器人的名字）約會兩個月後，他決定穿上自己最棒的衣服舉辦婚禮，在媽媽和朋友的見證下「迎娶」她。然而，這個婚禮在中國不被承認，公眾的反應也兩極化。但從鄭佳佳的情況來看，花時間和機器人在一起，似乎至少解決了他某部分的需求。

鄭佳佳並不孤獨。在巴塞隆納一間叫做辛西亞阿瑪圖斯（Synthea Amatus）的公司，走在這個產業的尖端，推出世界上第一個能夠提供浪漫和性關係的人工智慧機器人。人工智慧機器人，像辛西亞阿瑪圖斯公司推出的這款，透過利用類似

Apple Siri和Amazon Alexa的語音辨識技術，能夠和使用者對談並正面回應其碰觸。

在日本，機器人在家庭和社會上，已經被給予更重要的地位。日本政府甚至在著眼於二〇二五年的創新25（Innovation 25）演說中，鼓勵將機器人整合在家庭生活中。這個政策規劃以科技解決老化和疾病人口的照護問題，幫助工時長的家庭及老年人。但幾近諷刺的是，機器人的技術發展，卻也造成了日本單身人士花費更多時間陪伴電子伴侶而非家人的新興文化。

英國廣播公司記者魯伯特・溫費爾德—海伊斯（Rupert Wingfiled-Hayes）在日本京都市外，遇見了由石黑浩教授製造的機器人艾瑞卡（Erica）。溫費爾德—海伊斯描述了他的第一印象：「從照片上可能看不出來，但當你跟她一起站在房間裡，她簡直就像真人一樣。我走到哪裡，她就轉過來盯著我。她眨眼時就像在試著把視線聚焦在我身上一樣。『我喜歡吉娃娃，』她接著說：『那你喜歡吉娃娃嗎？你有養狗嗎？』」

當我告訴她我有，似乎是我們對動物的共同喜愛讓她明顯滿足地輕嘆。幾分鐘後，我發現我的同伴正在因艾瑞卡的回答發笑。顯然她發現我的破日本語有趣之處，正在取笑我。

雖然和機器人的關係仍然面對許多激烈的對抗，甚至是暴力的攻擊，和機器人戀愛的實現趨勢似乎銳不可擋。在大衛・利維（David Levy）的書《與機器人的愛和性》（Love and Sex with Robots）中預見人機關係的興起。利維不只預言了二十一世紀中之前，人機關係將會變得普遍，也解釋了這對個人和社會的若干好處。用他的話來說，如果「每個有能力去愛的人的自然人性慾望都被滿足，整個世界勢必會變成一個快樂得多的地方。」利維思考了許多人們體驗愛、情感和慾望的方式，並預言了科技的進展將滿足許多情感需求，特別是對沒有處在任何關係的人而言。利維的書出版的最初十年，科技業已經見證了在能更精準捕捉人類情感的技術誕生後，人型機器人和人工智慧的躍進。

利維並不孤單。其他研究者也預見和發現機器人可以如何取代人類，並建立了機械倫理學的領域。學術期刊《國際社交機器人學刊》（International Jounal of Social Robotics）探索人類願意採用的自動化社交互動程度有多高。二〇一七年初，頗負盛名的《心理學回顧年鑑》（Annual Review of Psychology）刊出一篇關於人機互動的文章。在此篇或其他篇文章中都沒有一個確切的答案。然而，對機器人研究和更長遠發展呼聲已經出現，不只是為了科技用途，也是為了在心理和社會學層面的應用。

當機器人學的發展引起重要的倫理學和理論問題，對單身人口的影響將是巨大的。開始採用輔助人工智慧後，機器人科技的發展，與社會是否可能逐漸接受有意義的機器人伴侶關係，勢必會挑戰傳統觀念和家庭價值觀。

研究者認為，對人機性愛和浪漫關係的態度轉變很快就會發生。例如，利維預測在未來幾十年內，人機婚姻將會合法化。他的觀點被一些法律評論支持，它們宣稱理論上具備理解力、決策能力和表達意圖的機器人，應該要可以締結合法的婚姻契約。

其他研究者則推測，如果社交機器人能夠改善或為人們的生活增加價值，對社交機器人一開始的不情願態度也許會轉為接受。在經歷許多階段的適應後，研究者預期，大部分的使用者將允許社交機器人成為他們日常生活的一部份。

在這樣的趨勢下也許可以推論，和機器人建立關係的單身人士，將不再被定義為「單身」。機器人的出現，可能會讓一些單身的挑戰變得微不足道，使單身的定義比起伴侶關係更容易改變。機器人將被設定和設計好用來滿足單身人士的需求和渴望，足夠到讓我們質疑「單身」這項分類。

事實上，每個人不分男女的浪漫或性幻想，都能從機器身上得到某種程度的安慰或好處：情感、生理或性方面。有伴侶者說不定也會發現，機器人可以豐富他們的關係。唯一不同的是，這類關係並不會帶來和人際關係一樣的責任和壓力。某種意義上，婚姻和家庭的分類將會崩壞得更嚴重。

毫無疑問地，將科技整合進人際關係的過程將在未來幾年蓄勢待發。根據許多科學家和一些世界上最受尊敬的未來學家所言，我們正走在通往科技奇異點（technological singularity）時代的道路上。在那個轉捩點，人工超級智慧（artificial superintelligence）將以超乎想像的速度，對文明造成不可預期且無法想像的改變。

機器人或後人（posthuman）時代的概念，曾經是全球科幻小說的主題。然而，工程和計算領域的進步已經引領發明家、哲學家和作家用不同的方式討論這個主題。自一九七〇年代開始適用的摩爾定律（Moore's law）指出，積體電路上可容納的電晶體數目，約每隔兩年便會增加一倍，驅動技術能力呈指數增長。觀察到變化速度的麻省理工學院科學家預期在二〇三〇年到四〇年之間，機器人將會開始演化成新系列的人工超級智慧機種。

在到達科技—人奇異點（techno-human singularity）前的這段進展，將對單身人士造成什麼影響？這當然是還沒有人能夠回答的問題。我們不能預測像這樣的未來確切會發生什麼事情，假定科技的發展會沒有任何危機的持續下去，也可能太天真。但即使在人形機器人真正傳布出去以前，我們的社會規範早已因其潛力（potential）發生變化。不過，這之中的一個模式是清楚的：當我們和科技的互動變得更多元和複雜，將改變社會如何建構什麼是「可接受的（acceptable）」。

快樂單身的未來

為摩圖人創立新貿易和人際交流航線的伊代，讓自己曝露在極大的危險和嚴厲的批評之下。對他來說這不只是體力上的付出，也是心靈上的提升——去到水底下和某種大於他日常現實的事物進行連結。去思考單身人士的未來，甚至接受那將要到來的現實，對我們來說也幾乎是反常的。但時候將到，我們必須開始去想想單身人士的未來，為它將對社會造成的可能影響廣泛進行研究。

不論這個未來是否與友誼的地位提昇、新興單身人士社群、創新住宅和都市規劃、變遷中的市場和消費主義模式、技術進展與人機關係有關，社會必須適應這個家庭規範和文化被其改變的新現實。

每個人都應為了滿足基本需求或增加生存機會，且生來就有或逐步演化出伴侶需求的想法，最終將被寧願在更有彈性、易變的社群中和朋友及同類人互動，有時也許還能靠高度智慧科技輔助的單身想法所取代。

像摩圖人經歷的過程那樣，社會結構發生重大轉變是意料之內，而且它帶來的影響還會動搖其根本核心。

但我們不妨為這樣的改變慶祝，甚至每年舉辦一次象徵快樂單身崛起的慶典，就像摩圖人每年都為第一次的航海貿易慶祝，那就是希里日（the Hiri）。

結論

國家、城市和社會制度可以為單身人士做什麼？

前面章節已經講得很清楚，即使面臨社會劣勢、汙名和偏見，單身人口的增加是不可否認的事實。實際上，我們即將要進入單身社會。理由有很多種，但似乎各式各樣社會力量匯流導致的單身潮，在不遠的未來只會加速成形。這並不只是因為已婚和單身人口比例上的變動，也是由於社會規範和功能正在根本上變得更能納入單身人士。在沒有發出任何正式聲明的情況下，單身人士本身也開始養成快樂單身生活：透過加入支持性的社會環境、信奉後物質主義價值、學習抵抗社會壓力，以及用有意義的方式打發時間。這是當今快樂單身人士的日常實踐，即使他們自己並沒有完全意識到。

重要的是，本書並沒有反對婚姻制度。有些研究也在部分因果關係上顯示結婚會使生活品質上升（雖然也有其他研究反駁這些主張，辯論還在持續中。）然而，本書的重點在於，**單身這件事佔我們生活中越來越大部份，並且也會成為未來世代生活的一部份**。

婚姻的結束，比我們想像中的更常發生得多，當這些事發生，那些從破碎婚姻或因配偶死亡而結束關係的人們，在還沒準備好面對單身生活的狀況下，就要承受幸福感的急遽下降。

有些人一開始就不想結婚的若干理由已經在第一章提過，所以他們僅僅是自願選擇維持單身。無論哪種方式，我們都需要學習如何擁抱單身；也不管我們對婚姻制度的看法是什麼，因為這僅是一個無法逃避的現實問題。

然而，許多力量仍然抗拒這麼做，而非接受、甚至慶祝單身這件事。婚姻中許多「不勞而獲」和毫無道理的好處驅使許多人投入婚姻，有時甚至違反他們的意願。換句話說，婚姻制度本身給了已婚人士的特殊地位和好處，讓原本不情願這麼做的個人被說服而願意進入一個永久法律上的結合。在有些地方，這樣的推力嚴重到以悲劇畫下句點，像是第五章的故事——札米娜之死。其他地方的推力比較不易察覺，卻常以痛苦的分開過程作結，即使是在自由社會亦然。

試著強迫人們進入婚姻或加快其腳步，顯然不會導致「婚姻幸福（wedded bliss）」的比率上升。相反地，單身人士就像它看起來的那樣有增無減。因此，不合理的推力和好處，應該被嚴格地細細審查，它們是拒絕社會正在增長部分的社會規範下的產物。這也提高了政府、當地機關和政策制定者去考量該如何確保單身人口權益的必要性。單身人士不再是被忽視的少數，而是儘管多元卻仍需要關注的多數。

近年來，世界知名的經濟學家如沈恩（Amartya Sen）和約瑟夫・史迪格里茲（Joseph Stiglitz）、主要國際組織經濟合作暨發展組織、備受關注的政治家法國前總統尼古拉・薩柯奇（Nicolas Sarkozy），都提倡以人民幸福程度作為政策制定和政府管理的測量指標。這個想法其實不那麼新：早在美國獨立宣言就已經將「追求幸福」列為不可剝奪的美國公民權利之一。

然而，把追求幸福實際應用在政策制定上，直到現在才變得流行。有鑑於近來對幸福的重視，在提升幸福感甚至只是開拓單身人士追求幸福的管道上，探索中央政府、地方政府、都市規劃者和學術界所能扮演的角色有其必要。

這個挑戰似乎能有多層面的解答。首先，**政策制定者和政府必須先認識到單身人**

士面臨的不公義，並預防隨之而來的歧視。對單身人士的負面刻板印象和認知，常常導致政策制定者訂出鼓勵形成關係的政策。顯然，地方政府和政策制定者假設，那些他們承諾要保護的人，所做出的行為是不理性且有害的。因此「為了確保國內安寧」，政策制定者感到被迫要推動市民往「正確」的方向前進。但事實證明，這些政策並不有效，因為人們無論如何還是想要保持單身。表面上，單身人士信仰他們的生活方式；他們不是碰巧或不經思考做出這樣的決定。因此，勸誘人們進入婚姻不只不正義、不道德，還顯示出差勁的治理能力和無效率。有些婚姻倡議甚至是令人討厭的，且可能對那些迫於壓力進入婚姻的人造成傷害、引起自願單身人士的厭惡感。傳統婚姻關係對單身人士的幸福來說不一定必要，尤其不是透過政府就可以促成。因此，這些迂腐政策的應該被意識到，相關政策的改動也應該被列入公共議程內。

第二，**尋求保護和促進單身人士幸福的政府當局和社會機構，不只必須對抗周遭無所不在的負面刻板印象，也要積極鼓勵以快樂單身為題的研究和相關發展**。從一九七〇年代早期開始，美國學校課程已經設計納入性別、種族和環境的相關研究。這些都是值得注意的艱鉅計劃，可以終結誤解、拓展觀點，推動受忽略和弱勢群體的良性觀點。

然而，由於婚姻是如此根深蒂固在社會論述中。在大部分國家的課程中，仍然無法看見對學生的單身生活教育，和如何準備好進入單身生活的重視。有鑑於當今孩童中有四分之一將不會結婚、四成到五成的結婚者將離婚，裝備孩童能夠使他們成為快樂單身人士的社會和心理「工具箱（toolbox）」有其必要。就像以前提倡家庭生活一樣，在學時給予單身生活教育；透過衛生福利部門支援高品質的單身生活方式，對我們的社會來說至關重要。社會工作者、心理學家和醫師，應該受訓如何服務單身人口。此外，也應該設立特殊社區中心和資訊站。當今社會的孩童，需要這些對他們有益的服務，這也是為了將來周遭許多單身人士的福祉著想。

第三，**都市規劃者和地方政府，應該加快他們為單身人士提供服務的腳步**。都市規劃者和開發商，應被鼓勵對各種共居模型的應用，包含為單身人士建立的共居住宅、共居計畫下的住宅區、跨世代居住安排。為單身人口設計的新居住計畫，甚至是一整個住宅區，可以大大改善單身人士的生活。地方政府可以組織單身人士社群和市中心；放寬城市對建設計畫如微型住宅的限制規定；便利化相關服務設施，讓單身人士有空間聚集、社交並發展出共同興趣。

最後，**學術界**在促進單身生活相關知識上，扮演關鍵角色。至今，許多學術研究仍奠基在過時的假設，認為婚姻應該在成年人生活中佔重要地位。因此，單身人士在學術或政策研究中，並沒有被充分、甚至是被錯誤地呈現。未來聚焦於單身人士如何適應單身生活的研究，在發展單身研究領域上將是值得且必要的。透過更好地去理解快樂單身的心理、社會甚至是生理細項，將可能足以提出如何改善單身生活的建議。

學術教育圈對單身人士的擴大關注，能夠引導立法者為快速增加的單身人士，制定增加其福祉的法律體系。此外，心理學、社會學、教育學、經濟學和科技對此做出的研究，可以帶來同時為已婚人士和單身人士增加福祉的解方。研究方向可以包含單身人士和有伴侶者的群際關係（intergroup relations）；單身人士自我解放和自我發展的方法；市場需求和單身人士的消費主義模式；為單身人士改善運輸和市政服務的有效方法；為獨自生活做準備的教學實踐……等。

安息日的前幾分鐘，我走在童年的住宅區裡，再次看著點亮的窗戶。我聞著一樣完美的香氣，幾十年前每星期五晚餐的味道，現在聞起來似乎還是一樣。

但我知道有些事情已經改變了。社會如今更多元了。許多我童年在社區裡認識的人還是單身，有的離婚或失去了他們的伴侶。那個我在少年時代的禮拜場合看見的駝背男人和他兒子，仍然害羞且跟他人保持距離。但對我來說，他們看起來不再奇怪，對許多環繞在他們周遭的人來說，可能也是如此。社會現實已經改變，並持續以一種越來越快的速度在演變著。環顧四周，我想知道，要是快樂單身的風氣在過去幾十年前就更為普遍，甚至在上一個世代的人結婚以前的話，他們之中有多少人會想要這樣？

現在，我們至少有了一些樂觀的空間。社會開始包容並接受單身這件事，讓許多人可以用自己的方式「追求幸福」。

我繼續走，看著孩子們，他們就像年輕版的我，踮著腳尖往窗外看。我們如何確定他們會快樂地成長呢？只要「快樂」在定義上沒有任何前提假設的那種。

那可以是勇敢騎士和漂亮公主（反之亦然）的「從此幸福快樂地生活」，也可以是快樂地從未結婚、快樂地離婚或快樂地守寡。我們的責任是，給予這些乾淨整齊的孩子們用好奇眼光凝視窗外世界的機會，成長在一個能夠包容無論他們選擇什麼婚姻狀況的社會。社會已經進步了這麼多，能夠接受女性、性少數、多元族群；我們就只差這一步，而我們也一定能夠再多跨出這一步。

參考資料

前言

1. Bella M. DePaulo and Wendy L. Morris, "The Unrecognized Stereotyping and Discrimination against Singles," *Current Directions in Psychological Science* 15, no. 5 (2006): 251–54.
2. Todd M. Jensen, Kevin Shafer, Shenyang Guo, and Jeffry H. Larson, "Differences in Relationship Stability between Individuals in First and Second Marriages: A Propensity Score Analysis," *Journal of Family Issues* 38, no. 3 (2017): 406–32; Megan M. Sweeney, "Remarriage and Stepfamilies: Strategic Sites for Family Scholarship in the 21st Century," *Journal of Marriage and Family* 72, no. 3 (2010): 667–84.
3. Stephanie S. Spielmann, Geoff MacDonald, Jessica A. Maxwell, Samantha Joel, Diana Peragine, Amy Muise, and Emily A. Impett, "Settling for Less out of Fear of Being Single," *Journal of Personality and Social Psychology* 105, no. 6 (2013): 1049.
4. John T. Cacioppo and William Patrick, *Loneliness: Human Nature and the Need for Social Connection* (New York: W. W. Norton, 2008).
5. Ibid.; Berna van Baarsen, Tom A. B. Snijders, Johannes H. Smit, and Marijtje A. J. van Duijn, "Lonely but Not Alone: Emotional Isolation and Social Isolation as Two Distinct Dimensions of Loneliness in Older People," *Educational and Psychological Measurement* 61, no. 1 (2001): 119–35.
6. Shelley Budgeon, "Couple Culture and the Production of Singleness," *Sexualities* 11, no. 3 (2008): 301–25; Richard Fry, "A Rising Share of Young Adults Live in Their Parents' Home," in *Social Demographic Trends Project* (Washington, DC: Pew Research Center, 2013); Eric Klinenberg, *Going Solo: The Extraordinary Rise and Surprising Appeal of Living Alone* (New York: Penguin, 2012).
7. Wendy Wang and Kim C. Parker, *Record Share of Americans Have Never Married: As Values, Economics and Gender Patterns Change*(Washington, DC: Pew Research Center, 2014).
8. National Bureau of Statistics of China, "China Statistics: National Statistics" (Beijing: National Bureau of Statistics of China, 2013).
9. Eurostat, "Urban Europe—Statistics on Cities, Towns and Suburbs," (Luxemburg: Publications Office of the European Union, 2016); Euromonitor, *Downsizing Globally: The Impact of Changing Household Structure on Global Consumer Markets* (London: Euromonitor, 2013).
10. Paul R. Amato, "Research on Divorce: Continuing Trends and New Developments," *Journal of Marriage and Family* 72, no. 3 (2010): 650–66; Wendy Wang and Kim C Parker, *Record Share of Americans Have Never Married: As Values, Economics and Gender Patterns Change* (Washington, DC: Pew Research Center, 2014).
11. Eric Klinenberg, *Going Solo: The Extraordinary Rise and Surprising Appeal of Living Alone* (New York: Penguin, 2012).
12. Terrence McCoy, "Do It for Denmark!" Campaign Wants Danes to Have More Sex: A Lot More Sex," *Washington Post*, March 27, 2014, www.washingtonpost .com/news/morning-mix/wp/2014/03/27/do-it-for-denmark-campaign-wants-danesto- have-more-sex-a-lot-more-sex/?utm_term=.d8e6eef47764.

13. Philip Brasor and Masako Tsubuku, "A Rise in Vacancies Won't Mean Drops in Rent," July 2, 2016, www.japantimes.co.jp/community/2016/07/02 /how-tos/rise-vacancies-wont-mean-drops-rent/#.WmN_R6iWbg8.
14. Vivian E. Hamilton, "Mistaking Marriage for Social Policy," *Virginia Journal of Social Policy and the Law* 11 (2004): 307–71.
15. C. Marshall and G. B. Rossman, *Designing Qualitative Research* (Newbury Park, CA: Sage, 2006); S. F. Rallis and G. B. Rossman, *Learning in the Field: An Introduction to Qualitative Research,* 3rd ed. (Thousand Oaks, CA: Sage, 2011); A. L. Strauss and J. Corbin, *Basics of Qualitative Research* (Thousand Oaks, CA: Sage, 1990).
16. A. L. Strauss and J. Corbin, *Basics of Qualitative Research* (Thousand Oaks, CA: Sage, 1990).
17. Ari Engelberg, "Religious Zionist Singles: Caught between 'Family Values' and 'Young Adulthood,' " *Journal for the Scientific Study of Religion,* 55, no. 2 (2016): 349–64.
18. Similarly to the 1990 US census, for example, in which cohabitation with a partner who is not a spouse was included as a possible and separate category, see Casey E. Copen, Kimberly Daniels, Jonathan Vespa, and William D. Mosher, "First Marriages in the United States; Data from the 2006–2010 National Survey of Family Growth" (Hyattsville, MD: Department of Health and Human Services, Centers for Disease Control and Prevention, National Center for Health Statistics, 2012); Lynne M. Casper and Philip N. Cohen, "How Does Posslq Measure Up? Historical Estimates of Cohabitation," *Demography* 37, no. 2 (2000): 237–45.
19. Tim B. Heaton and Renata Forste, "Informal Unions in Mexico and the United States," *Journal of Comparative Family Studies* 38, no. 1 (2007): 55–69; Teresa Castro Martin, "Consensual Unions in Latin America: Persistence of a Dual Nuptiality System," *Journal of Comparative Family Studies* 33, no. 1 (2002): 35–55; Brienna Perelli-Harris, Monika Mynarska, Caroline Berghammer, Ann Berrington, Ann Evans, Olga Isupova, Renske Keizer, Andreas Klarner, Trude Lappegard, and Daniele Vignoli, "Towards a Deeper Understanding of Cohabitation: Insights from Focus Group Research across Europe and Australia," *Demographic Research* 31, no. 34 (2014): 1043–78.
20. Matthew D. Bramlett and William D. Mosher, "Cohabitation, Marriage, Divorce, and Remarriage in the United States," *Vital Health Statistics* 23, no. 22 (2002): 1–32; Andrew J. Cherlin, "The Deinstitutionalization of American Marriage," *Journal of Marriage and Family* 66, no. 4 (2004): 848–61; Anke C. Zimmermann and Richard A. Easterlin, "Happily Ever After? Cohabitation, Marriage, Divorce, and Happiness in Germany," *Population and Development Review* 32, no. 3 (2006): 511–28.
21. Jane Lewis, *The End of Marriage?* (London: Institute for the Study of Civil Society, 2000); Patricia M. Morgan, *Marriage-Lite: The Rise of Cohabitation and Its Consequences* (London: Institute for the Study of Civil Society, 2000); James A. Sweet and Larry L. Bumpass, "Young Adults' Views of Marriage Cohabitation and Family" (working paper no. 33, National Survey of Families and Households, Center for Demography and Ecology, University of Wisconsin-Madison, 1990).
22. Patricia M. Morgan, *Marriage-Lite: The Rise of Cohabitation and Its Consequences* (London: Institute for the Study of Civil Society, 2000).
23. Gavin W. Jones, "The 'Flight from Marriage' in South-East and East Asia," *Journal of Comparative Family Studies* 36, no. 1 (2005): 93–119.

24. Ruut Veenhoven, "The Utility of Happiness," *Social Indicators Research* 20, no. 4 (1988): 333–54.

25. S. M. Chiang, *The Philosophy of Happiness: A History of Chinese Life Philosophy* (Taipei: Hong Yie Publication Company, 1996); Georg Wilhelm Friedrich Hegel and Robert F. Brown, *Lectures on the History of Philosophy: Greek Philosophy* (Oxford: Oxford University Press, 2006); Darrin M. McMahon, "From the Happiness of Virtue to the Virtue of Happiness: 400 BC–AD 1780," *Daedalus* 133, no. 2 (2004): 5–17; Wladyslaw Tatarkiewicz, "Analysis of Happiness," *Philosophy and Phenomenological Research* 38, no. 1 (1976): 139–40.

26. Luo Lu, "Understanding Happiness: A Look into the Chinese Folk Psychology," *Journal of Happiness Studies* 2, no. 4 (2001): 407–32.

27. Shigehiro Oishi, Jesse Graham, Selin Kesebir, and Iolanda Costa Galinha, "Concepts of Happiness across Time and Cultures," *Personality and Social Psychology Bulletin* 39, no. 5 (2013): 559–77.

28. Cassie Mogilner, Sepandar D. Kamvar, and Jennifer Aaker, "The Shifting Meaning of Happiness," *Social Psychological and Personality Science* 2, no. 4 (2010): 395–402.

29. Yew-Kwang Ng, "Happiness Surveys: Some Comparability Issues and an Exploratory Survey Based on Just Perceivable Increments," *Social Indicators Research* 38, no. 1 (1996): 1–27.

30. Adam Okulicz-Kozaryn, Zahir Irani, and Zahir Irani, "Happiness Research for Public Policy and Administration," *Transforming Government: People, Process and Policy* 10, no. 2 (2016): 196–211.

31. Martin E. P. Seligman, *Authentic Happiness: Using the New Positive Psychology to Realize Your Potential for Lasting Fulfillment* (New York: Simon and Schuster, 2004); Martin E. P. Seligman and Mihaly Csikszentmihalyi, *Positive Psychology: An Introduction* (New York: Springer, 2014).

第一章

1. Xiaqing Zhao and Hooi Lai Wan, "Drivers of Online Purchase Intention on Singles' Day: A Study of Chinese Consumers," *International Journal of Electronic Marketing and Retailing* 8, no. 1 (2017): 1–20.

2. Tiffany Hsu, "Alibaba's Singles Day Sales Hit New Record of $25.3 Billion," *New York Times,* November 10, 2017.

3. *Singular Magazine,* "National Singles Day Returns to West Hollywood," January 1, 2016.

4. Zhongwei Zhao and Wei Chen, "Changes in Household Formation and Composition in China since the Mid-twentieth Century," *Journal of Population Research* 25, no. 3 (2008): 267–86.

5. Wei-Jun Jean Yeung and Adam Ka-Lok Cheung, "Living Alone: One- Person Households in Asia," *Demographic Research* 32, no. 40 (2015): 1099–112.

6. Euromonitor, *Downsizing Globally: The Impact of Changing Household Structure on Global Consumer Markets* (London: Euromonitor International, 2013).

7. Eric Klinenberg, *Going Solo: The Extraordinary Rise and Surprising Appeal of Living Alone* (New York: Penguin, 2012).
8. Wendy Wang and Kim C. Parker, *Record Share of Americans Have Never Married: As Values, Economics and Gender Patterns Change* (Washington, DC: Pew Research Center, 2014).
9. Pew Research Center, *Parenting in America: Outlook, Worries, Aspirations Are Strongly Linked to Financial Situation* (Washington, DC: Pew Research Center, 2015).
10. Reiko Hayashi, *Social Security in Japan* (Tokyo: National Institute of Population and Social Security Research, 2016).
11. Roslyn Appleby, "Singleness, Marriage, and the Construction of Heterosexual Masculinities: Australian Men Teaching English in Japan," portal*: Journal of Multidisciplinary International Studies* 10, no. 1 (2013): 1–21; Masahiro Morioka, "A Phenomenological Study of 'Herbivore Men,' " *Review of Life Studies* 4 (2013): 1–20; James E. Roberson and Nobue Suzuki, eds., *Men and Masculinities in Contemporary Japan: Dislocating the Salaryman Doxa* (London: Routledge, 2005).
12. Masahiro Morioka, "A Phenomenological Study of 'Herbivore Men,' " *Review of Life Studies* 4 (2013): 1–20.
13. Alexandra Harney, "The Herbivore's Dilemma," *Slate,* June 2009.
14. Kathleen Kiernan, "Unmarried Cohabitation and Parenthood in Britain and Europe," *Law & Policy* 26, no. 1 (2004): 33–55.
15. Peter J. Stein, "Singlehood: An Alternative to Marriage," *Family Coordinator* 24, no. 4 (1975): 489–503.
16. Gary R. Lee and Krista K. Payne, "Changing Marriage Patterns since 1970: What's Going On, and Why?" *Journal of Comparative Family Studies* 41, no. 4 (2010): 537–55.
17. Census of India, *Houselisting and Housing Census Data* (New Delhi: Government of India, Ministry of Home Affairs, 2011); Premchand Dommaraju, "One-Person Households in India," *Demographic Research* 32, no. 45 (2015); Hyunjoon Park and Jaesung Choi, "Long-Term Trends in Living Alone among Korean Adults: Age, Gender, and Educational Differences," *Demographic Research* 32, no. 43 (2015): 1177–208; Christophe Guilmoto and Myriam de Loenzien, "Emerging, Transitory or Residual? One-Person Households in Viet Nam," *Demographic Research* 32, no. 42 (2015): 1147–76; Chai Podhisita and Peter Xenos, "Living Alone in South and Southeast Asia: An Analysis of Census Data," *Demographic Research* 32, no. 41 (2015): 1113–46; Hyunjoon Park and Jaesung Choi, "Long-Term Trends in Living Alone among Korean Adults: Age, Gender, and Educational Differences," *Demographic Research* 32, no. 43 (2015): 1177–208.
18. Shelley Budgeon, "Couple Culture and the Production of Singleness," *Sexualities* 11, no. 3 (2008): 301–25; Euromonitor, *Downsizing Globally: The Impact of Changing Household Structure on Global Consumer Markets* (London: Euromonitor International, 2013).
19. Euromonitor, *Single Living: How Atomisation—the Rise of Singles and One- Person Households—Is Affecting Consumer Purchasing Habits* (London: Euromonitor International, 2008).
20. Mohammad Jalal Abbasi-Shavazi, Peter McDonald, and Meimanat Hossein Chavoshi, *Changes in Family, Fertility Behavior and Attitudes in Iran* (Canberra, Australia: Demography and Sociology Program, Research School of Social Sciences, 2003).

21. Amir Erfani and Kevin McQuillan, "Rapid Fertility Decline in Iran: Analysis of Intermediate Variables," *Journal of Biosocial Science* 40, no. 3 (2008): 459–78.
22. UAE Interact, *Marriage Fund Report* (Abu Dhabi, United Arab Emirates: Ministry of Information and Culture, 2015).
23. Hoda Rashad, Magued Osman, and Farzaneh Roudi-Fahimi, *Marriage in the Arab World* (Washington, DC: Population Reference Bureau, 2005).
24. Government, United Arab Emirates, *Marriage Fund Report* (Abu Dhabi, United Arab Emirates: Ministry of Information and Culture, 2017), http:// beta.government.ae/en/information-and-services/social-affairs/marriage.
25. Hoda Rashad, Magued Osman, and Farzaneh Roudi-Fahimi, *Marriage in the Arab World* (Washington, DC: Population Reference Bureau, 2005); Paul Puschmann and Koen Matthijs, "The Demographic Transition in the Arab World: The Dual Role of Marriage in Family Dynamics and Population Growth," in *Population Change in Europe, the Middle-East and North Africa: Beyond the Demographic Divide,* ed. Koenraad Matthijs, Karel Neels, Christiane Timmerman, Jacques Haers, and Sara Mels (New York: Routledge, 2016), 119.
26. Stephanie Coontz, *Marriage, a History: How Love Conquered Marriage* (New York: Penguin, 2006).
27. Organization for Economic Cooperation and Development, *Fertility Rates (Indicator)* (Paris: OECD, 2017).
28. Joshua Goldstein, Wolfgang Lutz, and Maria Rita Testa, "The Emergence of Sub-replacement Family Size Ideals in Europe," *Population Research and Policy Review* 22, no. 5–6 (2003): 479–96.
29. World Bank, *Total Fertility Rate (Births per Woman)* (Washington, DC: World Bank, 2016).
30. P. Hogan, "The Effects of Demographic Factors, Family Background, and Early Job Achievement on Age at Marriage," *Demography* 15, no. 2 (1978): 161–75; Gavin W. Jones, "Delayed Marriage and Very Low Fertility in Pacific Asia," *Population and Development Review* 33, no. 3 (2007): 453–78.
31. Jiehua Lu and Xiaofei Wang, "Changing Patterns of Marriage and Divorce in Today's China," in *Analysing China's Population* (New York: Springer, 2014), 37–49.
32. Xuanning Fu and Tim B. Heaton, "A Cross-national Analysis of Family and Household Structure," *International Journal of Sociology of the Family* 25, no. 2 (1995): 1–32; Frances E. Kobrin, "The Fall in Household Size and the Rise of the Primary Individual in the United States," *Demography* 13, no. 1 (1976): 127–38.
33. Robert T. Michael and Nancy Brandon Tuma, "Entry into Marriage and Parenthood by Young Men and Women: The Influence of Family Background," *Demography* 22, no. 4 (1985): 515–44; Philip E. Ogden and Francois Schnoebelen, "The Rise of the Small Household: Demographic Change and Household Structure in Paris," *Population, Space and Place,* 11, no. 4 (2005): 251– 68; Philip E. Ogden and Ray Hall, "The Second Demographic Transition, New Household Forms and the Urban Population of France during the 1990s," *Transactions of the Institute of British Geographers* 29, no. 1 (2004): 88–105; Peter A. Morrison, *Demographic Factors Reshaping Ties to Family and Place* (Santa Monica, CA: Rand Corporation, 1990).

34. Vern L. Bengtson and Norella M. Putney, "Who Will Care for Tomorrow's Elderly? Consequences of Population Aging East and West," in *Aging in East and West: Families, States, and the Elderly,* ed. Vern L. Bengtson, Kyong-Dong Kim, George Myers, and Ki-Soo Eun (New York: Springer, 2000), 163–85; Antonio Golini and A. Silverstrini, "Family Change, Fathers, and Children in Western Europe: A Demographic and Psychosocial Perspective," in *The Family on the Threshold of the 21st Century: Trends and Implications,* ed. Solly Dreman (New York: Psychology Press, 2013), 201.

35. Jennifer M. Ortman, Victoria A. Velkoff, and Howard Hogan, *An Aging Nation: The Older Population in the United States* (Washington, DC: US Census Bureau, Economics and Statistics Administration, US Department of Commerce, 2014).

36. Organization for Economic Cooperation and Development, *Life Expectancy at 65 (Indicator)* (Paris: OECD, 2017).

37. Ellen A. Kramarow, "The Elderly Who Live Alone in the United States: Historical Perspectives on Household Change," *Demography* 32, no. 3 (1995): 335– 52; Jim Oeppen and James W. Vaupel, "Broken Limits to Life Expectancy," *Science* 296, no. 5570 (2002): 1029–31; Steven Ruggles, *Living Arrangements of the Elderly in America,* 1880–1980 (Berlin: de Gruyter, 1996).

38. Axel Borsch-Supan, *Survey of Health, Ageing and Retirement in Europe (Share) Wave* 6 (Munich: SHARE-ERIC, 2018).

39. Renee Stepler, *Led by Baby Boomers, Divorce Rates Climb for America's 50+ Population* (Washington, DC: Pew Research Center, 2017).

40. Adam Ka-Lok Cheung and Wei-Jun Jean Yeung, "Temporal-Spatial Patterns of One-Person Households in China, 1982–2005," *Demographic Research* 32, no. 44 (2015): 1209–38; Wei-Jun Jean Yeung and Adam Ka-Lok Cheung, "Living Alone: One-Person Households in Asia," *Demographic Research* 32, no. 40 (2015): 1099–112.

41. K. Bolin, B. Lindgren, and P. Lundborg, "Informal and Formal Care among Single-Living Elderly in Europe," *Health Economics* 17, no. 3 (2008): 393– 409; Elena Portacolone, "The Notion of Precariousness among Older Adults Living Alone in the U.S.," *Journal of Aging Studies* 27, no. 2 (2013): 166–74.

42. Vanessa L. Fong, *Only Hope: Coming of Age under China's One-Child Policy* (Stanford, CA: Stanford University Press, 2004).

43. Census of India, "Houselisting and Housing Census Data," *Houselisting and Housing Census Data* (New Delhi: Government of India, Ministry of Home Affairs, 2011).

44. "Bare Branches, Redundant Males," *The Economist,* April 18, 2015, www .economist.com/asia/2015/04/18/bare-branches-redundant-males.

45. Fred Arnold and Liu Zhaoxiang, "Sex Preference, Fertility, and Family Planning in China," *Population and Development Review* 12, no. 2 (1986): 221–46; Christophe Z. Guilmoto, "Economic, Social and Spatial Dimensions of India's Excess Child Masculinity," *Population* 63, no. 1 (2008): 91–117; Shelley Budgeon, "Couple Culture and the Production of Singleness," *Sexualities* 11, no. 3 (2008): 301–25; Monica Das Gupta, "Selective Discrimination against Female Children in Rural Punjab, India," *Population and Development Review* (1987): 77–100; Chai Bin Park and Nam-Hoon Cho, "Consequences of Son Preference in a Low-Fertility Society: Imbalance of the Sex Ratio at Birth in Korea," *Population and Development Review* (1995): 59–84.

46. Eurostat, *Eurostat Regional Yearbook* (Brussels: European Commission, 2017).
47. Soon Kyu Choi and Ilan H. Meyer, *LGBT Aging: A Review of Research Findings, Needs, and Policy Implications* (Los Angeles: Williams Institute, 2016).
48. Elizabeth A. Cashdan, "Natural Fertility, Birth Spacing, and the 'First Demographic Transition,' " *American Anthropologist* 87, no. 3 (1985): 650–53; John C. Caldwell, "Toward a Restatement of Demographic Transition Theory," *Population and Development Review* (1976): 321–66.
49. Ronald Inglehart and Christian Welzel, *Modernization, Cultural Change, and Democracy: The Human Development Sequence* (Cambridge: Cambridge University Press, 2005); Wolfgang Lutz and Vegard Skirbekk, "Policies Addressing the Tempo Effect in Low-Fertility Countries," *Population and Development Review* 31, no. 4 (2005): 699–720.
50. Zillah R. Eisenstein, ed., *Capitalist Patriarchy and the Case for Socialist Feminism* (New York: Monthly Review Press, 1979); Ann Ferguson and Nancy Folbre, "The Unhappy Marriage of Patriarchy and Capitalism," *Women and Revolution* 80 (1981): 10–11.
51. Rosalind Chait Barnett and Janet Shibley Hyde, "Women, Men, Work, and Family," *American Psychologist* 56, no. 10 (2001): 781–96; Ronald Inglehart and Christian Welzel, *Modernization, Cultural Change, and Democracy: The Human Development Sequence* (Cambridge: Cambridge University Press, 2005).
52. Hans-Peter Blossfeld and Johannes Huinink, "Human Capital Investments or Norms of Role Transition? How Women's Schooling and Career Affect the Process of Family Formation," *American Journal of Sociology,* 97, no. 1 (1991): 143–68; Agnes R. Quisumbing and Kelly Hallman, *Marriage in Transition: Evidence on Age, Education, and Assets from Six Developing Countries* (New York: Population Council, 2005), 200–269.
53. Hans-Peter Blossfeld and Alessandra De Rose, "Educational Expansion and Changes in Entry into Marriage and Motherhood: The Experience of Italian Women," *Genus* 48, no. 3–4 (1992): 73–91.
54. Steve Derne, Meenu Sharma, and Narendra Sethi, *Structural Changes Rather Than the Influence of Media: People's Encounter with Economic Liberalization in India* (New Delhi: Sage India, 2014).
55. Jill Reynolds, *The Single Woman: A Discursive Investigation* (London: Routledge, 2013); Jill Reynolds and Margaret Wetherell, "The Discursive Climate of Singleness: The Consequences for Women's Negotiation of a Single Identity," *Feminism & Psychology* 13, no. 4 (2003): 489–510.
56. May Al-Dabbagh, "Saudi Arabian Women and Group Activism," *Journal of Middle East Women's Studies* 11, no. 2 (2015): 235.
57. Alanoud Alsharekh, "Instigating Social Change: Translating Feminism in the Arab World and India," *QScience Connect* (2016): 2; Sylvia Vatuk, "Islamic Feminism in India," in *Islamic Reform in South Asia,* ed. Filippo Osella and Caroline Osella, 346–82 (Cambridge: Cambridge University Press, 2013).
58. Nada Mustafa Ali, "Feminism in North Africa," *The Wiley Blackwell Encyclopedia of Gender and Sexuality Studies* (Hoboken, NJ: Wiley Blackwell, 2016); Melissa Jackson, "A Season of Change: Egyptian Women's Organizing in the Arab Spring," *Undercurrent* 11, no. 1 (2015).

59. Veronica V. Kostenko, Pavel A. Kuzmuchev, and Eduard D. Ponarin, "Attitudes towards Gender Equality and Perception of Democracy in the Arab World," *Democratization* 23, no. 5 (2015): 1–28.
60. Paul Puschmann and Koen Matthijs, "The Demographic Transition in the Arab World: The Dual Role of Marriage in Family Dynamics and Population Growth," in *Population Change in Europe, the Middle-East and North Africa: Beyond the Demographic Divide,* ed. Koenraad Matthijs, Karel Neels, Christiane Timmerman, and Jacques Haers (London: Routledge, 2016), 119.
61. Michael A. Messner, " 'Changing Men' and Feminist Politics in the United States," *Theory and Society* 22, no. 5 (1993): 723–37.
62. Laurie A. Rudman and Kimberly Fairchild, "The F Word: Is Feminism Incompatible with Beauty and Romance?" *Psychology of Women Quarterly* 31, no. 2 (2007): 125–36; Laurie A. Rudman and Julie E. Phelan, "The Interpersonal Power of Feminism: Is Feminism Good for Romantic Relationships?" *Sex Roles* 57, no. 11–12 (2007): 787–99.
63. Elizabeth Gregory, *Ready: Why Women Are Embracing the New Later Motherhood* (New York: Perseus Books Group, 2012).
64. Joelle Abramowitz, "Turning Back the Ticking Clock: The Effect of Increased Affordability of Assisted Reproductive Technology on Women's Marriage Timing," *Journal of Population Economics* 27, no. 2 (2014): 603–33.
65. Ya'arit Bokek-Cohen and Limor Dina Gonen, "Sperm and Simulacra: Emotional Capitalism and Sperm Donation Industry," *New Genetics and Society* 34, no. 3 (2015): 243–73.
66. Robert E. Emery, *Marriage, Divorce, and Children's Adjustment* (New York: Sage, 1999).
67. Richard E. Lucas, Andrew E. Clark, Yannis Georgellis, and Ed Diener, "Reexamining Adaptation and the Set Point Model of Happiness: Reactions to Changes in Marital Status," *Journal of Personality and Social Psychology* 84, no. 3 (2003): 527.
68. Jody Van Laningham, David R. Johnson, and Paul Amato, "Marital Happiness, Marital Duration, and the U-Shaped Curve: Evidence from a Five-Wave Panel Study," *Social Forces* 79, no. 4 (2001): 1313–41.
69. Vaughn Call, Susan Sprecher, and Pepper Schwartz, "The Incidence and Frequency of Marital Sex in a National Sample," *Journal of Marriage and the Family* 57, no. 3 (1995): 639–52; Helen E. Fisher, *Anatomy of Love: The Natural History of Monogamy, Adultery and Divorce* (New York: Norton, 1992).
70. Andrew E. Clark, Ed Diener, Yannis Georgellis, and Richard E Lucas, "Lags and Leads in Life Satisfaction: A Test of the Baseline Hypothesis," *Economic Journal* 118, no. 529 (2008); Anke C. Zimmermann and Richard A. Easterlin, "Happily Ever After? Cohabitation, Marriage, Divorce, and Happiness in Germany," *Population and Development Review* 32, no. 3 (2006): 511–28.
71. Alois Stutzer and Bruno S. Frey, "Does Marriage Make People Happy, or Do Happy People Get Married?" *Journal of Socio-Economics* 35, no. 2 (2006): 326–47.
72. Richard E. Lucas, "Time Does Not Heal All Wounds: A Longitudinal Study of Reaction and Adaptation to Divorce," *Psychological Science* 16, no. 12 (2005): 945–50.

73. Richard E. Lucas, "Adaptation and the Set-Point Model of Subjective Well-Being: Does Happiness Change after Major Life Events?" *Current Directions in Psychological Science* 16, no. 2 (2007): 75–79; Pasqualina Perrig-Chiello, Sara Hutchison, and Bina Knopfli, "Vulnerability Following a Critical Life Event: Temporary Crisis or Chronic Distress? A Psychological Controversy, Methodological Considerations, and Empirical Evidence," in *Surveying Human Vulnerabilities across the Life Course* (New York: Springer, 2016), 87–111.
74. Andrew E. Clark and Yannis Georgellis, "Back to Baseline in Britain: Adaptation in the British Household Panel Survey," *Economica* 80, no. 319 (2013): 496–512; Paul Frijters, David W. Johnston, and Michael A. Shields, "Life Satisfaction Dynamics with Quarterly Life Event Data," *Scandinavian Journal of Economics* 113, no. 1 (2011): 190–211; Kelly Musick and Larry Bumpass, "Reexamining the Case for Marriage: Union Formation and Changes in Well-Being," *Journal of Marriage and Family* 74, no. 1 (2012): 1–18; Judith P. M. Soons, Aart C. Liefbroer, and Matthijs Kalmijn, "The Long-Term Consequences of Relationship Formation for Subjective Well-Being," *Journal of Marriage and Family* 71, no. 5 (2009): 1254–70.
75. Casey E. Copen, Kimberly Daniels, Jonathan Vespa, and William D. Mosher, *First Marriages in the United States: Data from the* 2006–2010 *National Survey of Family Growth* (Hyattsville, MD: Department of Health and Human Services, Centers for Disease Control and Prevention, National Center for Health Statistics, 2012); Eurostat, *Marriage and Divorce Statistics* (Luxembourg: European Commission, 2017); Pamela Engel, "Map: Divorce Rates around the World," *Business Insider,* May 25, 2014.
76. Robert E. Emery, Mary Waldron, Katherine M. Kitzmann, and Jeffrey Aaron, "Delinquent Behavior, Future Divorce or Nonmarital Childbearing, and Externalizing Behavior among Offspring: A 14-Year Prospective Study," *Journal of Family Psychology* 13, no. 4 (1999): 568.
77. Paul R. Amato and Bruce Keith, "Parental Divorce and Adult Well- Being: A Meta-analysis," *Journal of Marriage and the Family* (1991): 43–58; Paul R. Amato, "Explaining the Intergenerational Transmission of Divorce," *Journal of Marriage and the Family* 58, no. 3 (1996): 628–40; Larry L. Bumpass, Teresa Castro Martin, and James A. Sweet, "The Impact of Family Background and Early Marital Factors on Marital Disruption," *Journal of Family Issues* 12, no. 1 (1991): 22–42.
78. Nicholas Wolfinger, "Want to Avoid Divorce? Wait to Get Married, but Not Too Long," *Family Studies,* July 16, 2015.
79. Fakir Al Gharaibeh and Nicole Footen Bromfield, "An Analysis of Divorce Cases in the United Arab Emirates: A Rising Trend," *Journal of Divorce & Remarriage* 53, no. 6 (2012): 436–52; Andrew Cherlin, *Marriage, Divorce, Remarriage* (Cambridge, MA: Harvard University Press, 2009).
80. Albert Esteve and Ron J. Lesthaeghe, *Cohabitation and Marriage in the Americas: Geo-Historical Legacies and New Trends* (New York: Springer, 2016).
81. Nicole Hiekel and Renske Keizer, "Risk-Avoidance or Utmost Commitment? Dutch Focus Group Research on Cohabitation and Marriage," *Demographic Research* 32, no. 10 (2015): 311.
82. Amanda J. Miller, Sharon Sassler, and Dela Kusi-Appouh, "The Specter of Divorce: Views from Working-and Middle-Class Cohabitors,"

Family Relations 60, no. 5 (2011): 602–16.

83. Arielle Kuperberg, "Reassessing Differences in Work and Income in Cohabitation and Marriage," *Journal of Marriage and Family* 74, no. 4 (2012): 688–707; Elina Maenpaa and Marika Jalovaara, "The Effects of Homogamy in Socio-economic Background and Education on the Transition from Cohabitation to Marriage," *Acta Sociologica* 56, no. 3 (2013): 247–63; Jarl E. Mooyaart and Aart C. Liefbroer, "The Influence of Parental Education on Timing and Type of Union Formation: Changes over the Life Course and over Time in the Netherlands," *Demography* 53, no. 4 (2016): 885–919.
84. Masahiro Yamada, "Parasaito shinguru no jidai [The Age of Parasite Singles]," *Tokyo: Chikuma Shobo* (1999); Masahiro Yamada, "Parasite Singles Feed on Family System," *Japan Quarterly* 48, no. 1 (2001): 10.
85. Youna Kim, *Women and the Media in Asia: The Precarious Self* (London: Palgrave Macmillan, 2012), 6–32.
86. Masahiro Yamada, "Parasite Singles Feed on Family System," *Japan Quarterly* 48, no. 1 (2001): 10.
87. Juliet Stone, Ann Berrington, and Jane Falkingham, "The Changing Determinants of UK Young Adults' Living Arrangements," *Demographic Research* 25, no. 20 (2011): 629–66.
88. Kathryn Edin and Joanna M. Reed, "Why Don't They Just Get Married? Barriers to Marriage among the Disadvantaged," *Future of Children* 15, no. 2 (2005): 117–37.
89. Hyunjoon Park, Jae Kyung Lee, and Inkyung Jo, "Changing Relationships between Education and Marriage among Korean Women," 한국사회학 47, no. 3 (2013): 51–76.
90. Richard Fry, "A Rising Share of Young Adults Live in Their Parents' Home," in *Social Demographic Trends Project* (Washington, DC: Pew Research Center, 2013).
91. Eric Klinenberg, *Going Solo: The Extraordinary Rise and Surprising Appeal of Living Alone* (New York: Penguin, 2012).
92. S. Niranjan, Saritha Nair, and T. K. Roy, "A Socio-demographic Analysis of the Size and Structure of the Family in India," *Journal of Comparative Family Studies,* 36, no. 4 (2005): 623–51; Tulsi Patel, *The Family in India: Structure and Practice* (New York: Sage, 2005).
93. David Levine, *Family Formation in an Age of Nascent Capitalism [England],* Studies in Social Discontinuity (New York: Academic Press, 1977).
94. Henrike Donner and Goncalo Santos, "Love, Marriage, and Intimate Citizenship in Contemporary China and India: An Introduction," *Modern Asian Studies* 50, no. 4 (2016): 1123–46.
95. Wim Lunsing, Tamako Sarada, Masahiro Yamada, Shumon Miura, Tamako Sarada, and Kiyo Yamamoto, " 'Parasite' and 'Non-parasite' Singles: Japanese Journalists and Scholars Taking Positions," *Social Science Japan Journal* 6, no. 2 (2003): 261–65.
96. Anne Stefanie Aronsson, *Career Women in Contemporary Japan: Pursuing Identities, Fashioning Lives* (New York: Routledge, 2014); John McCreery, *Japanese Consumer Behaviour: From Worker Bees to Wary Shoppers* (New York: Routledge, 2014).

97. Japan Family Planning Association, *Biannual Survey* (Tokyo: National Institute of Population and Social Security Research, 2014).

98. Andrew D. Gordon, "Consumption, Consumerism, and Japanese Modernity," in *The Oxford Handbook of the History of Consumption,* ed. Frank Trentmann, 485–504 (Oxford: Oxford University Press, 2012).

99. Richard Grassby, *Kinship and Capitalism: Marriage, Family, and Business in the English-Speaking World,* 1580–1740 (Cambridge: Cambridge University Press, 2000).

100. Maggie Gallagher and Linda Waite, *The Case for Marriage* (New York: Random House, 2000).

101. Sharon Boden, *Consumerism, Romance and the Wedding Experience* (London: Palgrave Macmillan, 2003); Colin Campbell, *The Romantic Ethic and the Spirit of Modern Consumerism* (Hoboken, NJ: Blackwell, 2005).

102. Ellen A. Kramarow, "The Elderly Who Live Alone in the United States: Historical Perspectives on Household Change," *Demography* 32, no. 3 (1995): 335–52.

103. Christina M. Gibson-Davis, Kathryn Edin, and Sara McLanahan, "High Hopes but Even Higher Expectations: The Retreat from Marriage among Low- Income Couples," *Journal of Marriage and Family* 67, no. 5 (2005): 1301–12.

104. Irina Khoutyz, "Academic Mobility Programs as Part of Individual and Professional Development in a Globalized World: Uncovering Cultural Dimensions," in *Handbook of Research on Individualism and Identity in the Globalized Digital Age,* ed. F. Sigmund Topor, 168 (Hershey, PA: IGI Global, 2016).

105. Jianguo Liu, Thomas Dietz, Stephen R. Carpenter, Carl Folke, Marina Alberti, Charles L. Redman, Stephen H. Schneider, Elinor Ostrom, Alice N. Pell, and Jane Lubchenco, "Coupled Human and Natural Systems," *AMBIO: A Journal of the Human Environment* 36, no. 8 (2007): 639–49.

106. Bella M. DePaulo, *Singled Out: How Singles Are Stereotyped, Stigmatized, and Ignored, and Still Live Happily Ever After* (New York: St. Martin's Griffin, 2007).

107. Helen Katz, *The Media Handbook: A Complete Guide to Advertising Media Selection, Planning, Research, and Buying* (New York: Routledge, 2014).

108. Annette Pritchard and Nigel J. Morgan, "Sex Still Sells to Generation X: Promotional Practice and the Youth Package Holiday Market," *Journal of Vacation Marketing* 3, no. 1 (1996): 68–80; Philip Roscoe and Shiona Chillas, "The State of Affairs: Critical Performativity and the Online Dating Industry," *Organization* 21, no. 6 (2014): 797–820.

109. Dana L. Alden, Jan-Benedict E. M. Steenkamp, and Rajeev Batra, "Brand Positioning through Advertising in Asia, North America, and Europe: The Role of Global Consumer Culture," *Journal of Marketing* 63, no. 1 (1999): 75–87; Stuart Ewen, *Captains of Consciousness: Advertising and the Social Roots of the Consumer Culture* (New York: Basic Books, 2008).

110. Breana Wilson and Esther Lamidi, *Living Alone in the U.S.,* 2011, FP-13– 18, (Bowling Green, OH: National Center for Family & Marriage Research, 2013), http://ncfmr.bgsu.edu/pdf/family_profiles/file138254.pdf.

111. Hans-Peter Blossfeld and Johannes Huinink, "Human Capital Investments or Norms of Role Transition? How Women's Schooling and Career Affect the Process of Family Formation," *American Journal of Sociology* 97, no. 1 (1991): 143–68; Hans-Peter Blossfeld and Alessandra De Rose, "Educational Expansion and Changes in Entry into Marriage and Motherhood: The Experience of Italian Women," *Genus* 48, no. 3–4 (1992): 73–91.

112. Wolfgang Lutz and Vegard Skirbekk, "Policies Addressing the Tempo Effect in Low-Fertility Countries," *Population and Development Review* 31, no. 4 (2005): 699–720.

113. Robert T. Michael, Victor R. Fuchs, and Sharon R. Scott, "Changes in the Propensity to Live Alone: 1950–1976," *Demography* 17, no. 1 (1980): 39–56; Samuel Andrew Stouffer, *Communism, Conformity, and Civil Liberties: A Cross-section of the Nation Speaks Its Mind* (Piscataway, NJ: Transaction, 1955).

114. Lawrence Bobo and Frederick C Licari, "Education and Political Tolerance: Testing the Effects of Cognitive Sophistication and Target Group Affect," *Public Opinion Quarterly* 53, no. 3 (1989): 285–308.

115. Frederick D. Weil, "The Variable Effects of Education on Liberal Attitudes: A Comparative-Historical Analysis of Anti-Semitism Using Public Opinion Survey Data," *American Sociological Review* 50, no. 4 (1985): 458–74.

116. Premchand Dommaraju, "One-Person Households in India," *Demographic Research* 32, no. 45 (2015); Hyunjoon Park and Jaesung Choi, "Long-Term Trends in Living Alone among Korean Adults: Age, Gender, and Educational Differences," *Demographic Research* 32, no. 43 (2015): 1177–208; Christophe Guilmoto and Myriam de Loenzien, "Emerging, Transitory or Residual? One- Person Households in Viet Nam," *Demographic Research* 32, no. 42 (2015): 1147–76; Chai Podhisita and Peter Xenos, "Living Alone in South and Southeast Asia: An Analysis of Census Data," *Demographic Research* 32, no. 41 (2015): 1113–46; Wei-Jun Jean Yeung and Adam Ka-Lok Cheung, "Living Alone: One-Person Households in Asia," *Demographic Research* 32, no. 40 (2015): 1099–112.

117. Lisa R. Silberstein, *Dual-Career Marriage: A System in Transition* (New York: Psychology Press, 1992).

118. Richard E. Kopelman, Jeffrey H. Greenhaus, and Thomas F. Connolly, "A Model of Work, Family, and Interrole Conflict: A Construct Validation Study," *Organizational Behavior and Human Performance* 32, no. 2 (1983): 198–215; Lisa R. Silberstein, *Dual-Career Marriage: A System in Transition* (New York: Psychology Press, 1992).

119. Sarah Badger, Larry J. Nelson, and Carolyn McNamara Barry, "Perceptions of the Transition to Adulthood among Chinese and American Emerging Adults," *International Journal of Behavioral Development* 30, no. 1 (2006): 84–93; Rachel Gali Cinamon, "Anticipated Work-Family Conflict: Effects of Gender, Self-Efficacy, and Family Background," *Career Development Quarterly* 54, no. 3 (2006): 202–15.

120. David Card, "The Causal Effect of Education on Earnings," *Handbook of Labor Economics* 3 (1999): 1801–63; Biwei Su and Almas Heshmati, "Analysis of the Determinants of Income and Income Gap between Urban and Rural China," *China Economic Policy Review* 2, no. 1 (2013): 1–29.

121. Ellen A. Kramarow, "The Elderly Who Live Alone in the United States: Historical Perspectives on Household Change," *Demography* 32, no. 3 (1995): 335–52.
122. Hyunjoon Park and Jaesung Choi, "Long-Term Trends in Living Alone among Korean Adults: Age, Gender, and Educational Differences," *Demographic Research* 32, no. 43 (2015): 1177–208.
123. Robert T. Michael, Victor R. Fuchs, and Sharon R. Scott, "Changes in the Propensity to Live Alone: 1950–1976," *Demography* 17, no. 1 (1980): 39–56; Kathleen McGarry and Robert F. Schoeni, "Social Security, Economic Growth, and the Rise in Elderly Widows' Independence in the Twentieth Century," *Demography* 37, no. 2 (2000): 221–36.
124. Yoav Lavee and Ruth Katz, "The Family in Israel: Between Tradition and Modernity," *Marriage & Family Review* 35, no. 1–2 (2003): 193–217.
125. Eli Berman, "Sect, Subsidy, and Sacrifice: An Economist's View of Ultra-Orthodox Jews," *Quarterly Journal of Economics* 115, no. 3 (2000): 905–53; Tally Katz-Gerro, Sharon Raz, and Meir Yaish, "How Do Class, Status, Ethnicity, and Religiosity Shape Cultural Omnivorousness in Israel?" *Journal of Cultural Economics* 33, no. 1 (2009): 1–17.
126. Ron J. Lesthaeghe and Lisa Neidert, "The Second Demographic Transition in the United States: Exception or Textbook Example?" *Population and Development Review* 32, no. 4 (2006): 669–98; Wendy Wang and Kim C. Parker, *Record Share of Americans Have Never Married: As Values, Economics and Gender Patterns Change* (Washington, DC: Pew Research Center, 2014).
127. Albert Esteve, Ron Lesthaeghe, Julieta Quilodran, Antonio Lopez- Gay, and Julian Lopez-Colas, "The Expansion of Cohabitation in Mexico, 1930–2010: The Revenge of History?" in *Cohabitation and Marriage in the Americas: Geo-Historical Legacies and New Trends,* ed. Albert Esteve and Ron Lesthaeghe (New York: Springer, 2016).
128. Organization for Economic Cooperation and Development, *Fertility Rates (Indicator)* (Paris: OECD, 2017); Daniele Vignoli and Silvana Salvini, "Religion and Union Formation in Italy: Catholic Precepts, Social Pressure, and Tradition," *Demographic Research* 31, no. 35 (2014): 1079–106.
129. Albert Esteve, Ron Lesthaeghe, Julieta Quilodran, Antonio Lopez- Gay, and Julian Lopez-Colas, "The Expansion of Cohabitation in Mexico, 1930–2010: The Revenge of History?" in *Cohabitation and Marriage in the Americas: Geo-Historical Legacies and New Trends,* ed. Albert Esteve and Ron Lesthaeghe (New York: Springer, 2016).
130. Alicia Adsera, "Marital Fertility and Religion in Spain, 1985 and 1999," *Population Studies* 60, no. 2 (2006): 205–21.
131. Benoit Laplante, "The Rise of Cohabitation in Quebec: Power of Religion and Power over Religion," *Canadian Journal of Sociology* 31, no. 1 (2006): 1–24.
132. Albert Esteve, Ron Lesthaeghe, and Antonio Lopez-Gay, "The Latin American Cohabitation Boom, 1970–2007," *Population and Development Review* 38, no. 1 (2012): 55–81.

133. Justin Farrell, "The Young and the Restless? The Liberalization of Young Evangelicals," *Journal for the Scientific Study of Religion* 50, no. 3 (2011): 517–32.
134. Ziba Mir-Hosseini, "Muslim Women's Quest for Equality: Between Islamic Law and Feminism," *Critical Inquiry* 32, no. 4 (2006): 629–45.
135. Laura Levitt, *Jews and Feminism: The Ambivalent Search for Home* (London: Routledge, 2013).
136. Amita Sharma, "Feminism in India—a Fractured Movement," *History* 4, no. 2 (2015).
137. Tanya Zion-Waldoks, "Politics of Devoted Resistance Agency, Feminism, and Religion among Orthodox Agunah Activists in Israel," *Gender & Society* 29, no. 1 (2015): 73–97.
138. Brian H. Smith, *The Church and Politics in Chile: Challenges to Modern Catholicism* (Princeton, NJ: Princeton University Press, 2014).
139. Renato M. Liboro and Richard T. G. Walsh, "Understanding the Irony: Canadian Gay Men Living with HIV/AIDS, Their Catholic Devotion, and Greater Well-Being," *Journal of Religion and Health* 55, no. 2 (2016): 650–70.
140. Leonard Gargan, "Stereotypes of Singles: A Cross-cultural Comparison," *International Journal of Comparative Sociology* 27 (1986): 200.
141. Anthea Taylor, *Single Women in Popular Culture* (London: Palgrave Macmillan, 2012), 6–32.
142. Jane Arthurs, "Sex and the City and Consumer Culture: Remediating Postfeminist Drama," *Feminist Media Studies* 3, no. 1 (2003): 83–98.
143. Evan Cooper, "Decoding *Will and Grace:* Mass Audience Reception of a Popular Network Situation Comedy," *Sociological Perspectives* 46, no. 4 (2003): 513–33.
144. Shane Gunster, " 'All about Nothing': Difference, Affect, and *Seinfeld,*" *Television & New Media* 6, no. 2 (2005): 200–223.
145. Janine Hertel, Astrid Schutz, Bella M. DePaulo, Wendy L Morris, and Tanja S. Stucke, "She's Single, So What? How Are Singles Perceived Compared with People Who Are Married?" *Zeitschrift fur Familienforschung / Journal of Family Research* 19, no. 2 (2007); E. Kay Trimberger, *The New Single Woman* (Boston: Beacon Press, 2006).
146. Shane Gunster, "All about Nothing": Difference, Affect, and *Seinfeld,*" *Television & New Media* 6, no. 2 (2005): 200–223; Vesela Todorova, "Arab Women Find a Voice in Turkish Soap Operas," *The National*, November 2013; Anqi Xu and Yan Xia, "The Changes in Mainland Chinese Families during the Social Transition: A Critical Analysis," *Journal of Comparative Family Studies* (2014): 31–53.
147. Jonathan Matusitz and Pam Payano, "Globalisation of Popular Culture: From Hollywood to Bollywood," *South Asia Research* 32, no. 2 (2012): 123–38.
148. Robert Jensen and Emily Oster, "The Power of TV: Cable Television and Women's Status in India," *Quarterly Journal of Economics* 124, no. 3 (2009): 1057–94.
149. Alberto Chong and Eliana La Ferrara, "Television and Divorce: Evidence from Brazilian Novelas," *Journal of the European Economic Association* 7, no. 2–3 (2009): 458–68.
150. Harry Charalambos Triandis, *Individualism & Collectivism* (Boulder, CO: Westview Press, 1995).

151. Arjun Appadurai, *Modernity at Large: Cultural Dimensions of Globalization* (Minneapolis, MN: University of Minnesota Press, 1996).
152. Russell B. Clayton, Alexander Nagurney, and Jessica R Smith, "Cheating, Breakup, and Divorce: Is Facebook Use to Blame?" *Cyberpsychology, Behavior, and Social Networking* 16, no. 10 (2013): 717–20.
153. Russell B. Clayton, "The Third Wheel: The Impact of Twitter Use on Relationship Infidelity and Divorce," *Cyberpsychology, Behavior, and Social Networking* 17, no. 7 (2014): 425–30.
154. Juliet Stone, Ann Berrington, and Jane Falkingham, "The Changing Determinants of UK Young Adults' Living Arrangements," *Demographic Research* 25, no. 20 (2011): 629–66.
155. Rita Afsar, *Internal Migration and the Development Nexus: The Case of Bangladesh* (Dhaka: Bangladesh Institute of Development Studies, 2003); Alice Goldstein, Guo Zhigang, and Sidney Goldstein, "The Relation of Migration to Changing Household Headship Patterns in China, 1982–1987," *Population Studies* 51, no. 1 (1997): 75–84; Mary M. Kritz and Douglas T. Gurak, "The Impact of Immigration on the Internal Migration of Natives and Immigrants," *Demography* 38, no. 1 (2001): 133–45; Chai Podhisita and Peter Xenos, "Living Alone in South and Southeast Asia: An Analysis of Census Data," *Demographic Research* 32, no. 41 (2015): 1113–46.
156. Abbasi-Shavazi, Mohammad Jalal, and Abbas Askari-Nodoushan, "Family Life and Developmental Idealism in Yazd, Iran," *Demographic Research* 26, no. 10 (2012): 207–38.
157. Madhav Sadashiv Gore, *Urbanization and Family Change* (Bombay: Popular Prakashan, 1990).
158. Kenneth T. Jackson, *Crabgrass Frontier: The Suburbanization of the United States* (Oxford: Oxford University Press, 1985); Philip E. Ogden and Ray Hall, "Households, Reurbanisation and the Rise of Living Alone in the Principal French Cities, 1975–90," *Urban Studies* 37, no. 2 (2000): 367–90.
159. Hyunjoon Park and Jaesung Choi, "Long-Term Trends in Living Alone among Korean Adults: Age, Gender, and Educational Differences," *Demographic Research* 32, no. 43 (2015): 1177–208; Georg Simmel, *The Metropolis and Mental Life* (New York: Free Press, 1903); Wei-Jun Jean Yeung and Adam Ka-Lok Cheung, "Living Alone: One-Person Households in Asia," *Demographic Research* 32, no. 40 (2015): 1099–112.
160. Gill Jagger and Caroline Wright, *Changing Family Values* (Taylor & Francis, 1999); James Georgas, "Changing Family Values in Greece from Collectivist to Individualist," *Journal of Cross-cultural Psychology* 20, no. 1 (1989): 80–91.
161. Peter L. Callero, "Living Alone: Globalization, Identity, and Belonging," *Contemporary Sociology: A Journal of Reviews* 44, no. 5 (2015): 667–69; John Eade, *Living the Global City: Globalization as Local Process* (London: Routledge, 2003).
162. Agnese Vitali, "Regional Differences in Young Spaniards' Living Arrangement Decisions: A Multilevel Approach," *Advances in Life Course Research* 15, no. 2 (2010): 97–108.
163. Robert T. Michael, Victor R. Fuchs, and Sharon R. Scott, "Changes in the Propensity to Live Alone: 1950–1976," *Demography* 17, no. 1 (1980): 39–56.

164. Zhongwei Zhao and Wei Chen, "Changes in Household Formation and Composition in China since the Mid-twentieth Century," *Journal of Population Research* 25, no. 3 (2008): 267–86.

165. Kathleen Sheldon, *Courtyards, Markets, and City Streets: Urban Women in Africa* (Boulder, CO: Westview Press, 2016).

166. Melissa Blanchard, "Sending Money or Purchasing Provisions? Senegalese Migrants' Attempts to Negotiate a Space for Autonomy in Long-Distance Family Relations," *Journal des africanistes* 84 (2014): 40–59.

167. Emily J. Shaw and Sandra Barbuti, "Patterns of Persistence in Intended College Major with a Focus on Stem Majors," *NACADA Journal* 30, no. 2 (2010): 19–34.

168. Hasan Mahmud, "Migrants Sending Money and the Family" (presented to *XVIII ISA World Congress of Sociology* Yokohama, Japan, July 14, 2014).

169. Albert Saiz, "Immigration and Housing Rents in American Cities," *Journal of Urban Economics* 61, no. 2 (2007): 345–71; Matthew R. Sanderson, Ben Derudder, Michael Timberlake, and Frank Witlox, "Are World Cities Also World Immigrant Cities? An International, Cross-city Analysis of Global Centrality and Immigration," *International Journal of Comparative Sociology* 6, no. 3–4 (2015): 173–97.

170. Stephen Castles, Hein de Haas, and Mark J. Miller, *The Age of Migration: International Population Movements in the Modern World* (New York: Guilford, 2013).

171. Robyn Iredale and Kalika N. Doloswala, "International Labour Migration from India, the Philippines and Sri Lanka: Trends and Policies," *Sri Lanka Journal of Social Sciences* 27, no. 1 (2016); Eleonore Kofman and Parvati Raghuram, "Gendered Migrations and Global Processes," in *Gendered Migrations and Global Social Reproduction* (New York: Springer, 2015), 18–39.

172. Soon Kyu Choi and Ilan H. Meyer, *LGBT Aging: A Review of Research Findings, Needs, and Policy Implications* (Los Angeles: Williams Institute, 2016); Eurostat, *Eurostat Regional Yearbook* (Brussels: European Commission, 2017).

173. Amparo Gonzalez-Ferrer, "Who Do Immigrants Marry? Partner Choice among Single Immigrants in Germany," *European Sociological Review* 22, no. 2 (2006): 171–85; Katarzyna Grabska, "Lost Boys, Invisible Girls: Stories of Sudanese Marriages across Borders," *Gender, Place & Culture* 17, no. 4 (2010): 479–97.

174. Stephen P. Casazza, Emily Ludwig, and Tracy J Cohn, "Heterosexual Attitudes and Behavioral Intentions toward Bisexual Individuals: Does Geographic Area Make a Difference?" *Journal of Bisexuality* 15, no. 4 (2015): 532–53.

175. Lyndon Johnson, "The War on Poverty," *Annals of America* 18 (1964): 212–16.

176. Carl M. Brauer, "Kennedy, Johnson, and the War on Poverty," *Journal of American History* 69, no. 1 (1982): 98–119; David Zarefsky, *President Johnson's War on Poverty: Rhetoric and History* (Tuscaloosa: University of Alabama Press, 2005).

177. Robert E. Hall, *Quantifying the Lasting Harm to the US Economy from the Financial Crisis* (Cambridge, MA: National Bureau of Economic Research, 2014); David Zarefsky, *President Johnson's War on Poverty: Rhetoric and History* (Tuscaloosa: University of Alabama Press, 2005).

178. Maggie Gallagher and Linda Waite, *The Case for Marriage* (New York: Random House, 2000); Walter R. Gove, Michael Hughes, and Carolyn Briggs Style, "Does Marriage Have Positive Effects on the Psychological Well-Being of the Individual?" *Journal of Health and Social Behavior* 24, no. 2 (1983): 122–31; David R. Johnson and Jian Wu, "An Empirical Test of Crisis, Social Selection, and Role Explanations of the Relationship between Marital Disruption and Psychological Distress: A Pooled Time-Series Analysis of Four-Wave Panel Data," *Journal of Marriage and Family* 64, no. 1 (2002): 211–24.

179. Ron Haskins, "The War on Poverty: What Went Wrong?" Op-ed, Brookings, November 19, 2013, www.brookings.edu/opinions/the-war-onpoverty- what-went-wrong/.

第2章

1. Lawrence Millman, "The Old Woman Who Was Kind to Insects," in *A Kayak Full of Ghosts: Eskimo Tales* (Northampton, MA: Interlink Books, 1987).
2. Stephanie S. Spielmann, Geoff MacDonald, Jessica A. Maxwell, Samantha Joel, Diana Peragine, Amy Muise, and Emily A. Impett, "Settling for Less out of Fear of Being Single," *Journal of Personality and Social Psychology* 105, no. 6 (2013): 1049.
3. Stephanie S. Spielmann, Geoff MacDonald, Samantha Joel, and Emily A. Impett, "Longing for Ex-Partners out of Fear of Being Single," *Journal of Personality* 84, no. 6 (2016): 799–808.
4. Peter Walker, "May Appoints Minister to Tackle Loneliness Issues Raised by Jo Cox," *The Guardian,* January 16, 2018, www.theguardian.com/society/2018 /jan/16/may-appoints-minister-tackle-loneliness-issues-raised-jo-cox?CMP= share_btn_link.
5. Vern L. Bengtson and Norella M. Putney, "Who Will Care for Tomorrow's Elderly? Consequences of Population Aging East and West," in *Aging in East and West: Families, States, and the Elderly,* ed. Vern L. Bengtson, Kyong-Dong Kim, George Myers, and Ki-Soo Eun (New York: Springer, 2000): 263–85; Adam Ka-Lok Cheung and Wei-Jun Jean Yeung, "Temporal-Spatial Patterns of One-Person Households in China, 1982–2005," *Demographic Research* S15, no. 44 (2015): 1209–38; Antonio Golini and A. Silverstrini, "Family Change, Fathers, and Children in Western Europe: A Demographic and Psychosocial Perspective," in *The Family on the Threshold of the 21st Century: Trends and Implications,* ed. Solly Dreman (New York: Psychology Press, 2013), 201.
6. Sofia, "Just One Single," *Blogspot,* September 16, 2008, http://justonesingle .blogspot.com.
7. Marja Aartsen and Marja Jylha, "Onset of Loneliness in Older Adults: Results of a 28 Year Prospective Study," *European Journal of Ageing* 8, no. 1 (2011): 31–38; Margaret Gatz and Steven H. Zarit, "A Good Old Age: Paradox or Possibility," *Handbook of Theories of Aging* (1999): 396–416; Paul Halmos, *Solitude and Privacy: A Study of Social Isolation, Its Causes and Therapy* (New York: Routledge, 2013); Felix Post, "Mental Breakdown in Old Age," *British Medical Journal* 1, no. 4704 (1951): 436; G. Clare Wenger, "Morale in Old Age: A Review of the Evidence," *International Journal of Geriatric Psychiatry* 7, no. 10 (1992): 699–708.

8. Margaret Gatz and Steven H. Zarit, "A Good Old Age: Paradox or Possibility," *Handbook of Theories of Aging* (1999): 396–416.
9. Daniel Perlman and L. Anne Peplau, "Toward a Social Psychology of Loneliness," *Personal Relationships* 3 (1981): 31–56.
10. Tineke Fokkema, Jenny De Jong Gierveld, and Pearl A. Dykstra, "Cross-national Differences in Older Adult Loneliness," *Journal of Psychology* 146, no. 1–2 (2012): 201–28.
11. G. Clare Wenger, Richard Davies, Said Shahtahmasebi, and Anne Scott, "Social Isolation and Loneliness in Old Age: Review and Model Refinement," *Ageing & Society* 16, no. 3 (1996): 333–58.
12. Marja Jylha, "Old Age and Loneliness: Cross-sectional and Longitudinal Analyses in the Tampere Longitudinal Study on Aging," *Canadian Journal on Aging / La revue canadienne du vieillissement* 23, no. 2 (2004): 157–68.
13. Marja Aartsen and Marja Jylha, "Onset of Loneliness in Older Adults: Results of a 28 Year Prospective Study," *European Journal of Ageing* 8, no. 1 (2011): 31–38; Lena Dahlberg and Kevin J. McKee, "Correlates of Social and Emotional Loneliness in Older People: Evidence from an English Community Study," *Aging & Mental Health* 18, no. 4 (2014): 504–14; Christopher J. Einolf and Deborah Philbrick, "Generous or Greedy Marriage? A Longitudinal Study of Volunteering and Charitable Giving," *Journal of Marriage and Family* 76, no. 3 (2014): 573–86; Naomi Gerstel and Natalia Sarkisian, "Marriage: The Good, the Bad, and the Greedy," *Contexts* 5, no. 4 (2006): 16–21.
14. D. W. K. Kay, Pamela Beamish, and Martin Roth, "Old Age Mental Disorders in Newcastle upon Tyne," *British Journal of Psychiatry* 110, no. 468 (1964): 668–82; M. Powell Lawton and Renee H. Lawrence, "Assessing Health," *Annual Review of Gerontology and Geriatrics* 14, no. 1 (1994): 23–56; Kerry A. Sargent-Cox, Kaarin J. Anstey, and Mary A. Luszcz, "Patterns of Longitudinal Change in Older Adults' Self-Rated Health: The Effect of the Point of Reference," *Health Psychology* 29, no. 2 (2010): 143.
15. Steven Stack, "Marriage, Family and Loneliness: A Cross-national Study," *Sociological Perspectives* 41, no. 2 (1998): 415–32.
16. Helena Znaniecki Lopata, "Loneliness: Forms and Components," *Social Problems* 17, no. 2 (1969): 248–62; Matthijs Kalmijn and Marjolein Broese van Groenou, "Differential Effects of Divorce on Social Integration," *Journal of Social and Personal Relationships* 22, no. 4 (2005): 455–76.
17. Bella DePaulo, *Marriage vs. Single Life: How Science and the Media Got It So Wrong* (Charleston, SC: DoubleDoor Books, 2015).
18. Christina M. Gibson-Davis, Kathryn Edin, and Sara McLanahan, "High Hopes but Even Higher Expectations: The Retreat from Marriage among Low-Income Couples," *Journal of Marriage and Family* 67, no. 5 (2005): 1301–12; Maureen R. Waller and Sara S. McLanahan, " 'His' and 'Her' Marriage Expectations: Determinants and Consequences," *Journal of Marriage and Family* 67, no. 1 (2005): 53–67.
19. Alois Stutzer and Bruno S. Frey, "Does Marriage Make People Happy, or Do Happy People Get Married?" *Journal of Socio-economics* 35, no. 2 (2006): 326–47.
20. Paul R. Amato, "Research on Divorce: Continuing Trends and New Developments," *Journal of Marriage and Family* 72, no. 3 (2010): 650–66; Betsey Stevenson and Justin Wolfers, *Marriage and Divorce: Changes and Their Driving Forces* (Cambridge, MA: National Bureau of

Economic Research, 2007).

21. Rose McDermott, James H. Fowler, and Nicholas A. Christakis, "Breaking Up Is Hard to Do, Unless Everyone Else Is Doing It Too: Social Network Effects on Divorce in a Longitudinal Sample," *Social Forces* 92, no. 2 (2013): 491–519.
22. Renee Stepler, *Led by Baby Boomers, Divorce Rates Climb for America's 50+ Population* (Washington, DC: Pew Research Center, 2017).
23. Dan, response to "Aging Alone Doesn't Have to Mean Lonely," *Senior Planet,* January 25, 2017, https://seniorplanet.org/aging-alone-doesnt-have-tomean- lonely/#comment-190333.
24. R. S. Weiss, *Loneliness: The Experience of Emotional and Social Isolation* (Cambridge, MA: MIT Press, 1973).
25. Nancy E. Newall, Judith G. Chipperfield, Rodney A. Clifton, Raymond P. Perry, Audrey U. Swift, and Joelle C. Ruthig, "Causal Beliefs, Social Participation, and Loneliness among Older Adults: A Longitudinal Study," *Journal of Social and Personal Relationships* 26, no. 2–3 (2009): 273–90; Thomas Scharf, Chris Phillipson, and Allison E. Smith, "Social Exclusion of Older People in Deprived Urban Communities of England," *European Journal of Ageing* 2, no. 2 (2005): 76–87.
26. Jonathan Drennan, Margaret Treacy, Michelle Butler, Anne Byrne, Gerard Fealy, Kate Frazer, and Kate Irving, "The Experience of Social and Emotional Loneliness among Older People in Ireland," *Ageing & Society* 28, no. 8 (2008): 1113–32; Pearl A. Dykstra, and Tineke Fokkema, "Social and Emotional Loneliness among Divorced and Married Men and Women: Comparing the Deficit and Cognitive Perspectives," *Basic and Applied Social Psychology* 29, no. 1 (2007): 1–12.
27. Marja Aartsen and Marja Jylha, "Onset of Loneliness in Older Adults: Results of a 28 Year Prospective Study," *European Journal of Ageing* 8, no. 1 (2011): 31–38; Lena Dahlberg and Kevin J. McKee, "Correlates of Social and Emotional Loneliness in Older People: Evidence from an English Community Study," *Aging & Mental Health* 18, no. 4 (2014): 504–14.
28. Christopher J. Einolf and Deborah Philbrick, "Generous or Greedy Marriage? A Longitudinal Study of Volunteering and Charitable Giving," *Journal of Marriage and Family* 76, no. 3 (2014): 573–86; Naomi Gerstel and Natalia Sarkisian, "Marriage: The Good, the Bad, and the Greedy," *Contexts* 5, no. 4 (2006): 16–21.
29. Naomi Gerstel and Natalia Sarkisian, "Marriage: The Good, the Bad, and the Greedy," *Contexts* 5, no. 4 (2006): 16–21. 30. Ed Diener and Martin E. P. Seligman, "Very Happy People," *Psychological Science* 13, no. 1 (2002): 81–84.
31. Naomi Gerstel, "Divorce and Stigma," *Social Problems* 34, no. 2 (1987): 172–86.
32. Helmuth Cremer and Pierre Pestieau, "Myopia, Redistribution and Pensions," *European Economic Review* 55, no. 2 (2011): 165–75.
33. Bella DePaulo, *Marriage vs. Single Life: How Science and the Media Got It So Wrong* (Charleston, SC: DoubleDoor Books, 2015); Alois Stutzer and Bruno S. Frey, "Does Marriage Make People Happy, or Do Happy People Get Married?" *Journal of Socio-economics* 35, no. 2 (2006): 326–47.
34. Eric Klinenberg, *Heat Wave: A Social Autopsy of Disaster in Chicago* (Chicago: University of Chicago Press, 2003).

35. Eric Klinenberg, *Going Solo: The Extraordinary Rise and Surprising Appeal of Living Alone* (New York: Penguin, 2012).
36. David Haber, "Life Review: Implementation, Theory, Research, and Therapy," *International Journal of Aging and Human Development* 63, no. 2 (2006): 153–71.
37. Tova Band-Winterstein and Carmit Manchik-Rimon, "The Experience of Being an Old Never-Married Single: A Life Course Perspective," *International Journal of Aging and Human Development* 78, no. 4 (2014): 379–401.
38. C. Schact and D. Knox, "Singlehood, Hanging out, Hooking up, and Cohabitation," in *Choices in Relationships: An Introduction to Marriage and Family,* ed. C. Schact and D. Knox (Belmont, CA: Wadsworth, 2010), 132–72.
39. Robert L. Rubinstein, "Never Married Elderly as a Social Type: Reevaluating Some Images," *Gerontologist* 27, no. 1 (1987): 108–13.
40. Anonymous, *Women-Ish, Blogspot,* August 25, 2008, http://women-ish .blogspot.com; Sofia, "Just One Single," *Blogspot,* September 16, 2008, http:// justonesingle.blogspot.com.
41. Ronnie, "Isolation, Loneliness and Solitude in Old Age," *Time Goes By,* December 12, 2012, www.timegoesby.net/weblog/2012/12/isolation-lonelinessand- solitude-in-old-age.html.
42. Pirkko Routasalo and Kaisu H. Pitkala, "Loneliness among Older People," *Reviews in Clinical Gerontology* 13, no. 4 (2003): 303–11.
43. Tova Band-Winterstein and Carmit Manchik-Rimon, "The Experience of Being an Old Never-Married Single: A Life Course Perspective," *International Journal of Aging and Human Development* 78, no. 4 (2014): 379–401.
44. John T. Cacioppo and William Patrick, *Loneliness: Human Nature and the Need for Social Connection* (New York: W. W. Norton, 2008).
45. Marty Beckerman, "Is Loneliness Good for You?" *Esquire,* September 29, 2010, www.esquire.com/lifestyle/sex/a8599/single-and-happy/.
46. Diane, "The Brutal Truth of Dating," *Single Shot Seattle,* July 12, 2016, https://singleshotseattle.wordpress.com.
47. Sofia, "Just One Single," *Blogspot,* August 17, 2009, http://justonesingle .blogspot.com.
48. Clive Seale, "Dying Alone," *Sociology of Health & Illness* 17, no. 3 (1995).
49. Kim Parker and D'Vera Cohn, *Growing Old in America: Expectations vs. Reality* (Washington, DC: Pew Research Center, 2009), 376–92.
50. Jenny Gierveld, Pearl A. Dykstra, and Niels Schenk, "Living Arrangements, Intergenerational Support Types and Older Adult Loneliness in Eastern and Western Europe," *Demographic Research* 27, no. 2 (2012): 167.
51. Alberto Palloni, *Living Arrangements of Older Persons* (New York: UN Population Bulletin, 2001).
52. Linda Abbit, "Urban Cohousing the Babayaga Way," *Senior Planet,* March 6, 2016, https://seniorplanet.org/senior-housing-alternatives-urbancohousing- the-babayaga-way/.
53. Jane Gross, "Older Women Team Up to Face Future Together," *New York Times,* February 27, 2004, www.nytimes.com/2004/02/27/us/olderwomen- team-up-to-face-future-together.html.
54. Jon Pynoos, "Housing for Older Adults: A Personal Journey in Environmental Gerontology," in *Environments in an Aging Society:*

Autobiographical Perspectives in Environmental Gerontology, ed. Habib Chaudhury and Frank Oswald (New York: Springer, 2018), 147–64; Mariano Sanchez, Jose M. Garcia, Pilar Diaz, and Monica Duaigues, "Much More Than Accommodation in Exchange for Company: Dimensions of Solidarity in an Intergenerational Homeshare Program in Spain," *Journal of Intergenerational Relationships* 9, no. 4 (2011): 374–88.

55. Beth Pinsker, "Your Money: Creative Caregiving Solutions for the 'Sandwich Generation,' " *Reuters,* May 31, 2017, www.reuters.com/article/usmoney- retirement-sandwichgen-idUSKBN18R2TT.

56. Yagana Shah, " 'Airbnb for Seniors' Helps Link Travelers with Like- Minded Hosts," *Huffington Post,* June 1, 2016, www.huffingtonpost.com/entry /airbnb-for-seniors-helps-link-travelers-with-like-minded-hosts_us_57487aa1e4 b0dacf7ad4c130.

57. Stephen M. Golant, "Political and Organizational Barriers to Satisfying Low-Income US Seniors' Need for Affordable Rental Housing with Supportive Services," *Journal of Aging & Social Policy* 15, no. 4 (2003): 21–48.

58. California Department of Aging, "Programs & Services," State of California, 2017, www.aging.ca.gov/Programs/.

59. Shannon, response to Jane Gross, "Single, Childless, and Downright Terrified," *New York Times,* July 29, 2008, https://newoldage.blogs.nytimes. com/2008/07/29/single-childless-and-downright-terrified/#comment-2065.

60. Steven R. Asher and Jeffrey G. Parker, "Significance of Peer Relationship Problems in Childhood," in *Social Competence in Developmental Perspective,* ed. Barry Schneider, Grazia Attili, Jacqueline Nadel, and Roger Weissberg (Dordrecht, Netherlands: Kluwer Academic Publishers, 1989), 5–23; Ana M. Martinez Aleman, "College Women's Female Friendships: A Longitudinal View," *Journal of Higher Education* 81, no. 5 (2010): 553–82.

61. Jenna Mahay and Alisa C. Lewin, "Age and the Desire to Marry," *Journal of Family Issues* 28, no. 5 (2007): 706–23.

62. Stephen Katz, *Cultural Aging: Life Course, Lifestyle, and Senior Worlds* (Peterborough, Ontario: Broadview Press, 2005).

63. Bella M. DePaulo, *Singlism: What It Is, Why It Matters, and How to Stop It* (Charleston, SC: DoubleDoor Books, 2011); Neta Yodovich and Kinneret Lahad, "I Don't Think This Woman Had Anyone in Her Life': Loneliness and Singlehood in Six Feet Under," *European Journal of Women's Studies,* April 8, 2017, doi.org/10.1177/1350506817702411.

64. Todd D. Nelson, *Ageism: Stereotyping and Prejudice against Older Persons* (Cambridge, MA: MIT Press, 2004).

65. Jaber F. Gubrium, "Being Single in Old Age," *International Journal of Aging and Human Development* 6, no. 1 (1975): 29–41.

66. Robert L. Rubinstein, "Never Married Elderly as a Social Type: Reevaluating Some Images," *Gerontologist* 27, no. 1 (1987): 108–13.

67. Tetyana Pudrovska, Scott Schieman, and Deborah Carr, "Strains of Singlehood in Later Life: Do Race and Gender Matter?" *Journals of Gerontology: Series B* 61, no. 6 (2006): S315–S22.

68. Martin E. P. Seligman and Mihaly Csikszentmihalyi, *Positive Psychology: An Introduction* (Washington, DC: American Psychological Association, 2000), 1.

69. Shelly L. Gable and Jonathan Haidt, "What (and Why) Is Positive Psychology?" *Review of General Psychology* 9, no. 2 (2005): 103.
70. John W. Rowe and Robert L Kahn, "Successful Aging," *The Gerontologist* 37, no. 4 (1997): 433–40.
71. Colin A. Depp and Dilip V. Jeste, "Definitions and Predictors of Successful Aging: A Comprehensive Review of Larger Quantitative Studies," *American Journal of Geriatric Psychiatry* 14, no. 1 (2006): 6–20; William J. Strawbridge, Margaret I. Wallhagen, and Richard D. Cohen, "Successful Aging and Well-Being Self-Rated Compared with Rowe and Kahn," *The Gerontologist* 42, no. 6 (2002): 727–33.
72. Jerrold M. Pollak, "Correlates of Death Anxiety: A Review of Empirical Studies," omega—*Journal of Death and Dying* 10, no. 2 (1980): 97–121.
73. J. M. Tomas, P. Sancho, M. Gutierrez, and L. Galiana, "Predicting Life Satisfaction in the Oldest-Old: A Moderator Effects Study," *Social Indicators Research* 117, no. 2 (2014): 601–13.
74. David Haber, *Health Promotion and Aging: Practical Applications for Health Professionals* (New York: Springer, 2013).
75. Willard W. Hartup, and Nan Stevens, "Friendships and Adaptation in the Life Course," *Psychological Bulletin* 121, no. 3 (1997): 355.
76. Lorraine M. Bettini and M. Laurie Norton, "The Pragmatics of Intergenerational Friendships," *Communication Reports* 4, no. 2 (1991): 64–72.
77. Rebecca G. Adams, "People Would Talk: Normative Barriers to Crosssex Friendships for Elderly Women," *The Gerontologist* 25, no. 6 (1985): 605–11.
78. Harry Weger, "Cross-sex Friendships," in *The International Encyclopedia of Interpersonal Communication,* ed. Charles R. Berger (Hoboken, NJ: John Wiley, 2015).
79. Barbara, response to "Aging Alone Doesn't Have to Mean Lonely," *Senior Planet,* February 25, 2017, "https://seniorplanet.org/aging-alone-doesnt-haveto- mean-lonely/#comment-193356.
80. Kendra, "Her Children Would Have Hated Her . . . Said Oprah Winfrey," *Happily Never Married,* May 12, 2013, http://happilynevermarried.com /page/2/.
81. David Haber, *Health Promotion and Aging: Practical Applications for Health Professionals* (New York: Springer, 2013).
82. Walker Thornton, "Aging Alone Doesn't Have to Mean Lonely," November 8, 2013, https://seniorplanet.org/aging-alone-doesnt-have-to-mean-lonely.
83. Barbara Barbosa Neves, Fausto Amaro, and Jaime Fonseca, "Coming of (Old) Age in the Digital Age: ICT Usage and Non-usage among Older Adults," *Sociological Research Online* 18, no. 2 (2013): 6.
84. Sabina Lissitsa and Svetlana Chachashvili-Bolotin, "Life Satisfaction in the Internet Age—Changes in the Past Decade," *Computers in Human Behavior* 54 (2016): 197–206.
85. Colleen Leahy Johnson and Donald J. Catalano, "Childless Elderly and Their Family Supports," *The Gerontologist* 21, no. 6 (1981): 610–18.
86. Wendy J. Casper, Dennis J. Marquardt, Katherine J. Roberto, and Carla Buss, "The Hidden Family Lives of Single Adults without Dependent

Chil-dren," in *The Oxford Handbook of Work and Family,* ed. Tammy D. Allen and Lillian T. Eby (Oxford: Oxford University Press, 2016), 182.

87. Susan De Vos, "Kinship Ties and Solitary Living among Unmarried Elderly Women in Chile and Mexico," *Research on Aging* 22, no. 3 (2000): 262–89.
88. Nieli Langer and Marie Ribarich, "Aunts, Uncles—Nieces, Nephews: Kinship Relations over the Lifespan," *Educational Gerontology* 33, no. 1 (2007): 75–83.
89. Anonymous, "Fall Hopelessly in Love with Yourself," October 7, 2016, *Medium,* https://medium.com/@ahechoes.
90. Ronald H. Aday, Gayle C. Kehoe, and Lori A. Farney, "Impact of Senior Center Friendships on Aging Women Who Live Alone," *Journal of Women & Aging* 18, no. 1 (2006): 57–73.
91. Diane Weis Farone, Tanya R. Fitzpatrick, and Thanh V. Tran, "Use of Senior Centers as a Moderator of Stress-Related Distress among Latino Elders," *Journal of Gerontological Social Work* 46, no. 1 (2005): 65–83.
92. Marcia S. Marx, Jiska Cohen-Mansfield, Natalie G. Regier, Maha Dakheel-Ali, Ashok Srihari, and Khin Thein, "The Impact of Different Dog-Related Stimuli on Engagement of Persons with Dementia," *American Journal of Alzheimer's Disease & Other Dementias* 25, no. 1 (2010): 37–45.
93. E. Paul Cherniack and Ariella R. Cherniack, "The Benefit of Pets and Animal-Assisted Therapy to the Health of Older Individuals," *Current Gerontology and Geriatrics Research* (2014), http://dx.doi.org/10.1155/2014/623203.
94. P. L. Bernstein, E. Friedmann, and A. Malaspina, "Animal-Assisted Therapy Enhances Resident Social Interaction and Initiation in Long-Term Care Facilities," *Anthrozoos* 13, no. 4 (2000): 213–24; Katharine M. Fick, "The Influence of an Animal on Social Interactions of Nursing Home Residents in a Group Setting," *American Journal of Occupational Therapy* 47, no. 6 (1993): 529–34.
95. Stephanie S. Spielmann, Geoff MacDonald, Jessica A. Maxwell, Samantha Joel, Diana Peragine, Amy Muise, and Emily A. Impett, "Settling for Less out of Fear of Being Single," *Journal of Personality and Social Psychology* 105, no. 6 (2013): 1049.

第3章

1. Arland Thornton and Deborah Freedman, "Changing Attitudes toward Marriage and Single Life," *Family Planning Perspectives* 14, no. 6 (1981): 297–303; James Q. Wilson, *The Marriage Problem: How Our Culture Has Weakened Families* (New York: Harper Collins, 2002).
2. Eriko Maeda and Michael L. Hecht, "Identity Search: Interpersonal Relationships and Relational Identities of Always-Single Japanese Women over Time," *Western Journal of Communication* 76, no. 1 (2012): 44–64; Anne-Rigt Poortman and Aart C. Liefbroer, "Singles' Relational Attitudes in a Time of Individualization," *Social Science Research* 39, no. 6 (2010): 938–49; Elizabeth A. Sharp and Lawrence Ganong, " 'I'm a Loser, I'm Not Married, Let's Just All Look at Me': Ever-Single Women's Perceptions of Their Social Environment," *Journal of Family Issues*

32, no. 7 (2011): 956–80.

3. Brenda Major and Laurie T. O'Brien, "The Social Psychology of Stigma," *Annual Review of Psychology* 56, no. 1 (2005): 393–421.
4. Paul Jay Fink, *Stigma and Mental Illness* (Washington, DC: American Psychiatric Press, 1992).
5. Jennifer Crocker and Brenda Major, "Social Stigma and Self-Esteem: The Self-Protective Properties of Stigma," *Psychological Review* 96, no. 4 (1989): 608–30.
6. Bruce G. Link, Elmer L. Struening, Sheree Neese-Todd, Sara Asmussen, and Jo C. Phelan, "Stigma as a Barrier to Recovery: The Consequences of Stigma for the Self-Esteem of People with Mental Illnesses," *Psychiatric Services* 52, no. 12 (2001): 1621–26.
7. Brenda Major and Laurie T. O'Brien, "The Social Psychology of Stigma," *Annual Review of Psychology* 56, no. 1 (2005): 393–421.
8. Tara Vishwanath, "Job Search, Stigma Effect, and Escape Rate from Unemployment," *Journal of Labor Economics* 7, no. 4 (1989): 487–502.
9. Bella M. DePaulo and Wendy L. Morris, "The Unrecognized Stereotyping and Discrimination against Singles," *Current Directions in Psychological Science* 15, no. 5 (2006): 251–54.
10. Janine Hertel, Astrid Schutz, Bella M. DePaulo, Wendy L. Morris, and Tanja S. Stucke, "She's Single, So What? How Are Singles Perceived Compared with People Who Are Married?" *Zeitschrift fur Familienforschung / Journal of Family Research* 19, no. 2 (2007): 139–58; Peter J. Stein, "Singlehood: An Alternative to Marriage," *Family Coordinator* 24, no. 4 (1975): 489–503.
11. Bella M. DePaulo, *Singlism: What It Is, Why It Matters, and How to Stop It* (Charleston, SC: DoubleDoor Books, 2011).
12. Bella M. DePaulo and Wendy L. Morris, "The Unrecognized Stereotyping and Discrimination against Singles," *Current Directions in Psychological Science* 15, no. 5 (2006): 251–54.
13. Tobias Greitemeyer, "Stereotypes of Singles: Are Singles What We Think?" *European Journal of Social Psychology* 39, no. 3 (2009): 368–83.
14. Jennifer Crocker and Brenda Major, "Social Stigma and Self-Esteem: The Self-Protective Properties of Stigma," *Psychological Review* 96, no. 4 (1989): 608; Paul Jay Fink, *Stigma and Mental Illness* (Washington, DC: American Psychiatric Press, 1992); Brenda Major and Laurie T. O'Brien, "The Social Psychology of Stigma," *Annual Review of Psychology* 56, no. 1 (2005): 393–421.
15. Paul C. Luken, "Social Identity in Later Life: A Situational Approach to Understanding Old Age Stigma," *International Journal of Aging and Human Development* 25, no. 3 (1987): 177–93.
16. A. Kay Clifton, Diane McGrath, and Bonnie Wick, "Stereotypes of Woman: A Single Category?" *Sex Roles* 2, no. 2 (1976): 135–48; Alice H. Eagly and Valerie J. Steffen, "Gender Stereotypes Stem from the Distribution of Women and Men into Social Roles," *Journal of Personality and Social Psychology* 46, no. 4 (1984): 735.
17. Dena Saadat Hassouneh-Phillips, " 'Marriage Is Half of Faith and the Rest Is Fear of Allah': Marriage and Spousal Abuse among American Muslims," *Violence against Women* 7, no. 8 (2001): 927–46.
18. Calvin E. Zongker, "Self-Concept Differences between Single and Married School-Age Mothers," *Journal of Youth and Adolescence* 9, no. 2

(1980): 175–84.

19. Matt Volz, "Fired Pregnant Teacher Settles with Montana Catholic School," *Boston Globe,* March 15, 2016, www.bostonglobe.com/news/nation/2016 /03/15/fired-pregnant-teacher-settles-with-montana-catholic-school/Shlqa NHnaXXWO2HVUcDxiM/story.html.
20. Daniel Kalish, "Teacher Fired for Being Unmarried and Pregnant," HKM Employment Attorneys, February 21, 2014, https://hkm.com/employmentblog/ teacher-fired-unmarried-pregnant/.
21. Ashitha Nagesh, "Unmarried Teacher Sacked Because She Was 'Living in Sin' with Her Boyfriend," *Metro,* December 4, 2017, http://metro.co.uk/2017 /12/04/teacher-lost-her-job-after-parents-complained-about-her-living-in-sin- 7130641/.
22. Bruce Thain, "Jewish Teacher Sacked from Orthodox Nursery for 'Living in Sin' with Boyfriend Wins Case for Religious and Sexual Discrimination," *Independent,* December 4, 2017, www.independent.co.uk/news/uk /home-news/jewish-teacher-zelda-de-groen-orthodox-gan-menachem-nurseryhendon- north-london-wedlock-employment-a8090471.html.
23. Amanda Terkel, "Sen. Jim DeMint: Gays and Unmarried, Pregnant Women Should Not Teach Public School," *Huffington Post,* October 2, 2010, www.huffingtonpost.com/2010/10/02/demint-gays-unmarried-pregnant-womenteachers_ n_748131.html.
24. Sarah Labovitch-Dar, "They Did Not Get Accepted," *Ha'Aretz,* June 28, 2001, www.haaretz.co.il/misc/1.713241.
25. Anonymous, response to Bella DePaulo, "Is It Bad to Notice Discrimination?" *Psychology Today,* on June 3, 2008, www.psychologytoday.com/blog /living-single/200805/is-it-bad-notice-discrimination.
26. Kate Antonovics and Robert Town, "Are All the Good Men Married? Uncovering the Sources of the Marital Wage Premium," *American Economic Review* 94, no. 2 (2004): 317–21.
27. Bella M. DePaulo, *Singled Out: How Singles Are Stereotyped, Stigmatized, and Ignored, and Still Live Happily Ever After* (New York: St. Martin's Griffin, 2007).
28. Ibid.; Kinneret Lahad, *A Table for One: A Critical Reading of Singlehood, Gender and Time* (Manchester, UK: University of Manchester, 2017); Wendy L. Morris, Stacey Sinclair, and Bella M. DePaulo, "No Shelter for Singles: The Perceived Legitimacy of Marital Status Discrimination," *Group Processes & Intergroup Relations* 10, no. 4 (2007): 457–70.
29. Bella M. DePaulo, *Singled Out: How Singles Are Stereotyped, Stigmatized, and Ignored, and Still Live Happily Ever After* (New York: St. Martin's Griffin, 2007); Jianguo Liu, Thomas Dietz, Stephen R. Carpenter, Carl Folke, Marina Alberti, Charles L. Redman, Stephen H. Schneider, Elinor Ostrom, Alice N. Pell, and Jane Lubchenco, "Coupled Human and Natural Systems," *AMBIO: A Journal of the Human Environment* 36, no. 8 (2007): 639–49.
30. Bella M. DePaulo and Wendy L. Morris, "Target Article: Singles in Society and in Science," *Psychological Inquiry* 16, no. 2–3 (2005): 57–83; Wendy L. Morris and Brittany K. Osburn, "Do You Take This Marriage? Perceived Choice over Marital Status Affects the Stereotypes of Single and Married People," in *Singlehood from Individual and Social Perspectives,* ed. Katarzyna Adamczyk (Krakow, Poland: Libron, 2016),

145–62.
31. Karen Gritter, *Community of Single People Group* (blog), Facebook, November 1, 2017, www.facebook.com/groups/CommunityofSinglePeople/permalink /1924789547839689/.
32. Lisa Arnold and Christina Campbell, "The High Price of Being Single in America," *The Atlantic,* January 14, 2013.
33. Bella M. DePaulo, *Singled Out: How Singles Are Stereotyped, Stigmatized, and Ignored, and Still Live Happily Ever After* (New York: St. Martin's Griffin, 2007).
34. Vickie M. Mays and Susan D. Cochran, "Mental Health Correlates of Perceived Discrimination among Lesbian, Gay, and Bisexual Adults in the United States," *American Journal of Public Health* 91, no. 11 (2001): 1869–76.
35. Ann R. Fischer and Christina M. Shaw, "African Americans' Mental Health and Perceptions of Racist Discrimination: The Moderating Effects of Racial Socialization Experiences and Self-Esteem," *Journal of Counseling Psychology* 46, no. 3 (1999): 395.
36. Samuel Noh, Morton Beiser, Violet Kaspar, Feng Hou, and Joanna Rummens, "Perceived Racial Discrimination, Depression, and Coping: A Study of Southeast Asian Refugees in Canada," *Journal of Health and Social Behavior* 40, no. 3 (1999): 193–207.
37. Elizabeth A. Pascoe and Laura Smart Richman, "Perceived Discrimination and Health: A Meta-analytic Review," *Psychological Bulletin* 135, no. 4 (2009): 531.
38. Haslyn E. R. Hunte and David R. Williams, "The Association between Perceived Discrimination and Obesity in a Population-Based Multiracial and Multiethnic Adult Sample," *American Journal of Public Health* 99, no. 7 (2009): 1285–92; Nancy Krieger and Stephen Sidney, "Racial Discrimination and Blood Pressure: The Cardia Study of Young Black and White Adults," *American Journal of Public Health* 86, no. 10 (1996): 1370–78.
39. Luisa N. Borrell, Ana V. Diez Roux, David R. Jacobs, Steven Shea, Sharon A. Jackson, Sandi Shrager, and Roger S. Blumenthal, "Perceived Racial /Ethnic Discrimination, Smoking and Alcohol Consumption in the Multiethnic Study of Atherosclerosis (MESA)," *Preventive Medicine* 51, no. 3 (2010): 307–12; Frederick X. Gibbons, Meg Gerrard, Michael J. Cleveland, Thomas A. Wills, and Gene Brody, "Perceived Discrimination and Substance Use in African American Parents and Their Children: A Panel Study," *Journal of Personality and Social Psychology* 86, no. 4 (2004): 517–29.
40. Eliza K. Pavalko, Krysia N. Mossakowski, and Vanessa J. Hamilton, "Does Perceived Discrimination Affect Health? Longitudinal Relationships between Work Discrimination and Women's Physical and Emotional Health," *Journal of Health and Social Behavior* 44, no. 1 (2003): 18–33.
41. Lyn Parker, Irma Riyani, and Brooke Nolan, "The Stigmatisation of Widows and Divorcees (Janda) in Indonesia, and the Possibilities for Agency," *Indonesia and the Malay World* 44, no. 128 (2016): 27–46.
42. Samuel Noh and Violet Kaspar, "Perceived Discrimination and Depression: Moderating Effects of Coping, Acculturation, and Ethnic Support," *American Journal of Public Health* 93, no. 2 (2003): 232–38.

43. Bella M. DePaulo and Wendy L. Morris, "The Unrecognized Stereotyping and Discrimination against Singles," *Current Directions in Psychological Science* 15, no. 5 (2006): 251–54.

44. Eric Klinenberg, *Going Solo: The Extraordinary Rise and Surprising Appeal of Living Alone* (New York: Penguin, 2012); Bella M. DePaulo, *Singled Out: How Singles Are Stereotyped, Stigmatized, and Ignored, and Still Live Happily Ever After* (New York: St. Martin's Griffin, 2007).

45. Bella DePaulo, *How We Live Now: Redefining Home and Family in the 21st Century* (Hillsboro, OR: Atria Books, 2015); Kinneret Lahad, *A Table for One: A Critical Reading of Singlehood, Gender and Time* (Manchester, UK: University of Manchester, 2017).

46. Pieter A. Gautier, Michael Svarer, and Coen N. Teulings, "Marriage and the City: Search Frictions and Sorting of Singles," *Journal of Urban Economics* 67, no. 2 (2010): 206–18.

47. Wendy L. Morris, "The Effect of Stigma Awareness on the Self-Esteem of Singles," Online Archive of University of Virginia Scholarship, 2005.

48. Lauri, response to Bella DePaulo, "Is It Bad to Notice Discrimination?" *Psychology Today,* on June 16, 2008, www.psychologytoday.com/blog /living-single/200805/is-it-bad-notice-discrimination.

49. Ibid.

50. Roy F. Baumeister, Jennifer D. Campbell, Joachim I. Krueger, and Kathleen D. Vohs, "Does High Self-Esteem Cause Better Performance, Interpersonal Success, Happiness, or Healthier Lifestyles?" *Psychological Science in the Public Interest* 4, no. 1 (2003): 1–44.

51. Gian Vittorio Caprara, Patrizia Steca, Maria Gerbino, Marinella Paciello, and Giovanni Maria Vecchio, "Looking for Adolescents' Well-Being: Self-Efficacy Beliefs as Determinants of Positive Thinking and Happiness," *Epidemiologia e psichiatria sociale* 15, no. 1 (2006): 30–43.

52. Ulrich Schimmack and Ed Diener, "Predictive Validity of Explicit and Implicit Self-Esteem for Subjective Well-Being," *Journal of Research in Personality* 37, no. 2 (2003): 100–106.

53. Aurora Szentagotai and Daniel David, "Self-Acceptance and Happiness," in *The Strength of Self-Acceptance: Theory, Practice and Research,* ed. Michael E. Bernard (New York: Springer, 2013), 121–37.

54. Nadine F. Marks, "Flying Solo at Midlife: Gender, Marital Status, and Psychological Well-Being," *Journal of Marriage and Family* 58, no. 4 (1996): 917–32.

55. Evangelos C. Karademas, "Self-Efficacy, Social Support and Well- Being: The Mediating Role of Optimism," *Personality and Individual Differences* 40, no. 6 (2006): 1281–90.

56. Charles S. Carver, Michael F. Scheier, and Suzanne C. Segerstrom, "Optimism," *Clinical Psychology Review* 30, no. 7 (2010): 879–89.

57. Bella M. DePaulo, *Singled Out: How Singles Are Stereotyped, Stigmatized, and Ignored, and Still Live Happily Ever After* (New York: St. Martin's Griffin, 2007); Monica Kirkpatrick Johnson, "Family Roles and Work Values: Processes of Selection and Change," *Journal of Marriage and Family* 67, no. 2 (2005): 352–69.

58. Sally Macintyre, Anne Ellaway, Geoff Der, Graeme Ford, and Kate Hunt, "Do Housing Tenure and Car Access Predict Health Because They

Are Simply Markers of Income or Self Esteem? A Scottish Study," *Journal of Epidemiology and Community Health* 52, no. 10 (1998): 657–64.

59. Richard J. Riding and Stephen Rayner, *Self Perception* (London: Greenwood, 2001).

60. Lois M. Tamir and Toni C. Antonucci, "Self-Perception, Motivation, and Social Support through the Family Life Course," *Journal of Marriage and Family* 43, no. 1 (1981): 151–60.

61. Christopher G. Ellison, "Religious Involvement and Self-Perception among Black Americans," *Social Forces* 71, no. 4 (1993): 1027–55.

62. Najah Mahmoud Manasra, "The Effect of Remaining Unmarried on Self-Perception and Mental Health Status: A Study of Palestinian Single Women" (PhD diss., De Montfort University, 2003).

63. Ed Diener and Marissa Diener, "Cross-cultural Correlates of Life Satisfaction and Self-Esteem," in *Culture and Well-Being: The Collected Works of Ed Diener,* ed. Ed Diener (Dordrecht, Netherlands: Springer, 2009), 71–91.

64. Bianca Fileborn, Rachel Thorpe, Gail Hawkes, Victor Minichiello, and Marian Pitts, "Sex and the (Older) Single Girl: Experiences of Sex and Dating in Later Life," *Journal of Aging Studies* 33 (2015): 67–75; Jennifer A. Moore and H. Lorraine Radtke, "Starting 'Real' Life: Women Negotiating a Successful Midlife Single Identity," *Psychology of Women Quarterly* 39, no. 3 (2015): 305–19.

65. Lauren F. Winner, "Real Sex: The Naked Truth about Chastity," *Theology & Sexuality* 26, no. 1 (2015).

66. Christena Cleveland, "Singled Out: How Churches Can Embrace Unmarried Adults," *Christena Cleveland* (blog), December 2, 2013, www.christenacleveland.com/blogarchive/2013/12/singled-out.

67. Bella M. DePaulo, *Singled Out: How Singles Are Stereotyped, Stigmatized, and Ignored, and Still Live Happily Ever After* (New York: St. Martin's Griffin, 2007); Kinneret Lahad, " 'Am I Asking for Too Much?' The Selective Single Woman as a New Social Problem," *Women's Studies International Forum* 40, no. 5 (2013): 23–32.

68. Jenny Gierveld, Pearl A. Dykstra, and Niels Schenk, "Living Arrangements, Intergenerational Support Types and Older Adult Loneliness in Eastern and Western Europe," *Demographic Research* 27, no. 2 (2012): 167.

69. WeLive, "We Live: Love Your Life," 2017, www.welive.com/.

70. Lisette Kuyper and Tineke Fokkema, "Loneliness among Older Lesbian, Gay, and Bisexual Adults: The Role of Minority Stress," *Archives of Sexual Behavior* 39, no. 5 (2010): 1171–80.

71. Hyun-Jun Kim and Karen I. Fredriksen-Goldsen, "Living Arrangement and Loneliness among Lesbian, Gay, and Bisexual Older Adults," *The Gerontologist* 56, no. 3 (2016): 548–58.

72. Jesus Ramirez-Valles, Jessica Dirkes, and Hope A. Barrett, "Gayby Boomers' Social Support: Exploring the Connection between Health and Emotional and Instrumental Support in Older Gay Men," *Journal of Gerontological Social Work* 57, no. 2–4 (2014): 218–34.

73. Elyakim Kislev, "Deciphering the 'Ethnic Penalty' of Immigrants in Western Europe: A Cross-classified Multilevel Analysis," *Social Indicators Research* (2016); Elyakim Kislev, "The Effect of Education Policies on Higher- Education Attainment of Immigrants in Western Europe: A

Cross-classified Multilevel Analysis," *Journal of European Social Policy* 26, no. 2 (2016): 183–99.

74. Jennifer O'Connell, "Being on Your Own on Valentine's Day: Four Singletons Speak," *Irish Times,* February 11, 2017, www.irishtimes.com/life-andstyle/ people/being-on-your-own-on-valentine-s-day-four-singletons-speak- 1.2964287.

75. Rachel, "A Call for Single Action," *Rachel's Musings,* September 16, 2013, www.rabe.org/a-call-for-single-action/.

76. Bella M. DePaulo, *Singled Out: How Singles Are Stereotyped, Stigmatized, and Ignored, and Still Live Happily Ever After* (New York: St. Martin's Griffin, 2007); Bella DePaulo, *Marriage vs. Single Life: How Science and the Media Got It So Wrong* (Charleston, SC: DoubleDoor Books, 2015); Bella DePaulo, "Single in a Society Preoccupied with Couples," in *Handbook of Solitude: Psychological Perspectives on Social Isolation, Social Withdrawal, and Being Alone,* ed. Robert J. Coplan and Julie C. Bowker (New York: John Wiley & Sons, 2014), 302–16.

77. Alice Poma and Tommaso Gravante, " 'This Struggle Bound Us': An Analysis of the Emotional Dimension of Protest Based on the Study of Four Grassroots Resistances in Spain and Mexico," *Qualitative Sociology Review* 12, no. 1 (2016).

78. Anonymous, "When Singlutionary Is "Sick of Being Single!" *Singlutionary,* October 9, 2011, http://singlutionary.blogspot.com.

79. Wendy L. Morris and Brittany K. Osburn, "Do You Take This Marriage? Perceived Choice over Marital Status Affects the Stereotypes of Single and Married People," *Singlehood from Individual and Social Perspectives* (2016): 145–62; Gal Slonim, Nurit Gur-Yaish, and Ruth Katz, "By Choice or by Circumstance?: Stereotypes of and Feelings about Single People," *Studia Psychologica* 57, no. 1 (2015): 35–48.

80. Wendy L. Morris and Brittany K. Osburn, "Do You Take This Marriage? Perceived Choice over Marital Status Affects the Stereotypes of Single and Married People," *Singlehood from Individual and Social Perspectives* (2016): 145–62; Gal Slonim, Nurit Gur-Yaish, and Ruth Katz, "By Choice or by Circumstance?: Stereotypes of and Feelings about Single People," *Studia Psychologica* 57, no. 1 (2015): 35–48.

81. Gal Slonim, Nurit Gur-Yaish, and Ruth Katz, "By Choice or by Circumstance?: Stereotypes of and Feelings about Single People," *Studia Psychologica* 57, no. 1 (2015): 35–48.

82. Ad Bergsma, "Do Self-Help Books Help?" *Journal of Happiness Studies* 9, no. 3 (2008): 341–60.

83. Linda Bolier, Merel Haverman, Gerben J. Westerhof, Heleen Riper, Filip Smit, and Ernst Bohlmeijer, "Positive Psychology Interventions: A Meta-analysis of Randomized Controlled Studies," *BMC Public Health* 13, no. 1 (2013): 119.

第 4 章

1. D'Vera Cohn, Jeffrey S. Passel, Wendy Wang, and Gretchen Livingston, *Barely Half of U.S. Adults Are Married—a Record Low* (Washington, DC: Pew Research Center, 2011).

2. Heather A. Turner and R. Jay Turner, "Gender, Social Status, and Emotional Reliance," *Journal of Health and Social Behavior* 40, no. 4 (1999): 360–73.

3. Donald A. West, Robert Kellner, and Maggi Moore-West, "The Effects of Loneliness: A Review of the Literature," *Comprehensive Psychiatry*

27, no. 4 (1986): 351–63.

4. Megan Bruneau, "I'm 30, Single, and Happy; and Truthfully, That Scares Me," *Medium* (blog), November 6, 2016, https://medium.com/@meganbruneau.
5. Froma Walsh, "The Concept of Family Resilience: Crisis and Challenge," *Family Process* 35, no. 3 (1996): 261–81.
6. Jung-Hwa Ha and Deborah Carr, "The Effect of Parent-Child Geographic Proximity on Widowed Parents' Psychological Adjustment and Social Integration," *Research on Aging* 27, no. 5 (2005): 578–610.
7. Sarah, "The First Confession," *Confessions of a Single Thirty-Something* (blog), October 10, 2011, http://confessions-sarah.blogspot.com.
8. Bella M. DePaulo, *Singled Out: How Singles Are Stereotyped, Stigmatized, and Ignored, and Still Live Happily Ever After* (New York: St. Martin's Griffin, 2007).
9. Christina Victor, Sasha Scambler, John Bond, and Ann Bowling, "Being Alone in Later Life: Loneliness, Social Isolation and Living Alone," *Reviews in Clinical Gerontology* 10, no. 4 (2000): 407–17; Froma Walsh, "The Concept of Family Resilience: Crisis and Challenge," *Family Process* 35, no. 3 (1996): 261–81.
10. Sarah, "The First Confession," *Confessions of a Single Thirty-Something* (blog), October 10, 2011, http://confessions-sarah.blogspot.com.
11. Wendy L. Morris, Stacey Sinclair, and Bella M DePaulo, "No Shelter for Singles: The Perceived Legitimacy of Marital Status Discrimination," *Group Processes & Intergroup Relations* 10, no. 4 (2007): 457–70.
12. Judith Anne McKenzie, "Disabled People in Rural South Africa Talk about Sexuality," *Culture, Health & Sexuality* 15, no. 3 (2013): 372–86; Nattavudh Powdthavee, "What Happens to People before and after Disability? Focusing Effects, Lead Effects, and Adaptation in Different Areas of Life," *Social Science & Medicine* 69, no. 12 (2009): 1834–44; Perry Singleton, "Insult to Injury Disability, Earnings, and Divorce," *Journal of Human Resources* 47, no. 4 (2012): 972–90.
13. Jennie E. Brand, "The Far-Reaching Impact of Job Loss and Unemployment," *Annual Review of Sociology* 41 (2015): 359–75.
14. Kerwin Kofi Charles and Melvin Stephens Jr., "Job Displacement, Disability, and Divorce," *Journal of Labor Economics* 22, no. 2 (2004): 489–522.
15. Naomi Gerstel and Natalia Sarkisian, "Marriage: The Good, the Bad, and the Greedy," *Contexts* 5, no. 4 (2006): 16–21.
16. Bella M. DePaulo, *Singled Out: How Singles Are Stereotyped, Stigmatized, and Ignored, and Still Live Happily Ever After* (New York: St. Martin's Griffin, 2007).
17. Bella M. DePaulo, *Singlism: What It Is, Why It Matters, and How to Stop It* (Charleston, SC: DoubleDoor Books, 2011).
18. Bella M. DePaulo and Wendy L. Morris, "The Unrecognized Stereotyping and Discrimination against Singles," *Current Directions in Psychological Science* 15, no. 5 (2006): 251–54.
19. Eleanore Wells, "How Many Ways to Be Single? (A Guest Post)," *Eleanore Wells* (blog), June 5, 2012, http://eleanorewells.com/.

20. Barry Wellman, "The Development of Social Network Analysis: A Study in the Sociology of Science," *Contemporary Sociology: A Journal of Reviews* 37, no. 3 (2008): 221–22; Barry Wellman, "The Network Is Personal: Introduction to a Special Issue of Social Networks," *Social Networks* 29, no. 3 (2007): 349–56.
21. Rhonda McEwen and Barry Wellman, "Relationships, Community, and Networked Individuals," in *The Immersive Internet: Reflections on the Entangling of the Virtual with Society, Politics and the Economy,* ed. R. Teigland and D. Power (London: Palgrave Macmillan, 2013), 168–79.
22. Elisa Bellotti, "What Are Friends For? Elective Communities of Single People," *Social Networks* 30, no. 4 (2008): 318–29.
23. Ambrose Leung, Cheryl Kier, Tak Fung, Linda Fung, and Robert Sproule, "Searching for Happiness: The Importance of Social Capital," in *The Exploration of Happiness: Present and Future Perspectives,* ed. A. Delle Fave (Dordrecht, Netherlands: Springer, 2013), 247–67.
24. Benjamin Cornwell, Edward O. Laumann, and L. Philip Schumm, "The Social Connectedness of Older Adults: A National Profile," *American Sociological Review* 73, no. 2 (2008): 185–203; Jennifer A. Moore and H. Lorraine Radtke, "Starting 'Real' Life: Women Negotiating a Successful Midlife Single Identity," *Psychology of Women Quarterly* 39, no. 3 (2015): 305–19.
25. Hunni H., "A Happier Hunni, Part 1," *Thirty-One, Single and Living at Home* (blog), October 27, 2012, http://thirtysingleand.blogspot.com.
26. Bella DePaulo, "Who Is Your Family If You Are Single with No Kids? Part 2," *Living Single* (blog), *Psychology Today,* August 21, 2011, www.psychologytoday.com/us/blog/living-single/201108/who-is-your-family-ifyou- are-single-no-kids-part-2.
27. Kelly Musick and Larry Bumpass, "Reexamining the Case for Marriage: Union Formation and Changes in Well-Being," *Journal of Marriage and Family* 74, no. 1 (2012): 1–18.
28. Paul R. Amato, Alan Booth, David R. Johnson, and Stacy J. Rogers, *Alone Together: How Marriage in America Is Changing* (Cambridge, MA: Harvard University Press, 2007).
29. Eric Klinenberg, *Going Solo: The Extraordinary Rise and Surprising Appeal of Living Alone* (New York: Penguin, 2012).
30. Shahla Ostovar, Negah Allahyar, Hassan Aminpoor, Fatemeh Moafian, Mariani Binti Md Nor, and Mark D. Griffiths, "Internet Addiction and Its Psychosocial Risks (Depression, Anxiety, Stress and Loneliness) among Iranian Adolescents and Young Adults: A Structural Equation Model in a Crosssectional Study," *International Journal of Mental Health and Addiction* 14, no. 3 (2016): 257–67.
31. Nicole B. Ellison, Charles Steinfield, and Cliff Lampe, "The Benefits of Facebook 'Friends': Social Capital and College Students' Use of Online Social Network Sites," *Journal of Computer-Mediated Communication* 12, no. 4 (2007): 1143–68; Nicole B. Ellison, Jessica Vitak, Rebecca Gray, and Cliff Lampe, "Cultivating Social Resources on Social Network Sites: Facebook Relationship Maintenance Behaviors and Their Role in Social Capital Processes," *Journal of Computer-Mediated Communication* 19, no. 4 (2014): 855–70.
32. R. J. Shillair, R. V. Rikard, S. R. Cotten, and H. Y. Tsai, "Not So Lonely Surfers: Loneliness, Social Support, Internet Use and Life Satisfaction in Older Adults," in *iConference* 2015 *Proceedings* (Newport Beach, CA: iSchools, 2015).
33. Rachel Grieve, Michaelle Indian, Kate Witteveen, G. Anne Tolan, and Jessica Marrington, "Face-to-Face or Facebook: Can Social

Connectedness Be Derived Online?" *Computers in Human Behavior* 29, no. 3 (2013): 604–9.

34. Kyung-Tag Lee, Mi-Jin Noh, and Dong-Mo Koo, "Lonely People Are No Longer Lonely on Social Networking Sites: The Mediating Role of Self- Disclosure and Social Support," *Cyberpsychology, Behavior, and Social Networking* 16, no. 6 (2013): 413–18.
35. Ari Engelberg, "Religious Zionist Singles: Caught between 'Family Values' and 'Young Adulthood,' " *Journal for the Scientific Study of Religion* 55, no. 2 (2016): 349–64.
36. Michael Woolcock, "Social Capital and Economic Development: Toward a Theoretical Synthesis and Policy Framework," *Theory and Society* 27, no. 2 (1998): 151–208.
37. Orsolya Lelkes, "Knowing What Is Good for You: Empirical Analysis of Personal Preferences and the 'Objective Good,' " *Journal of Socio-Economics* 35, no. 2 (2006): 285–307; Ambrose Leung, Cheryl Kier, Tak Fung, Linda Fung, and Robert Sproule, "Searching for Happiness: The Importance of Social Capital," *Journal of Happiness Studies* 12, no. 3 (2011); Robert D. Putnam, *Bowling Alone: The Collapse and Revival of American Community* (New York: Simon and Schuster, 2001); Nattavudh Powdthavee, "Putting a Price Tag on Friends, Relatives, and Neighbours: Using Surveys of Life Satisfaction to Value Social Relationships," *Journal of Socio-Economics* 37, no. 4 (2008): 1459–80.
38. John F. Helliwell and Christopher P. Barrington-Leigh, "How Much Is Social Capital Worth?" in *The Social Cure,* ed. J. Jetten, C. Haslam and S. A. Haslam (London: Psychology Press, 2010), 55–71; Rainer Winkelmann, "Unemployment, Social Capital, and Subjective Well-Being," *Journal of Happiness Studies* 10, no. 4 (2009): 421–30.
39. John F. Helliwell, "How's Life? Combining Individual and National Variables to Explain Subjective Well-Being," *Economic Modelling* 20, no. 2 (2003): 331–60; Florian Pichler, "Subjective Quality of Life of Young Europeans: Feeling Happy but Who Knows Why?" *Social Indicators Research* 75, no. 3 (2006): 419–44.
40. Erin York Cornwell and Linda J. Waite, "Social Disconnectedness, Perceived Isolation, and Health among Older Adults," *Journal of Health and Social Behavior* 50, no. 1 (2009): 31–48.
41. John F. Helliwell, Christopher P. Barrington-Leigh, Anthony Harris, and Haifang Huang, "International Evidence on the Social Context of Well-Being," in *International Differences in Well-Being,* ed. Ed Diener, John F. Helliwell, and Daniel Kahneman (Oxford: Oxford University Press, 2010).
42. Bernd Hayo and Wolfgang Seifert, "Subjective Economic Well- Being in Eastern Europe," *Journal of Economic Psychology* 24, no. 3 (2003): 329–48.
43. John F. Helliwell and Robert D. Putnam, "The Social Context of Well- Being," *Philosophical Transactions of the Royal Society* (London), series B (August 31, 2004): 1435–46.
44. Dani Rodrik, "Where Did All the Growth Go? External Shocks, Social Conflict, and Growth Collapses," *Journal of Economic Growth* 4, no. 4 (1999): 385–412; Paul J. Zak and Stephen Knack, "Trust and Growth," *Economic Journal* 111, no. 470 (2001): 295–321.

45. Anna, "Living Alone in Your Thirties," *Not Your Stereotypical Thirtysomething Woman* (blog), May 30, 2011, http://livingaloneinyourthirties.blogspot .co.il/.
46. Naomi Gerstel and Natalia Sarkisian, "Marriage: The Good, the Bad, and the Greedy," *Contexts* 5, no. 4 (2006): 16–21.
47. Rose McDermott, James H. Fowler, and Nicholas A. Christakis, "Breaking Up Is Hard to Do, Unless Everyone Else Is Doing It Too: Social Network Effects on Divorce in a Longitudinal Sample," *Social Forces* 92, no. 2 (2013): 491–519.
48. Bella DePaulo, *How We Live Now: Redefining Home and Family in the 21st Century* (Hillsboro, OR: Atria Books, 2015).
49. Jacqui Louis, " 'Single and . . .' #6 Parenting," *Medium* (blog), May 22, 2016, https://medium.com/@jacqui_84.
50. Alois Stutzer and Bruno S. Frey, "Does Marriage Make People Happy, or Do Happy People Get Married?" *Journal of Socio-Economics* 35, no. 2 (2006): 326–47.
51. Richard E. Lucas, Andrew E. Clark, Yannis Georgellis, and Ed Diener, "Reexamining Adaptation and the Set Point Model of Happiness: Reactions to Changes in Marital Status," *Journal of Personality and Social Psychology* 84, no. 3 (2003): 527.
52. S. Burt, M. Donnellan, M. N. Humbad, B. M. Hicks, M. McGue, and W. G. Iacono, "Does Marriage Inhibit Antisocial Behavior?: An Examination of Selection vs. Causation Via a Longitudinal Twin Design," *Archives of General Psychiatry* 67, no. 12 (2010): 1309–15; Arne Mastekaasa, "Marriage and Psychological Well-Being: Some Evidence on Selection into Marriage," *Journal of Marriage and Family* 54, no. 4 (1992): 901–11; Alois Stutzer and Bruno S. Frey, "Does Marriage Make People Happy, or Do Happy People Get Married?" *Journal of Socio-Economics* 35, no. 2 (2006): 326–47.
53. To identify social interactions, two subjective measures were estimated. The first is a social-activities-frequency self-assessment ranging on a scale from 1 (Much less than most) to 5 (Much more than most). The second is a social-meetings-frequency self-assessment ranging on a scale from 1 (Never) to 7 (Every day). The first question is phrased in the survey as follows: "Compared to other people of your age, how often would you say you take part in social activities?" The second question is phrased as follows: "How often do you meet socially with friends, relatives, or work colleagues?"
54. Keith N. Hampton, Lauren F. Sessions, and Eun Ja Her, "Core Networks, Social Isolation, and New Media: How Internet and Mobile Phone Use Is Related to Network Size and Diversity," *Information, Communication & Society* 14, no. 1 (2011): 130–55.
55. Phyllis Solomon, "Peer Support/Peer Provided Services Underlying Processes, Benefits, and Critical Ingredients," *Psychiatric Rehabilitation Journal* 27, no. 4 (2004): 392.
56. Bella DePaulo, *How We Live Now: Redefining Home and Family in the 21st Century* (Hillsboro, OR: Atria Books, 2015); Bella DePaulo, "Single in a Society Preoccupied with Couples," in *Handbook of Solitude: Psychological Perspectives on Social Isolation, Social Withdrawal, and Being Alone,* ed. Robert J. Coplan and Julie C. Bowker (New York: John Wiley, 2014), 302–16; Eric Klinenberg, *Going Solo: The Extraordinary Rise and Surprising Appeal of Living Alone* (New York: Penguin, 2012).

57. Clever Elsie, "Single, Not Alone for the Holidays," *Singletude* (blog), January 2, 2010, http://singletude.blogspot.com.
58. Paul R. Amato, Alan Booth, David R. Johnson, and Stacy J. Rogers, *Alone Together: How Marriage in America Is Changing* (Cambridge, MA: Harvard University Press, 2007).
59. Barry Wellman, "The Development of Social Network Analysis: A Study in the Sociology of Science," *Contemporary Sociology: A Journal of Reviews* 37, no. 3 (2008): 221–22; Barry Wellman, "The Network Is Personal: Introduction to a Special Issue of Social Networks," *Social Networks* 29, no. 3 (2007): 349–56.
60. Peter J. Stein, "Singlehood: An Alternative to Marriage," *Family Coordinator* 24, no. 4 (1975): 489–503; Jan E. Stets, "Cohabiting and Marital Aggression: The Role of Social Isolation," *Journal of Marriage and Family* 53, no. 3 (1991): 669–80.
61. Naomi Gerstel and Natalia Sarkisian, "Marriage: The Good, the Bad, and the Greedy," *Contexts* 5, no. 4 (2006): 16–21.
62. Bella DePaulo, *How We Live Now: Redefining Home and Family in the 21st Century* (Hillsboro, Oregon: Atria Books, 2015); Bella DePaulo, "Single in a Society Preoccupied with Couples," in *Handbook of Solitude: Psychological Perspectives on Social Isolation, Social Withdrawal, and Being Alone,* ed. Robert J. Coplan and Julie C. Bowker (New York: John Wiley, 2014), 302–16.
63. E. Kay Trimberger, *The New Single Woman* (Boston: Beacon Press, 2006).
64. Pamela Anne Quiroz, "From Finding the Perfect Love Online to Satellite Dating and 'Loving-the-One-You're-Near': A Look at Grindr, Skout, Plenty of Fish, Meet Moi, Zoosk and Assisted Serendipity," *Humanity & Society* 37, no. 2 (2013): 181.
65. Lucy Rahim, "The 12 Non-dating Apps Single People Need This Valentine's Day," *The Telegraph,* February 14, 2017.
66. Dana L. Alden, Jan-Benedict E. M. Steenkamp, and Rajeev Batra, "Brand Positioning through Advertising in Asia, North America, and Europe: The Role of Global Consumer Culture," *Journal of Marketing* (1999): 75–87; Stuart Ewen, *Captains of Consciousness: Advertising and the Social Roots of the Consumer Culture* (New York: Basic Books, 2008); Christopher Donald Yee, "Reurbanizing Downtown Los Angeles: Micro Housing Densifying the City's Core" (Master of Architecture thesis, University of Washington, 2013).
67. Bella DePaulo, "Single in a Society Preoccupied with Couples," in *Handbook of Solitude: Psychological Perspectives on Social Isolation, Social Withdrawal, and Being Alone,* ed. Robert J. Coplan and Julie C. Bowker (New York: John Wiley, 2014), 302–16; Gal Slonim, Nurit Gur-Yaish, and Ruth Katz, "By Choice or by Circumstance?: Stereotypes of and Feelings about Single People," *Studia Psychologica* 57, no. 1 (2015): 35–48.

第五章

1. Abigail Pesta, "Why I Married Myself: These Women Dedicated Their Lives to Self-Love," *Cosmopolitan,* December 2016.
2. *Sex and the City,* "A Woman's Right to Shoes," season 4, episode 9, aired August 17, 2003.
3. Ronald Inglehart, "The Silent Revolution in Europe: Intergenerational Change in Post-industrial Societies," *American Political Science Review*

65, no. 4 (1971): 991–1017; Dirk J. Van de Kaa, "Postmodern Fertility Preferences: From Changing Value Orientation to New Behavior," *Population and Development Review* 27 (2001): 290–331.

4. Abigail Pesta, "Why I Married Myself: These Women Dedicated Their Lives to Self-Love," *Cosmopolitan,* December 2016.
5. Self Marriage Ceremonies, www.selfmarriageceremonies.com.
6. Ronald Inglehart, *The Silent Revolution: Changing Values and Political Styles among Western Publics* (Princeton, NJ: Princeton University Press, 1977).
7. Rhonda McEwen and Barry Wellman, "Relationships, Community, and Networked Individuals," in *The Immersive Internet: Reflections on the Entangling of the Virtual with Society, Politics and the Economy,* ed. R. Teigland and D. Power (London: Palgrave Macmillan, 2013), 168–79; Anne-Rigt Poortman and Aart C. Liefbroer, "Singles' Relational Attitudes in a Time of Individualization," *Social Science Research* 39, no. 6 (2010): 938–49.
8. David Levine, *Family Formation in an Age of Nascent Capitalism [England],* Studies in Social Discontinuity (New York: Academic Press, 1977).
9. Raymond M. Duch and Michaell A. Taylor, "Postmaterialism and the Economic Condition," *American Journal of Political Science* 37, no. 3 (1993): 747–79; Ronald Inglehart, "The Silent Revolution in Europe: Intergenerational Change in Post-industrial Societies," *American Political Science Review* 65, no. 4 (1971): 991–1017; Ronald Inglehart and Paul R. Abramson, "Measuring Postmaterialism," *American Political Science Review* 93, no. 3 (1999): 665–77.
10. Eric Klinenberg, *Going Solo: The Extraordinary Rise and Surprising Appeal of Living Alone* (New York: Penguin, 2012).
11. Joseph G. Altonji and Rebecca M. Blank, "Race and Gender in the Labor Market," in *Handbook of Labor Economics,* ed. Orley Ashenfelter and David Card (Amsterdam: Elsevier, 1999), 3143–259; Susan R. Orden and Norman M. Bradburn, "Dimensions of Marriage Happiness," *American Journal of Sociology* 73, no. 6 (1968): 715–31; Moshe Semyonov, Rebeca Raijman, and Anat Yom-Tov, "Labor Market Competition, Perceived Threat, and Endorsement of Eco-nomic Discrimination against Foreign Workers in Israel," *Social Problems* 49, no. 3 (2002): 416–31.
12. Andrew J. Cherlin, "The Deinstitutionalization of American Marriage," *Journal of Marriage and Family* 66, no. 4 (2004): 848–61.
13. Abraham Harold Maslow, Robert Frager, James Fadiman, Cynthia McReynolds, and Ruth Cox, *Motivation and Personality* (New York: Harper & Row, 1970); Abraham Maslow, *Motivation and Personality* (New York: Harper & Brothers, 1954).
14. Verta Taylor and Nancy Whittier, "Analytical Approaches to Social Movement Culture: The Culture of the Women's Movement," *Social Movements and Culture* 4 (1995): 163–87.
15. Rachel F. Moran, "How Second-Wave Feminism Forgot the Single Woman," *Hofstra Law Review* 33, no. 1 (2004): 223–98.
16. Judith Evans, *Feminist Theory Today: An Introduction to Second-Wave Feminism* (New York: Sage, 1995); Imelda Whelehan, *Modern Feminist Thought: From the Second Wave to Post-Feminism* (New York: NYU Press, 1995).

17. Melissa, "Being Happy about Being Single," *Single Gal in the City* (blog), July 13, 2009, http://melissa-singlegalinthecity.blogspot.com.
18. Stephen Castles, Hein de Haas, and Mark J. Miller, *The Age of Migration: International Population Movements in the Modern World* (New York: Guilford Press, 2013).
19. Eliza Griswold, "Why Afghan Women Risk Death to Write Poetry," *New York Times,* April 29, 2012, www.nytimes.com/2012/04/29/magazine/whyafghan- women-risk-death-to-write-poetry.html.
20. Rosalind Chait Barnett and Janet Shibley Hyde, "Women, Men, Work, and Family," *American Psychologist* 56, no. 10 (2001): 781–96.
21. Hans-Peter Blossfeld and Alessandra De Rose, "Educational Expansion and Changes in Entry into Marriage and Motherhood: The Experience of Italian Women," *Genus* 48, no. 3–4 (1992): 73–91; Agnes R. Quisumbing and Kelly Hallman, *Marriage in Transition: Evidence on Age, Education, and Assets from Six Developing Countries* (New York: Population Council, 2005), 200–269.
22. Hans-Peter Blossfeld and Johannes Huinink, "Human Capital Investments or Norms of Role Transition? How Women's Schooling and Career Affect the Process of Family Formation," *American Journal of Sociology* 97, no. 1 (1991): 143–68.
23. Anonymous, "My Uterus Is Hiding," *Shoes, Booze and Losers: A Primer for the Thirty-Something Spinster,* October 24, 2008, http://elusivbutterfli.blogspot .com.
24. Rosalind Chait Barnett and Janet Shibley Hyde, "Women, Men, Work, and Family," *American Psychologist* 56, no. 10 (2001): 781–96.
25. Orna Donath, "Regretting Motherhood: A Sociopolitical Analysis," *Signs* 40, no. 2 (2015): 343–67.
26. Sarah Fischer, *The Mother Bliss Lie: Regretting Motherhood* (Munich: Ludwig Verlag, 2016); Anke C. Zimmermann and Richard A. Easterlin, "Happily Ever After? Cohabitation, Marriage, Divorce, and Happiness in Germany," *Population and Development Review* 32, no. 3 (2006): 511–28.
27. Jan Delhey, "From Materialist to Post-materialist Happiness? National Affluence and Determinants of Life Satisfaction in Cross-national Perspective," *Social Indicators Research* 97, no. 1 (2010): 65–84; Richard Florida, *The Rise of the Creative Class—Revisited: Revised and Expanded* (New York: Basic Books, 2014).
28. Anonymous, "The Introverted Singlutionary," *Singlutionary,* August 3, 2010, http://singlutionary.blogspot.com.
29. Gal Slonim, Nurit Gur-Yaish, and Ruth Katz, "By Choice or by Circumstance?: Stereotypes of and Feelings about Single People," *Studia Psychologica* 57, no. 1 (2015): 35–48.
30. Tim Teeman, "Why Singles Should Say 'I Don't' to the Self-Marriage Movement," *Daily Beast*, December 30, 2014, www.thedailybeast.com/articles /2014/12/30/why-singles-should-say-i-don-t-to-the-self-marriage-movement .html.
31. Bella M. DePaulo and Wendy L. Morris, "The Unrecognized Stereotyping and Discrimination against Singles," *Current Directions in Psychological Science* 15, no. 5 (2006): 251–54.
32. Hilke Brockmann, Jan Delhey, Christian Welzel, and Hao Yuan, "The China Puzzle: Falling Happiness in a Rising Economy," *Journal of*

Happiness Studies 10, no. 4 (2009): 387–405.

33. Richard A. Easterlin, "Lost in Transition: Life Satisfaction on the Road to Capitalism," *Journal of Economic Behavior & Organization* 71, no. 2 (2009): 130–45.

34. Bella M. DePaulo and Wendy L. Morris, "The Unrecognized Stereotyping and Discrimination against Singles," *Current Directions in Psychological Science* 15, no. 5 (2006): 251–54; Peter J. Stein, "Singlehood: An Alternative to Marriage," *Family Coordinator* 24, no. 4 (1975): 489–503.

35. Jill Reynolds and Margaret Wetherell, "The Discursive Climate of Singleness: The Consequences for Women's Negotiation of a Single Identity," *Feminism & Psychology* 13, no. 4 (2003): 489–510.

36. Anne-Rigt Poortman and Aart C. Liefbroer, "Singles' Relational Attitudes in a Time of Individualization," *Social Science Research* 39, no. 6 (2010): 938–49.

37. Wendy L. Morris and Brittany K. Osburn, "Do You Take This Marriage? Perceived Choice over Marital Status Affects the Stereotypes of Single and Married People," in *Singlehood from Individual and Social Perspectives,* ed. K. Adamczyk (Krakow, Poland: Libron, 2016): 145–62; Gal Slonim, Nurit Gur- Yaish, and Ruth Katz, "By Choice or by Circumstance?: Stereotypes of and Feelings about Single People," *Studia Psychologica* 57, no. 1 (2015): 35–48.

38. S. Burt, M. Donnellan, M. N. Humbad, B. M. Hicks, M. McGue, and W. G. Iacono, "Does Marriage Inhibit Antisocial Behavior?: An Examination of Selection vs. Causation via a Longitudinal Twin Design," *Archives of General Psychiatry* 67, no. 12 (2010): 1309–15; M. Garrison, and E. S. Scott, *Marriage at the Crossroads: Law, Policy, and the Brave New World of Twenty-First-Century Families* (Cambridge: Cambridge University Press, 2012); Heather L. Koball, Emily Moiduddin, Jamila Henderson, Brian Goesling, and Melanie Besculides, "What Do We Know about the Link between Marriage and Health?" *Journal of Family Issues* 31, no. 8 (2010): 1019–40.

39. Norval Glenn, "Is the Current Concern about American Marriage Warranted?" *Virginia Journal of Social Policy & Law* 9 (2001): 5–47.

40. Matthew E. Dupre and Sarah O. Meadows, "Disaggregating the Effects of Marital Trajectories on Health," *Journal of Family Issues* 28, no. 5 (2007): 623– 52; Walter R. Gove, Michael Hughes, and Carolyn Briggs Style, "Does Marriage Have Positive Effects on the Psychological Well-Being of the Individual?" *Journal of Health and Social Behavior* 24, no. 2 (1983): 122–31; Mary Elizabeth Hughes and Linda J. Waite, "Marital Biography and Health at Mid-Life," *Journal of health and Social Behavior* 50, no. 3 (2009): 344–58; David R. Johnson and Jian Wu, "An Empirical Test of Crisis, Social Selection, and Role Explanations of the Relationship between Marital Disruption and Psychological Distress: A Pooled Time-Series Analysis of Four-Wave Panel Data," *Journal of Marriage and Family* 64, no. 1 (2002): 211–24; John McCreery, *Japanese Consumer Behaviour: From Worker Bees to Wary Shoppers* (New York: Routledge, 2014); David A. Sbarra and Paul J. Nietert, "Divorce and Death: Forty Years of the Charleston Heart Study," *Psychological Science* 20, no. 1 (2009): 107–13; Terrance J. Wade and David J. Pevalin, "Marital Transitions and Mental Health," *Journal of Health and Social Behavior* 45, no. 2 (2004): 155–70; Chris Power, Bryan Rodgers,

and Steven Hope, "Heavy Alcohol Consumption and Marital Status: Disentangling the Relationship in a National Study of Young Adults," *Addiction* 94, no. 10 (1999): 1477–87.

41. Rosalind Barnett, Karen C. Gareis, Jacquelyn Boone James, and Jennifer Steele, "Planning Ahead: College Seniors' Concerns about Career-Marriage Conflict," *Journal of Vocational Behavior* 62, no. 2 (2003): 305–19; Wilmar B. Schaufeli, Toon W. Taris, and Willem Van Rhenen, "Workaholism, Burnout, and Work Engagement: Three of a Kind or Three Different Kinds of Employee Well-Being?" *Applied Psychology* 57, no. 2 (2008): 173–203.
42. Sasha Cagen, "Be Grateful for Being Single," *SashaCagen.com,* November 24, 2010, http://sashacagen.com/blog.
43. James Friel, "Letter To: Viewpoint: Why Are Couples So Mean to Single People?" *BBC Magazine,* November 7, 2012.
44. Jill Reynolds, *The Single Woman: A Discursive Investigation* (London: Routledge, 2013); Anne-Rigt Poortman and Aart C. Liefbroer, "Singles' Relational Attitudes in a Time of Individualization," *Social Science Research* 39, no. 6 (2010): 938–49.
45. Heron Saline, "Stories," *Self Marriage Ceremonies,* n.d., www.selfmarriage ceremonies.com/stories.
46. Abraham Harold Maslow, Robert Frager, James Fadiman, Cynthia McReynolds, and Ruth Cox, *Motivation and Personality* (New York: Harper & Row, 1970); Abraham Maslow, *Toward a New Psychology of Being* (New York: Van Nostrand Reinhold, 1968).
47. Bella DePaulo, *How We Live Now: Redefining Home and Family in the 21st Century* (Hillsboro, OR: Atria Books, 2015); Kath Weston, *Families We Choose: Lesbians, Gays, Kinship* (New York: Columbia University Press, 2013).
48. Bella DePaulo, *How We Live Now: Redefining Home and Family in the 21st Century* (Hillsboro, OR: Atria Books, 2015).
49. Rein B. Jobse and Sako Musterd, "Changes in the Residential Function of the Big Cities," in *The Randstad: A Research and Policy Laboratory,* ed. Frans M. Dieleman and Sako Musterd (Dordrecht: Springer, 1992), 39–64.
50. Pieter A. Gautier, Michael Svarer, and Coen N. Teulings, "Marriage and the City: Search Frictions and Sorting of Singles," *Journal of Urban Economics* 67, no. 2 (2010): 206–18.
51. A. Sicilia Camacho, C. Aguila Soto, D. Gonzalez-Cutre, and J. A. Moreno-Murcia, "Postmodern Values and Motivation towards Leisure and Exercise in Sports Centre Users," *RICYDE: Revista Internacional de Ciencias del Deporte* 7, no. 25 (2011): 320–35.
52. Ramon Llopis-Goig, "Sports Participation and Cultural Trends: Running as a Reflection of Individualisation and Post-materialism Processes in Spanish Society," *European Journal for Sport and Society* 11, no. 2 (2014): 151–69.
53. Andrew J. Cherlin, "The Deinstitutionalization of American Marriage," *Journal of Marriage and Family* 66, no. 4 (2004): 848–61.
54. Norval Glenn, "Is the Current Concern about American Marriage Warranted?" *Virginia Journal of Social Policy & Law* 9 (2001): 5–47.
55. Tim Teeman, "Why Singles Should Say 'I Don't' to the Self-Marriage Movement," *Daily Beast*, December 30, 2014, www.thedailybeast.com/articles /2014/12/30/why-singles-should-say-i-don-t-to-the-self-marriage-movement .html.
56. Bella DePaulo, "The Urgent Need for a Singles Studies Discipline," *Signs: Journal of Women in Culture and Society* 42, no. 4 (2017): 1015–19;

Bella DePaulo, Rachel F. Moran, and E. Kay Trimberger, "Make Room for Singles in Teaching and Research," *Chronicle of Higher Education* 54, no. 5 (2007): 44.

57. Wendy Wang and Kim C. Parker, *Record Share of Americans Have Never Married: As Values, Economics and Gender Patterns Change* (Washington, DC: Pew Research Center, 2014).

第六章

1. Richard F. Thomas, *Virgil: Georgics* (Cambridge: Cambridge University Press, 1988).
2. C. G. Jung, *Mysterium Coniunctionis: An Inquiry into the Separation and Synthesis of Psychic Opposites in Alchemy* (New York: Routledge, 1963).
3. Douglas T. Hall, "The Protean Career: A Quarter-Century Journey," *Journal of Vocational Behavior* 65, no. 1 (2004): 1–13.
4. Amy Wrzesniewski, Clark McCauley, Paul Rozin, and Barry Schwartz, "Jobs, Careers, and Callings: People's Relations to Their Work," *Journal of Research in Personality* 31, no. 1 (1997): 21–33.
5. Raymond A. Noe, John R. Hollenbeck, Barry Gerhart, and Patrick M. Wright, *Human Resource Management: Gaining a Competitive Advantage,* 10th ed. (New York: McGraw-Hill, 2015); Beverly J. Silver, *Forces of Labor: Workers' Movements and Globalization since* 1870 (Cambridge: Cambridge University Press, 2003).
6. Prudence L. Carter, *Keepin' It Real: School Success beyond Black and White* (Oxford: Oxford University Press, 2005).
7. Stephanie Armour, "Generation Y: They've Arrived at Work with a New Attitude," *USA Today,* November 6, 2005.
8. Hua Jiang and Rita Linjuan Men, "Creating an Engaged Workforce: The Impact of Authentic Leadership, Transparent Organizational Communication, and Work-Life Enrichment," *Communication Research* 44, no. 2 (2017): 225–43.
9. Daniel M. Haybron, "Happiness, the Self and Human Flourishing," *Utilitas* 20, no. 1 (2008): 21–49.
10. Alan Gewirth, *Self-Fulfillment* (Princeton, NJ: Princeton University Press, 1998); Sheryl Zika and Kerry Chamberlain, "On the Relation between Meaning in Life and Psychological Well-Being," *British Journal of Psychology* 83, no. 1 (1992): 133–45.
11. Robert Ehrlich, "New Rules: Searching for Self-Fulfillment in a World Turned Upside Down," *Telos,* no. 50 (1981): 218–28.
12. Viktor E. Frankl, *The Will to Meaning: Foundations and Applications of Logotherapy* (New York: Penguin, 2014); Eva S. Moskowitz, *In Therapy We Trust: America's Obsession with Self-Fulfillment* (Baltimore, MD: JHU Press, 2001).
13. Saziye Gazioglu and Aysit Tansel, "Job Satisfaction in Britain: Individual and Job-Related Factors," *Applied Economics* 38, no. 10 (2006): 1163–71.
14. Monica Kirkpatrick Johnson, "Family Roles and Work Values: Processes of Selection and Change," *Journal of Marriage and Family* 67, no. 2 (2005): 352–69.

15. Ruth Wein, "The 'Always Singles': Moving from a 'Problem' Perception," *Psychotherapy in Australia* 9, no. 2 (2003): 60–65.
16. Jessica E. Donn, "Adult Development and Well-Being of Mid-Life Never Married Singles" (PhD diss., Miami University, 2005).
17. Ilene Philipson, *Married to the Job: Why We Live to Work and What We Can Do about It* (New York: Simon and Schuster, 2003).
18. Anonymous, "Ten Things Not to Tell Your 30-Something Single Women Friends," *Thirty-Two and Single* (blog), January 7, 2014, http://thirtytwoandsingle .blogspot.com.
19. E. Jeffrey Hill, Alan J. Hawkins, Maria Ferris, and Michelle Weitzman, "Finding an Extra Day a Week: The Positive Influence of Perceived Job Flexibility on Work and Family Life Balance," *Family Relations* 50, no. 1 (2001): 49–58.
20. Mark Tausig and Rudy Fenwick, "Unbinding Time: Alternate Work Schedules and Work-Life Balance," *Journal of Family and Economic Issues* 22, no. 2 (2001): 101–19.
21. Kiran Sahu and Priya Gupta, "Burnout among Married and Unmarried Women Teachers," *Indian Journal of Health and Wellbeing* 4, no. 2 (2013): 286; Turker Tuğsal, "The Effects of Socio-Demographic Factors and Work-Life Balance on Employees' Emotional Exhaustion," *Journal of Human Sciences* 14, no. 1 (2017): 653–65.
22. Christina Maslach, Wilmar B. Schaufeli, and Michael P. Leiter, "Job Burnout," *Annual Review of Psychology* 52, no. 1 (2001): 397–422.
23. Kim Engler, Katherine Frohlich, Francine Descarries, and Mylene Fernet, "Single, Childless Working Women's Construction of Wellbeing: On Balance, Being Dynamic and Tensions between Them," *Work* 40, no. 2 (2011): 173–86.
24. Jeffrey H. Greenhaus and Nicholas J. Beutell, "Sources of Conflict between Work and Family Roles," *Academy of Management Review* 10, no. 1 (1985): 76–88; Jean M. Twenge and Laura A. King, "A Good Life Is a Personal Life: Relationship Fulfillment and Work Fulfillment in Judgments of Life Quality," *Journal of Research in Personality* 39, no. 3 (2005): 336–53; Jean M. Twenge, W. Keith Campbell, and Craig A. Foster, "Parenthood and Marital Satisfaction: A Meta-analytic Review," *Journal of Marriage and Family* 65, no. 3 (2003): 574–83.
25. Bella M. DePaulo, *Singled Out: How Singles Are Stereotyped, Stigmatized, and Ignored, and Still Live Happily Ever After* (New York: St. Martin's Griffin, 2007).
26. Jeanne Brett Herman and Karen Kuczynski Gyllstrom, "Working Men and Women: Inter- and Intra-Role Conflict," *Psychology of Women Quarterly* 1, no. 4 (1977): 319–33.
27. Wendy J. Casper and Bella DePaulo, "A New Layer to Inclusion: Creating Singles-Friendly Work Environments," in *Work and Quality of Life: Ethical Practices in Organizations,* ed. Nora P. Reilly, M. Joseph Sirgy, and C. Allen Gorman (Dordrecht: Springer, 2012), 217–34.
28. Elizabeth A. Hamilton, Judith R. Gordon, and Karen S. Whelan-Berry, "Understanding the Work-Life Conflict of Never-Married Women without Children," *Women in Management Review* 21, no. 5 (2006): 393–415.
29. Jessica Keeney, Elizabeth M. Boyd, Ruchi Sinha, Alyssa F. Westring, and Ann Marie Ryan, "From 'Work-Family' to 'Work-Life': Broadening Our Conceptualization and Measurement," *Journal of Vocational Behavior* 82, no. 3 (2013): 221–37.

30. Naomi Gerstel and Natalia Sarkisian, "Marriage: The Good, the Bad, and the Greedy," *Contexts* 5, no. 4 (2006): 16–21.
31. Martha R. Crowther, Michael W. Parker, W. Andrew Achenbaum, Walter L. Larimore, and Harold G. Koenig, "Rowe and Kahn's Model of Successful Aging Revisited Positive Spirituality—the Forgotten Factor," *The Gerontologist* 42, no. 5 (2002): 613–20; Dawood Ghaderi, "The Survey of Relationship between Religious Orientation and Happiness among the Elderly Man and Woman in Tehran," *Iranian Journal of Ageing* 5, no. 4 (2011): 64–71; Jeff Levin, "Religion and Happiness among Israeli Jews: Findings from the ISSP Religion III Survey," *Journal of Happiness Studies* 15, no. 3 (2014): 593–611; Sombat Tapanya, Richard Nicki, and Ousa Jarusawad, "Worry and Intrinsic/ Extrinsic Religious Orientation among Buddhist (Thai) and Christian (Canadian) Elderly Persons," *International Journal of Aging and Human Development* 44, no. 1 (1997): 73–83.
32. Mirella Di Benedetto and Michael Swadling, "Burnout in Australian Psychologists: Correlations with Work-Setting, Mindfulness and Self-Care Behaviours," *Psychology, Health & Medicine* 19, no. 6 (2014): 705–15; Ute R. Hulsheger, Hugo J. E. M. Alberts, Alina Feinholdt, and Jonas W. B. Lang, "Benefits of Mindfulness at Work: The Role of Mindfulness in Emotion Regulation, Emotional Exhaustion, and Job Satisfaction," *Journal of Applied Psychology* 98, no. 2 (2013): 310.
33. Abolfazl Rahimi, Monireh Anoosheh, Fazlollah Ahmadi, and Mahshid Foroughan, "Exploring Spirituality in Iranian Healthy Elderly People: A Qualitative Content Analysis," *Iranian Journal of Nursing and Midwifery Research* 18, no. 2 (2013): 163–70.
34. Daryoush Ghasemian, Atefeh Zebarjadi Kuzehkanan, and Ramezan Hassanzadeh, "Effectiveness of MBCT on Decreased Anxiety and Depression among Divorced Women Living in Tehran, Iran," *Journal of Novel Applied Sciences* 3, no. 3 (2014): 256–59; John D. Teasdale, Zindel V. Segal, J. Mark G. Williams, Valerie A. Ridgeway, Judith M. Soulsby, and Mark A. Lau, "Prevention of Relapse/Recurrence in Major Depression by Mindfulness-Based Cognitive Therapy," *Journal of Consulting and Clinical Psychology* 68, no. 4 (2000): 615–23.
35. Yoo Sun Moon and Do Hoon Kim, "Association between Religiosity /Spirituality and Quality of Life or Depression among Living-Alone Elderly in a South Korean City," *Asia-Pacific Psychiatry* 5, no. 4 (2013): 293–300.
36. P. Udhayakumar and P. Ilango, "Spirituality, Stress and Wellbeing among the Elderly Practicing Spirituality," *Samaja Karyada Hejjegalu* 2, no. 10 (2012): 37–42.
37. Christena Cleveland, "Singled Out: How Churches Can Embrace Unmarried Adults," *Christena Cleveland* (blog), December 2, 2013, www.christenacleveland.com/blogarchive/2013/12/singled-out.
38. Gill Seyfang, "Growing Cohesive Communities One Favour at a Time: Social Exclusion, Active Citizenship and Time Banks," *International Journal of Urban and Regional Research* 27, no. 3 (2003): 699–706.
39. Anna, "Only the Lonely?" *Not Your Stereotypical Thirtysomething Woman* (blog), September 2, 2012, http://livingaloneinyourthirties.blogspot.com/2012/09/.
40. Shelley Budgeon and Sasha Roseneil, "Editors' Introduction: Beyond the Conventional Family," *Current Sociology* 52, no. 2 (2004): 127–34.

41. Debra A. Major and Lisa M. Germano, "The Changing Nature of Work and Its Impact on the Work-Home Interface," in *Work-Life Balance: A Psychological Perspective,* ed. Fiona Jones, Ronald J. Burke, and Mina Westman (New York: Taylor & Francis, 2006).
42. Frederick Cornwallis Conybeare, *Philostratus: The Life of Apollonius of Tyana* (Cambridge, MA: Harvard University Press, 1912).

第七章

1. Michael Goddard, "Historicizing Edai Siabo: A Contemporary Argument about the Pre-colonial Past among the Motu-Koita of Papua New Guinea," *Oceania* 81, no. 3 (2011): 280–96.
2. Helen V. Milner, *Resisting Protectionism: Global Industries and the Politics of International Trade* (Princeton, NJ: Princeton University Press, 1988).
3. Xuanning Fu and Tim B. Heaton, "A Cross-national Analysis of Family and Household Structure," *International Journal of Sociology of the Family* 25, no. 2 (1995): 1–32.
4. Susan R. Orden and Norman M. Bradburn, "Dimensions of Marriage Happiness," *American Journal of Sociology* 73, no. 6 (1968): 715–31.
5. Christopher J. Einolf and Deborah Philbrick, "Generous or Greedy Marriage? A Longitudinal Study of Volunteering and Charitable Giving," *Journal of Marriage and Family* 76, no. 3 (2014): 573–86; Naomi Gerstel and Natalia Sarkisian, "Marriage: The Good, the Bad, and the Greedy," *Contexts* 5, no. 4 (2006): 16–21.
6. Rhonda McEwen and Barry Wellman, "Relationships, Community, and Networked Individuals," in *The Immersive Internet: Reflections on the Entangling of the Virtual with Society, Politics and the Economy,* ed. R. Teigland and D. Power (London: Palgrave Macmillan, 2013), pp. 168–79; Barry Wellman, "Networked Individualism: How the Personalized Internet, Ubiquitous Connectivity, and the Turn to Social Networks Can Affect Learning Analytics," in *Proceedings of the Second International Conference on Learning Analytics and Knowledge* (New York: ACM, 2012), 1.
7. Shelley Budgeon, "Friendship and Formations of Sociality in Late Modernity: The Challenge of 'Post-traditional Intimacy,' " *Sociological Research Online* 11, no. 3 (2006): 1–11.
8. William James, *The Varieties of Religious Experience* (Cambridge, MA: Harvard University Press, 1985); Carl Gustav Jung, *The Archetypes and the Collective Unconscious,* trans. R. F. C. Hull (London: Routledge, 1959).
9. Hiromi Taniguchi, "Interpersonal Mattering in Friendship as a Predictor of Happiness in Japan: The Case of Tokyoites," *Journal of Happiness Studies* 16, no. 6 (2015): 1475–91.
10. Julia Hahmann, "Friendship Repertoires and Care Arrangement," *International Journal of Aging and Human Development* 84, no. 2 (2017): 180–206.
11. Masako Ishii-Kuntz, "Social Interaction and Psychological Well-Being: Comparison across Stages of Adulthood," *International Journal of*

Aging and Human Development 30, no. 1 (1990): 15–36.

12. Bella DePaulo, *How We Live Now: Redefining Home and Family in the 21st Century* (Hillsboro, OR: Atria Books, 2015).
13. Joanne Kersh, Laura Corona, and Gary Siperstein, "Social Well-Being and Friendship of People with Intellectual Disability," in *The Oxford Handbook of Positive Psychology and Disability* (Oxford: Oxford University, 2013), pp. 60–81.
14. Lynne M. Casper and Philip N. Cohen, "How Does Posslq Measure Up? Historical Estimates of Cohabitation," *Demography* 37, no. 2 (2000): 237–45.
15. Natascha Gruver, "Civil Friendship: A Proposal for Legal Bonds Based on Friendship and Care," in *Conceptualizing Friendship in Time and Place,* ed. Carla Risseeuw and Marlein van Raalte (Leiden, Netherlands: Brill, 2017), 285–302.
16. Paul R. Brewer, "Public Opinion about Gay Rights and Gay Marriage," *International Journal of Public Opinion Research* 26, no. 3 (2014): 279–82; Ben Clements and Clive D. Field, "Public Opinion toward Homosexuality and Gay Rights in Great Britain," *Public Opinion Quarterly* 78, no. 2 (2014): 523–47.
17. Carla Risseeuw and Marlein van Raalte, *Conceptualizing Friendship in Time and Place* (Leiden, Netherlands: Brill, 2017).
18. *Times of India,* "Friendship Day 2017: Everything You Want to Know about Friendship Day," updated August 4, 2017, https://timesofindia.indiatimes. com/life-style/events/when-is-friendship-day-2017-everything-youwanted- to-know-about-it/articleshow/59877813.cms.
19. United Nations General Assembly, Sixty-fifth session, Agenda item 15, "Culture of Peace," April 27, 2011.
20. Mark Zuckerberg, "Celebrating Friends Day at Facebook HQ," Facebook, February 4, 2016, www.facebook.com/zuck/videos/vb.4/10102634961507811.
21. See, for example, Cara McGoogan, " 'Happy Friends Day': Why Has Facebook Made Up This Weird Holiday?" February 2, 2017, *The Telegraph,* www.telegraph.co.uk/technology/2017/02/02/happy-friends-day-has-facebookmade-weird-holiday/.
22. Michelle Ruiz, "Why You Should Celebrate Your Friendiversary," *Cosmopolitan,* February 6, 2014.
23. Robert E. Lane, "The Road Not Taken: Friendship, Consumerism, and Happiness," *Critical Review* 8, no. 4 (1994): 521–54.
24. Tanya Finchum and Joseph A. Weber, "Applying Continuity Theory to Older Adult Friendships," *Journal of Aging and Identity* 5, no. 3 (2000): 159–68.
25. Yohanan Eshel, Ruth Sharabany, and Udi Friedman, "Friends, Lovers and Spouses: Intimacy in Young Adults," *British Journal of Social Psychology* 37, no. 1 (1998): 41–57.
26. Mary E. Procidano and Kenneth Heller, "Measures of Perceived Social Support from Friends and from Family: Three Validation Studies," *American Journal of Community Psychology* 11, no. 1 (1983): 1–24.
27. Jean M. Twenge, Ryne A. Sherman, and Brooke E. Wells, "Changes in American Adults' Sexual Behavior and Attitudes, 1972–2012," *Archives of Sexual Behavior* 44, no. 8 (2015): 2273–85.

28. Marla E. Eisenberg, Diann M. Ackard, Michael D. Resnick, and Dianne Neumark-Sztainer, "Casual Sex and Psychological Health among Young Adults: Is Having 'Friends with Benefits' Emotionally Damaging?" *Perspectives on Sexual and Reproductive Health* 41, no. 4 (2009): 231–37.
29. Jacqueline Woerner and Antonia Abbey, "Positive Feelings after Casual Sex: The Role of Gender and Traditional Gender-Role Beliefs," *Journal of Sex Research* 54, no. 6 (2017): 717–27.
30. Andreas Henriksson, *Organising Intimacy: Exploring Heterosexual Singledoms at Swedish Singles Activities* (Karlstad, Sweden: Karlstad University, 2014).
31. Eric Klinenberg, *Going Solo: The Extraordinary Rise and Surprising Appeal of Living Alone* (New York: Penguin, 2012).
32. Bella DePaulo, "Creating a Community of Single People," *Single at Heart* (blog), PsychCentral, last updated July 10, 2015.
33. Karsten Strauss, "The 12 Best Cities for Singles," *Forbes,* February 3, 2016, www.forbes.com/sites/karstenstrauss/2016/02/03/the-12-best-cities-for-singles /#2315f7a01949.
34. Richie Bernardo, "2016's Best & Worst Cities for Singles," WalletHub, December 5, 2016, https://wallethub.com/edu/best-worst-cities-for-singles/9015/.
35. William B. Davidson and Patrick R. Cotter, "The Relationship between Sense of Community and Subjective Well-Being: A First Look," *Journal of Community Psychology* 19, no. 3 (1991): 246–53.
36. Seymour B. Sarason, *The Psychological Sense of Community: Prospects for a Community Psychology* (San Francisco, CA: Jossey-Bass, 1974).
37. Neharika Vohra and John Adair, "Life Satisfaction of Indian Immigrants in Canada," *Psychology and Developing Societies* 12, no. 2 (2000): 109–38.
38. Dawn Darlaston-Jones, "Psychological Sense of Community and Its Relevance to Well-Being and Everyday Life in Australia," *Australian Community Psychologist* 19, no. 2 (2007): 6–25.
39. Maria Isabel Hombrados-Mendieta, Luis Gomez-Jacinto, Juan Manuel Dominguez-Fuentes, and Patricia Garcia-Leiva, "Sense of Community and Satisfaction with Life among Immigrants and the Native Population," *Journal of Community Psychology* 41, no. 5 (2013): 601–14.
40. Irene Bloemraad, *Becoming a Citizen: Incorporating Immigrants and Refugees in the United States and Canada* (Berkeley, CA: University of California Press, 2006); R. D. Julian, A. S. Franklin, and B. S. Felmingham, *Home from Home: Refugees in Tasmania* (Canberra: Australian Government Publishing Services, 1997).
41. Lia Karsten, "Family Gentrifiers: Challenging the City as a Place Simultaneously to Build a Career and to Raise Children," *Urban Studies* 40, no. 12 (2003): 2573–84.
42. NYU Furman Center, *Compact Units: Demand and Challenges* (New York: New York University, 2014).
43. Claude S. Fischer, *To Dwell among Friends: Personal Networks in Town and City* (Chicago: University of Chicago Press, 1982).

44. Peteke Feijten and Maarten Van Ham, "Residential Mobility and Migration of the Divorced and Separated," *Demographic Research* 17 (2008): 623–53.
45. Caitlin McGee, Laura Wynne, and Steffen Lehmann, "Housing Innovation for Compact, Resilient Cities," in *Growing Compact: Urban Form, Density and Sustainability,* ed. Joo Hwa P. Bay and Steffen Lehmann (New York: Routledge, 2017).
46. Christopher Donald Yee, "Re-urbanizing Downtown Los Angeles: Micro Housing—Densifying the City's Core" (Master's thesis, University of Washington, 2013).
47. Emily Badger, "The Rise of Singles Will Change How We Live in Cities," *Washington Post,* April 21, 2015.
48. Andrea Sharam, Lyndall Elaine Bryant, and Thomas Alves, "Identifying the Financial Barriers to Deliberative, Affordable Apartment Development in Australia," *International Journal of Housing Markets and Analysis* 8, no. 4 (2015): 471–83.
49. Louise Crabtree, "Self-Organised Housing in Australia: Housing Diversity in an Age of Market Heat," *International Journal of Housing Policy,* 18, no. 1 (2016): 1–20.
50. Kiran Sidhu, "Why I'll Be Spending My Golden Years with My Golden Girls," *The Guardian,* August 26, 2017.
51. Sheila M. Peace and Caroline Holland, *Inclusive Housing in an Ageing Society: Innovative Approaches* (Bristol, UK: Policy Press, 2001).
52. Zeynep Toker, "New Housing for New Households: Comparing Cohousing and New Urbanist Developments with Women in Mind," *Journal of Architectural and Planning Research* 27, no. 4 (2010): 325–39.
53. Anne P. Glass, "Lessons Learned from a New Elder Cohousing Community," *Journal of Housing for the Elderly* 27, no. 4 (2013): 348–68.
54. Guy Nerdi, "Living in Communal Communities Has Become a Social and Real Estate Trend," *Globes,* February 2, 2018, www.globes.co.il/news/article .aspx?did=1001224953.
55. Maryann Wulff and Michele Lobo, "The New Gentrifiers: The Role of Households and Migration in Reshaping Melbourne's Core and Inner Suburbs," *Urban Policy and Research* 27, no. 3 (2009): 315–31.
56. Bernadette Hanlon, "Beyond Sprawl: Social Sustainability and Reinvestment in the Baltimore Suburbs," in *The New American Suburb: Poverty, Race, and the Economic Crisis,* ed. Katrin B. Anacker (New York: Routledge, 2015), pp. 133–52.
57. Maria L. Ruiu, "Differences between Cohousing and Gated Communities: A Literature Review," *Sociological Inquiry* 84, no. 2 (2014): 316–35.
58. Mike Davis, *Ecology of Fear: Los Angeles and the Imagination of Disaster* (New York: Henry Holt, 1998).
59. Guy Nerdi, "Living in Communal Communities Has Become a Social and Real Estate Trend," *Globes,* February 2, 2018, www.globes.co.il/news /article.aspx?did=1001224953.
60. Richard L. Florida, *The Flight of the Creative Class* (New York: Harper Business, 2005); Ann Markusen, "Urban Development and the Politics of a Creative Class: Evidence from a Study of Artists," *Environment and Planning A* 38, no. 10 (2006): 1921–40; Allen John Scott, "Beyond the Creative City: Cognitive- Cultural Capitalism and the New Urbanism," *Regional Studies* 48, no. 4 (2014): 565–78.

61. James Murdoch III, Carl Grodach, and Nicole Foster, "The Importance of Neighborhood Context in Arts-Led Development: Community Anchor or Creative Class Magnet?" *Journal of Planning Education and Research* 36, no. 1 (2016): 32–48; Gavin Shatkin, "Reinterpreting the Meaning of the 'Singapore Model': State Capitalism and Urban Planning," *International Journal of Urban and Regional Research* 38, no. 1 (2014): 116–37.
62. Ronald D. Michman, Edward M Mazze, and Alan James Greco, *Lifestyle Marketing: Reaching the New American Consumer* (Westport, CT: Greenwood, 2003).
63. Naveen Donthu and David I. Gilliland, "The Single Consumer," *Journal of Advertising Research* 42, no. 6 (2002): 77–84.
64. Bureau of Labor Statistics, "Consumer Expenditures in 2014," in *Consumer Expenditure Survey* (Washington, DC: US Bureau of Labor Statistics, 2016); Eric Klinenberg, *Going Solo: The Extraordinary Rise and Surprising Appeal of Living Alone* (New York: Penguin, 2012).
65. Olfa Bouhlel, Mohamed Nabil Mzoughi, and Safa Chaieb, "Singles: An Expanding Market," *Business Management Dynamics* 1, no. 3 (2011): 22–32.
66. Martin Klepek and Kateřina Matušnísk?, "Factors Influencing Marketing Communication Perception by Singles in Czech Republic," Working Paper in Interdisciplinary Economics and Business Research, no. 25, Silesian University in Opava, School of Business Administration in Karvina, December 2015, www .iivopf.cz/images/Working_papers/WPIEBRS_25_Klepek_Matusinska.pdf.
67. Eric Klinenberg, *Going Solo: The Extraordinary Rise and Surprising Appeal of Living Alone* (New York: Penguin, 2012).
68. Marie Buckley, Cathal Cowan, and Mary McCarthy, "The Convenience Food Market in Great Britain: Convenience Food Lifestyle (CFL) Segments," *Appetite* 49, no. 3 (2007): 600–617.
69. Sinead Furey, Heather McIlveen, Christopher Strugnell, and Gillian Armstrong, "Cooking Skills: A Diminishing Art?" *Nutrition & Food Science* 30, no. 5 (2000).
70. Isabel Ryan, Cathal Cowan, Mary McCarthy, and Catherine O'Sullivan, "Food-Related Lifestyle Segments in Ireland with a Convenience Orientation," *Journal of International Food & Agribusiness Marketing* 14, no. 4 (2004): 29–47.
71. Marie Marquis, "Exploring Convenience Orientation as a Food Motivation for College Students Living in Residence Halls," *International Journal of Consumer Studies* 29, no. 1 (2005): 55–63.
72. Stavri Chrysostomou, Sofia N. Andreou, and Alexandros Polycarpou, "Developing a Food Basket for Fulfilling Physical and Non-physical Needs in Cyprus: Is It Affordable?" *European Journal of Public Health* 27, no. 3 (2017): 553–58.
73. Erica Wilson and Donna E. Little, "The Solo Female Travel Experience: Exploring the 'Geography of Women's Fear,' " *Current Issues in Tourism* 11, no. 2 (2008): 167–86.
74. Erica Wilson and Donna E. Little, "A 'Relative Escape'? The Impact of Constraints on Women Who Travel Solo," *Tourism Review International* 9, no. 2 (2005): 155–75.

75. Christian Laesser, Pietro Beritelli, and Thomas Bieger, "Solo Travel: Explorative Insights from a Mature Market (Switzerland)," *Journal of Vacation Marketing* 15, no. 3 (2009): 217–27.
76. Freya Stark, *Baghdad Sketches* (Evanston, IL: Northwestern University Press, 1992).
77. Bella DePaulo, *How We Live Now: Redefining Home and Family in the 21st Century* (Hillsboro, OR: Atria Books, 2015).
78. Bella DePaulo, *Singled Out: How Singles Are Stereotyped, Stigmatized, and Ignored, and Still Live Happily Ever After* (New York: St. Martin's Griffin, 2007).
79. E. J. Schultz, "As Single Becomes New Norm, How to Market without Stigma," AdAge, October 11, 2010, http://adage.com/article/news/advertisingmarket- singles-stigma/146376/.
80. Michelle Markelz, "Why You Must Market to Single People This Valentine's Day," American Marketing Association, 2017, www.ama.org/publications /MarketingNews/Pages/how-to-market-to-single-people.aspx.
81. Lawrence H. Wortzel, "Young Adults: Single People and Single Person Households," *ACR North American Advances* 4, no. 1 (1977): 324–29.
82. Bella DePaulo, *How We Live Now: Redefining Home and Family in the 21st Century* (Hillsboro, OR: Atria Books, 2015).
83. Zygmunt Bauman, *Liquid Love: On the Frailty of Human Bonds* (Cambridge, UK: Polity Press, 2003).
84. Mitchell Hobbs, Stephen Owen, and Livia Gerber, "Liquid Love? Dating Apps, Sex, Relationships and the Digital Transformation of Intimacy," *Journal of Sociology* 53, no. 2 (2017): 271–84.
85. Valerie Francisco, " 'The Internet Is Magic': Technology, Intimacy and Transnational Families," *Critical Sociology* 41, no. 1 (2015): 173–90.
86. Manolo Farci, Luca Rossi, Giovanni Boccia Artieri, and Fabio Giglietto, "Networked Intimacy: Intimacy and Friendship among Italian Facebook Users," *Information, Communication & Society* 20, no. 5 (2017): 784–801.
87. Clement Chastagnol, Celine Clavel, Matthieu Courgeon, and Laurence Devillers, "Designing an Emotion Detection System for a Socially Intelligent Human-Robot Interaction," in *Natural Interaction with Robots, Knowbots and Smartphones,* ed. J. Mariani, S. Rosset, M. Garnier-Rizet, and L. Devillers (New York: Springer, 2014), pp. 199–211; Kerstin Dautenhahn, "Socially Intelligent Robots: Dimensions of Human-Robot Interaction," *Philosophical Transactions of the Royal Society of London B: Biological Sciences* 362, no. 1480 (2007): 679–704.
88. Sarah M. Rabbitt, Alan E. Kazdin, and Brian Scassellati, "Integrating Socially Assistive Robotics into Mental Healthcare Interventions: Applications and Recommendations for Expanded Use," *Clinical Psychology Review* 35 (2015): 35–46.
89. Mark Hay, "Why Robots Are the Future of Elder Care," *GOOD,* June 24, 2015; United States Patent: [Shinichi] Oonaka, "Child-Care Robot and a Method of Controlling the Robot," February 19, 2013, https://patents.google .com/patent/US8376803B2/en; Fumihide Tanaka and Takeshi Kimura, "Care- Receiving Robot as a Tool of Teachers in Child Education," *Interaction Studies* 11, no. 2 (2010): 263.
90. Interestingly, the rise of robot companionship, whether friendly, romantic, sexual, or otherwise, was preceded by the popularity of dolls. Research shows two reasons why dolls became popular in past centuries. First, they filled the need for intersubjective relations. Second,

"ownership" of the dolls allows users to combine pleasure and control in a low-risk fashion. In fact, the use of manufactured dolls for sexual purposes can be traced back to early-twentiethcentury Europe, where men turned to dolls for comfort. Although the focus here is mainly men with dolls, women are also recorded as forming emotional ties with dolls and mannequins. Today, however, robots are perceived, and function, more positively and constructively. See Anthony Ferguson, *The Sex Doll: A History* (Jefferson, NC: McFarland, 2010); Heidi J. Nast, "Into the Arms of Dolls: Japan's Declining Fertility Rates, the 1990s Financial Crisis and the (Maternal) Comforts of the Posthuman," *Social & Cultural Geography* 18, no. 6 (2017): 758–85; and Alexander F. Robertson, *Life Like Dolls: The Collector Doll Phenomenon and the Lives of the Women Who Love Them* (London: Routledge, 2004).

91. Benjamin Haas, "Chinese Man 'Marries' Robot He Built Himself," *The Guardian,* April 4, 2017.
92. Ronan O'Connell, "World's First Artificially Intelligent Sex Dolls," *News.com.au*, October 14, 2017, www.news.com.au/lifestyle/relationships/sex /worlds-first-artificially-intelligent-sex-dolls/news-story/755a409e8b16685b56 2eb7987953824c; Rupert Wingfield-Hayes, "Meeting the Pioneers of Japan's Coming Robot Revolution," *BBC News,* September 17, 2015, www.bbc.com /news/world-asia-pacific-34272425.
93. Jennifer Robertson, "Robo Sapiens Japanicus: Humanoid Robots and the Posthuman Family," *Critical Asian Studies* 39, no. 3 (2007): 369–98.
94. Innovation 25 Strategy Council, *Innovation 25 Interim Report* (Tokyo: Government of Japan, 2007).
95. Jennifer Robertson, "Human Rights vs. Robot Rights: Forecasts from Japan," *Critical Asian Studies* 46, no. 4 (2014): 571–98.
96. Rupert Wingfield-Hayes, "Meeting the Pioneers of Japan's Coming Robot Revolution," *BBC News,* September 17, 2015, www.bbc.com/news/worldasia- pacific-34272425.
97. Jen Mills, "Sex Robot Breaks on First Public Outing after Being Groped by Mob," *Metro,* October 15, 2017, http://metro.co.uk/2017/10/15/sex-robot-breakson- first-public-outing-after-being-groped-by-mob-7001144/.
98. David Levy, *Love and Sex with Robots: The Evolution of Human-Robot Relationships* (New York: HarperCollins, 2007).
99. Adrian David Cheok, David Levy, Kasun Karunanayaka, and Yukihiro Morisawa, "Love and Sex with Robots," in *Handbook of Digital Games and Entertainment Technologies,* ed. Ryohei Nakatsu, Matthias Rauterberg, and Paolo Ciancarini (Singapore: Springer, 2017), pp. 833–58.
100. Gianmarco Veruggio, Fiorella Operto, and George Bekey, "Roboethics: Social and Ethical Implications," in *Springer Handbook of Robotics,* ed. Bruno Siciliano and Oussama Khatib (Heidelberg: Springer, 2016), pp. 2135–60.
101. Elizabeth Broadbent, "Interactions with Robots: The Truths We Reveal about Ourselves," *Annual Review of Psychology* 68 (2017): 627–52.
102. Jennifer Robertson, "Robo Sapiens Japanicus: Humanoid Robots and the Posthuman Family," *Critical Asian Studies* 39, no. 3 (2007): 369–98.
103. Francesco Ferrari, Maria Paola Paladino, and Jolanda Jetten, "Blurring Human-Machine Distinctions: Anthropomorphic Appearance in Social Robots as a Threat to Human Distinctiveness," *International Journal of Social Robotics* 8, no. 2 (2016): 287–302.
104. David Levy, *Love and Sex with Robots: The Evolution of Human-Robot Relationships* (New York: HarperCollins, 2007).
105. Mark Goldfeder and Yosef Razin, "Robotic Marriage and the Law," *Journal of Law and Social Deviance* 10 (2015): 137–76.

106. Maartje Margaretha Allegonda de Graaf, “Living with Robots: Investigating the User Acceptance of Social Robots in Domestic Environments” (PhD diss., Universiteit Twente, 2015), p. 574.
107. Maartje Margaretha Allegonda de Graaf, Somaya Ben Allouch, and Jan A. G. M. Van Dijk, “Long-Term Acceptance of Social Robots in Domestic Environments: Insights from a User’s Perspective” (paper presented to the AAAI 2016 Spring Symposium on “Enabling Computing Research in Socially Intelligent Human-Robot Interaction: A Community-Driven Modular Research Platform, Palo Alto, CA, March 21, 2016).
108. Ray Kurzweil, “The Singularity Is Near,” in *Ethics and Emerging Technologies,* ed. Ronald L. Sandler (London: Palgrave Macmillan, 2016), p. 393.
109. Grace A. Martin, “For the Love of Robots: Posthumanism in Latin American Science Fiction between 1960–1999” (PhD diss., University of Kentucky, 2015).
110. Chris Mack, “The Multiple Lives of Moore’s Law,” *IEEE Spectrum* 52, no. 4 (2015): 31–37.
111. Christopher L. Magee and Tessaleno C. Devezas, “How Many Singularities Are Near and How Will They Disrupt Human History?” *Technological Forecasting and Social Change* 78, no. 8 (2011): 1365–78.

結論

1. H. Chun and I. Lee, “Why Do Married Men Earn More: Productivity or Marriage Selection?” *Economic Inquiry* 39, no. 2 (2001): 307–19; Willy Pedersen and Morten Blekesaune, “Sexual Satisfaction in Young Adulthood Cohabitation, Committed Dating or Unattached Life?” *Acta Sociologica* 46, no. 3 (2003): 179–93; Steven Stack and J. Ross Eshleman, “Marital Status and Happiness: A 17-Nation Study,” *Journal of Marriage and the Family,* 60, no. 2 (1998): 527–36.
2. Deborah Carr and Kristen W. Springer, “Advances in Families and Health Research in the 21st Century,” *Journal of Marriage and Family* 72, no. 3 (2010): 743–61.
3. John F. Helliwell, Richard Layard, and Jeffrey Sachs, *World Happiness Report* 2015 (New York: Sustainable Development Solutions Network, 2015); Adam Okulicz-Kozaryn, Zahir Irani, and Zahir Irani, “Happiness Research for Public Policy and Administration,” *Transforming Government: People, Process and Policy* 10, no. 2 (2016); Gus O’Donnell, Angus Deaton, Martine Durand, David Halpern, and Richard Layard, *Wellbeing and Policy* (London: Legatum Institute, 2014); Joseph E. Stiglitz, Amartya Sen, and Jean-Paul Fitoussi, *Report by the Commission on the Measurement of Economic Performance and Social Progress* (Paris: Commission on the Measurement of Economic Performance and Social Progress, 2010).
4. John F. Helliwell and Haifang Huang, “How’s Your Government? International Evidence Linking Good Government and Well-Being,” *British Jour-nal of Political Science* 38, no. 4 (2008): 595–619; John F. Helliwell, Haifang Huang, Shawn Grover, and Shun Wang, “Good Governance and National Well-Being: What Are the Linkages?” (OECD Working Papers on Public Governance, No. 25, OECD Publishing), http://dx.doi.

org/10.1787/5jxv9f651hvj-en.
5. Bella DePaulo, "Single in a Society Preoccupied with Couples," in *Handbook of Solitude: Psychological Perspectives on Social Isolation, Social Withdrawal, and Being Alone,* ed. Robert J. Coplan and Julie C. Bowker (New York: John Wiley, 2014), 302–16.
6. Simon Abbott, "Race Studies in Britain," *Social Science Information* 10, no. 1 (1971): 91–101; Jayne E. Stake, "Pedagogy and Student Change in the Women's and Gender Studies Classroom," *Gender and Education* 18, no. 2 (2006): 199–212.
7. Eurostat, *Marriage and Divorce Statistics* (Luxembourg: European Commission, 2017); Wendy Wang and Kim C. Parker, *Record Share of Americans Have Never Married: As Values, Economics and Gender Patterns Change* (Washington, DC: Pew Research Center, 2014).
8. Linda Abbit, "Urban Cohousing the Babayaga Way," *Senior Planet,* March 6, 2016, https://seniorplanet.org/senior-housing-alternatives-urban-cohousingthe- babayaga-way/.
9. Jane Gross, "Older Women Team Up to Face Future Together," *New York Times,* February 27, 2004, www.nytimes.com/2004/02/27/us/older-womenteam- up-to-face-future-together.html.
10. Yagana Shah, " 'Airbnb for Seniors' Helps Link Travelers with Like- Minded Hosts," *Huffington Post,* June 1, 2016, www.huffingtonpost.com/entry /airbnb-for-seniors-helps-link-travelers-with-like-minded-hosts_us_57487aa1e4 b0dacf7ad4c130.
11. Jenny Gierveld, Pearl A. Dykstra, and Niels Schenk, "Living Arrangements, Intergenerational Support Types and Older Adult Loneliness in Eastern and Western Europe," *Demographic Research* 27, no. 2 (2012): 167.
12. Bella DePaulo, Rachel F. Moran, and E. Kay Trimberger, "Make Room for Singles in Teaching and Research," *Chronicle of Higher Education* 54, no. 5 (2007): 44.
13. Bella DePaulo, "The Urgent Need for a Singles Studies Discipline," *Signs: Journal of Women in Culture and Society* 42, no. 4 (2017): 1015–19.

國家圖書館出版品預行編目資料

單身年代：一個人的生活可以簡單,卻不會孤單 / Elyakim Kislev著；林怡婷, 陳依萍, 羅椀齡譯. -- 初版. -- 臺北市：商周出版：家庭傳媒城邦分公司發行, 2019.11
面；　公分
譯自：Happy singlehood : the rising acceptance and celebration of solo living
ISBN　978-986-477-753-2（平裝）
1.獨身

544.386　　108017731

BO0307

單身年代：一個人的生活可以簡單，卻不會孤單

原　書　名／HAPPY SINGLEHOOD
作　　　者／Elyakim Kislev
譯　　　者／林怡婷、陳依萍、羅椀齡
企 劃 選 書／陳美靜
責 任 編 輯／劉芸
版　　　權／黃淑敏、翁靜如、林心紅、吳亭儀
行 銷 業 務／莊英傑、周佑潔、王瑜

總　編　輯／陳美靜
總　經　理／彭之琬
事業群總經理／黃淑貞
發　行　人／何飛鵬
法 律 顧 問／台英國際商務法律事務所　羅明通律師
出　　　版／商周出版
台北市104中山區民生東路二段141號9樓
電話：(02) 2500-7008 傳真：(02) 2500-7759
E-mail：bwp.service@cite.com.tw
發　　　行／英屬蓋曼群島商家庭傳媒股份有限公司城邦分公司
台北市104中山區民生東路二段141號2樓
讀者服務專線：0800-020-299　24小時傳真服務：(02) 2517-0999
讀者服務信箱E-mail: cs@cite.com.tw
劃撥帳號：19833503　戶名：英屬蓋曼群島商家庭傳媒股份有限公司城邦分公司
訂 購 服 務／書虫股份有限公司客服專線：(02) 2500-7718；2500-7719
服務時間：週一至週五上午09:30-12:00；下午13:30-17:00
24小時傳真專線：(02) 2500-1990；2500-1991
劃撥帳號：19863813　戶名：書虫股份有限公司
E-mail: service@readingclub.com.tw
香港發行所／城邦（香港）出版集團有限公司
香港灣仔駱克道193號東超商業中心1樓
Email：hkcite@biznetvigator.com
電話：(852)2508-6231　　傳真：(852)2578-9337
馬新發行所／城邦(馬新)出版集團　【Cite (M) Sdn. Bhd.】
41, Jalan Radin Anum, Bandar Baru Sri Petaling, 57000 Kuala Lumpur, Malaysia
電話：(603)90578822　　傳真：(603)90576622　　Email：cite@cite.com.my
商周出版部落格／http://bwp25007008.pixnet.net/blog
行政院新聞局北市業字第913號

封 面 設 計／申朗創意
印　　　刷／韋懋實業有限公司
總　　　經　　銷／聯合發行股份有限公司　電話：(02) 2917-8022　傳真：(02) 2911-0053
地址：新北市新店區寶橋路235巷6弄6號2樓

■ 2019年11月7日初版1刷　　Printed in Taiwan

HAPPY SINGLEHOOD: THE RISING ACCEPTANCE AND CELEBRATION OF SOLO LIVING by ELYAKIM KISLEV

城邦讀書花園
www.cite.com.tw

定價／390元

ISBN：978-986-477-753-2